转型期中国市场经济伦理的建构

中西方义利思想演进之比较研究

魏悦 著

广东省哲学社会科学规划项目
广东外语外贸大学出版资助项目

暨南大学出版社
JINAN UNIVERSITY PRESS
中国·广州

图书在版编目（CIP）数据

转型期中国市场经济伦理的建构：中西方义利思想演进之比较研究/魏悦著．—广州：暨南大学出版社，2013.12
ISBN 978-7-5668-0333-7

Ⅰ.①转… Ⅱ.①魏… Ⅲ.①社会主义市场经济—经济伦理学—研究—中国 Ⅳ.①F123.9

中国版本图书馆 CIP 数据核字（2013）第 253251 号

出版发行：暨南大学出版社

地　址：中国广州暨南大学
电　话：总编室（8620）85221601
　　　　营销部（8620）85225284　85228291　85228292（邮购）
传　真：（8620）85221583（办公室）　85223774（营销部）
邮　编：510630
网　址：http：//www.jnupress.com　http：//press.jnu.edu.cn

排　版：广州市天河星辰文化发展部照排中心
印　刷：佛山市浩文彩色印刷有限公司

开　本：787mm×1092mm　1/16
印　张：13.75
字　数：230 千
版　次：2013 年 12 月第 1 版
印　次：2013 年 12 月第 1 次

定　价：30.00 元

（暨大版图书如有印装质量问题，请与出版社总编室联系调换）

前　言

人类社会最具普遍意义的利益是经济利益，经济利益的获取与分配必然涉及伦理道德。经济伦理正是从经济利益与伦理道德的角度来反映、限制或推动经济变化的社会思想观念部分。因此，经济伦理的变迁不仅是经济思想史上一个至关重要的议题，在某种意义上也是社会经济转型的决定性因素。当代中国正处于经济体制转轨的社会转型加速期，如何构建适合中国市场经济的道德体系，关系到社会主义市场经济的改革目标能否实现，也关系到中华民族伟大复兴的梦想能否如愿，这是一项极富挑战性的时代课题。

本书从经济学的角度出发，力图在中外比较的宏观背景意义上，梳理阐发义利思想的发展演变过程，深入解析中西方义利思想从萌芽、鼎盛、衰落到再度复兴的各个历史阶段，以期从社会和历史的背景中，从时代的需求中探求义利思想产生的根源、发展的动力以及形成各自特色的原因，从而为构建中国市场经济的伦理道德提供理论借鉴。本书将研究时期划分为四个阶段：①义利思想的初步形成——先秦与古希腊、古罗马时期；②义利思想的调适与中和——秦汉至隋唐与西方中世纪；③义利思想的反思与突破——宋元明清（鸦片战争以前）与西方资本主义制度确立和自由发展时期；④义利思想的嬗变与转型——中国近现代与西方资本主义进入垄断阶段。以上每个阶段在中西方义利思想发展进程中既有异于其他段的确切特征，又因发展时期相同而存在诸多相似之处。这就为比较研究提供了纵向与横向交汇的立体层面，使基本线索的把握与具体理论的精研结合起来。

本书采用的研究方法包括：①基本研究方法。研究对象的综合性较之现行经济学浓重的数理分析倾向有较大差异，因此，带有东方文化特色的“综合分析”与哲学思辨将是本书的基本研究方法。本书力求在跨学科的基础上分析人们求利行为的合理性及其根据，从而为经济学方法论研究提供一种认知基础与思想背景上的视角和框架。②分析方法。本书采用纵向和横向比较分析相结合以及实证和规范分析相结合的研究方法，将义利思想置于纵向的时光演进与横向的同期比较中，以期深刻揭示中西方义利思想之间复杂多层的互动关系。此外，义利思想不仅涉及古典经济学的“经济人”概念，也牵涉福利经济学的伦理价值判断。因此，研究“个人福利”与“社会福利”关系的义利问题，既具有宏、微两学的实证特征，又带有浓厚的规范分析色彩。③论述方法。以思想的发展为线索，按专题即思想观点展开论述，力图清晰展示义利思想的发展轨迹与规律。

关于本书的研究特点，有以下几个方面：

(1) 中国的改革和发展需要经济理论的创新。在创新过程中，不仅要从中国传统思想中吸取营养，而且要借鉴西方先进经验。本书立足于传统经济观念与现代化问题的研究，进行纵向梳理、横向对比，较之以往头绪纷繁的探讨，视角独特构成本书的研究特点之一。

(2) 义利思想是综合性特征显著的学术领域，它把经济思想与不同时期的社会思潮联系起来。这意味着本书选择了文化分析的方法，而不是把思想转换为数学模型的技术方法。因此，关注一般的科学文化背景，加强经济学科与人文学科的联系，是本书研究方法上的特色。

(3) 本书以思想的发展为线索，按专题即思想观点展开论述，改变了以往单纯按历史时期或思想家阐述的方式，力求在论述方法上作出新的尝试。

魏悦
2013 年 6 月

目 录

导　论

经济伦理的核心范畴是“义”与“利”，在生产、分配、交换、消费等领域中存在的问题，说到底都是如何处理义与利关系的问题。所谓“义”是适宜、恰当的意思，也就是人们在思想和行动中遵循的合理的行为标准及意识。“义者，宜也”（《中庸》），“义，人之正路也”（《孟子·离娄上》），说明了“义”作为道德原则所具有的普遍性、超越性和至上性。“利”是指利益、收益，“利，铦也。从刀，和然后利”（《说文解字》）。“利”字的结构是用刀割禾，意为收获，引申为能够满足人们物质生活需要的物质收益。从伦理学的角度审视，“利”泛指达到活动预期效果或获得行为实际效果的个体或群体的利益和功利。义、利作为对人类活动目的、方式和结果的描述及认识，反映了人类对精神价值和物质价值的追求。这两种价值本身具有内在的不可分割性，蕴涵在人的社会经济活动之中。对于义、利关系以及二者之间价值取舍的回答和理性思考，构成了义利观的基本内容。它包括两个方面：一是道德准则与物质利益即“义”与“利”孰先孰后，孰轻孰重，是先义后利、重义轻利，还是先利后义、重利轻义；二是个人利益与社会整体利益的关系问题，即公私价值观，是个人利益服从社会整体利益，还是社会整体利益服从个人利益。中西方经济伦理视野中的义利之辨，都是围绕上述问题展开的，并在解决上述问题的过程中日益丰富和发展。义利观作为联结社会经济关系和伦理观念的桥梁，与一个国家或地区的民族文化有着深厚的渊源。中国传统义利思想与封建自然经济相适应，是大一统的封建专制主义政治经济结构在经济伦理上的价值取向和原则，其根本特征是德性主义和整体主义。在义、利关系上，道德礼义至上，道德价值是评价一切经济行为的最终标准；在国家、集体与个人的利益关系上，封建国家或皇帝、宗族的利益至上，私利相对于以公利之名出现的封建皇权处于弱势、贬抑的地位。这种义利观与西方资本主义兴起时期所推崇的功利主义思想截然相反。功利主义以求利致富为核心内涵，个人利益的满足是衡量经济行为善恶的根本标准，其最大特点是为个人利益辩护，为资本主义社会的良性运行和协调发展提供价值观念上的支持和保障。中国历史上没有出现过真正的市场经济，也没有与之匹配的道德规范。市场经济是西方发达国家的主要经济类型。建立在利己主义基础上的功利主义思想在某种深层意义上反映了市场经济的伦理趋向，它对西方近代以来的社会伦理精神的影响无处不在。在近代，虽然中国开启了传统义利思想转型的序幕，但由于种种原因，这个转型是初步的、不彻底的。改革开放以来，中国迈入市场经济时期，面对西方伦理的伟大传统和当代中国的社会主义市场经济，如何吸收、融合与市场经济体制相适应的伦理原则，批判、继承、调适和改造中国传统经济义利思想，成为学术界亟待解决的现实问题和理论问题。

一、研究对象和研究思路

国内外关于中西方义利思想演变的研究从多个角度展开，并具有一定的深度。刘小枫、林立伟主编的《中国近现代经济伦理的变迁》（香港中文大学出版社 1998 年版）勾勒了中国传统经济伦理思想变迁的文化结构图谱；王小锡的《中国近代经济伦理思想的转型及其现代性》（载于《江苏社会科学》1996 年第 6 期）、王玉生的《言强必先富——中国传统经济伦理思想的近代演变》（中国社会科学出版社 2007 年版）从现代性的维度，对中国传统经济伦理思想近代演变的历史动因、作用机制、现实启示等作出了一定的评价和定位；罗国杰、宋希仁主编的《西方伦理思想史》（中国人民大学出版社 1985 年版）和万俊人的《现代西方伦理学史》（北京大学出版社 1990 年版）较详尽地介绍了西方伦理思想的历史渊源、发展进程及其现代理论形态；山田孝雄的《东西方伦理学》（河南人民出版社 1989 年版）、巴发中的《中西传统义利观比较》（载于《理论探讨》1996 年第 4 期）、罗国祥的《东、西道德论“义”、“利”》（载于《武汉大学学报》1999 年第 3 期）从融合、创新的角度探讨了中西方义利思想的产生背景、实质特征及历史影响等方面的异同。这些研究成果，不仅开辟了中西方义利思想研究的先河，为后续研究提供了大量可资借鉴的材料和线索，而且确定了一些基本的思路、原则和方法，为中西方义利思想的比较研究奠定了坚实的基础。另一方面，限于视角、观点、资料、论证方式等各种原因，已有成果尚存在某些缺欠或不足，主要表现在：①现有著作大多属于断代性、个案性研究，系统而全面的研究还不够；②有关义利思想的论述，多见于哲学、社会学等学科的研究成果中，从经济学或经济思想史的角度进行探索和创新的论著数量有限；③关于中西方义利思想的比较研究仍然十分薄弱，到目前为止，尚无一部全面、系统的论著问世，而比较研究的方法、原则、范畴等问题犹待深入探讨。上述存在的问题，正是本书需要注意的重大问题或微观细节。本书拟在前人研究的基础上，以现代经济理论为指导，力争对中西方义利思想的比较研究作出新的尝试。

本书试图从经济学的角度出发，在中外比较的宏观背景上，探究中西方传统义利思想从萌芽、兴盛到确立再到转型的各个历史阶段，以期揭示中西方经济伦理思想的结构和特质，为建构适合于现代市场经济的道德体系提供资源与借鉴。本书主要从两个方面展开论述：其一，梳理剖析中西方义利思想从古典形态向现代形态的转向、基本特征和主要的理论论争，以期进一步加深对义利思想实质的认识；其二，从当代中西方义利思想的融合发展中，揭示其中所蕴涵的、为古典和现代经济伦理所共享的理论特征，从而为社会主义市场经济健康有序地发展提供学术参考。这两个方面相互影响、相辅相成，共同构成一个有机的整体。

根据中西方义利思想发展演变的特点，笔者将研究时期大体划分为四个阶段，在篇章结构上，分为导论、四个章节和总论：

1. 义利思想的初步形成——先秦与古希腊、古罗马时期

先秦与古希腊、罗马时期是中西方义利思想的滥觞时期，为此后思想的发展演变勾勒出大致的轮廓。中国古代思想长期以来独立发展，与西方并无直接而明显的联系。由于价值取向、思维方式和方法原则的差异，体现在中西源流与传统之间的基本精神迥然不同。但从整个世界角度考察，中西方思想虽各有特点，但甚为接近的观点不在少数。从这些异同的比较中，我们可以追寻中西方义利思想发展的最初分野。

2. 义利思想的调适与中和——秦汉至隋唐与西方中世纪

秦汉至隋唐与西方中世纪是义利思想的调适与中和阶段，义利思想在这一阶段中持续发展，并且有了新的发展。中世纪是欧洲历史上封建生产关系建立、支配和衰落的典型时期，中国在这一历史时期经历了封建地主经济从确立到鼎盛的过程。在巩固封建经济的过程中，中西方近乎面对同样的社会问题，关注十分相似的社会现象。因此，在这个阶段，中西方义利思想具有强烈的融合统一的特征，但在思想取向和路径上仍存在重大分歧。

3. 义利思想的反思与突破——宋元明清（鸦片战争以前）与西方资本主义制度确立和自由发展时期

在宋元明清（鸦片战争以前）时期与西方资本主义制度确立和自由发展时期，中西方社会生活发生急剧变化。这种变化既有经济和社会的，也有伦理和习俗观念的。这一时期，中国封建主义生产方式由盛到衰，在地主经济成熟繁荣的背后隐藏着深刻的社会矛盾。同一时期的西方，封建制度则进入了瓦解时期，资本主义生产关系开始成长。在外部环境的刺激下，中西方几乎同时迎来了义利思想的重新定位和全面反思。曾经占主导地位的统一性思想开始消失，取而代之的是反传统的义利观和资本原始积累过程中商业资本的意识形态。

4. 义利思想的嬗变与转型——中国近现代与西方资本主义进入垄断阶段

中国近现代与西方资本主义进入垄断阶段的时期，是中西方义利思想的嬗变与转型阶段。伴随着政治经济和社会结构的变化，中西方的经济伦理同样发生了新的变化。因时代发展和西学传入，中国传统义利观的基本价值体系已逐渐让位于市场经济意义上的经济伦理。在西方，资本主义开始从自由竞争阶段向垄断阶段过渡。随着经济危机及各种社会矛盾的激化，原有的以自由竞争为特征的资本主义秩序受到了激烈冲击，传统资产阶级道德观和价值观发生了动摇。对功利主义思想的批判，开启了现代西方伦理思想发展的新时代。

上述各个阶段在中西方义利思想发展进程中既有异于他段的确切特征，在同一发展时期内，又存在诸多相似之处。这就为比较研究提供了纵向与横向交汇的立体层面，使基本线索的把握与具体理论的精研结合起来。

二、研究意义和研究方法

义利思想作为整个社会政治、经济、伦理观念的重要组成部分，对社会稳定、经济发展和道德进步具有重要影响。改革开放以来，随着中外文化交往的日益频繁，人们的价值观念呈现出多元化态势。在变革经济结构、调整利益关系的社会实践中，义利思想的精神主旨和思维要素日益受到广泛关注。为此，将考察置于历史发展和理论转换的背景下，把握义利思想的特质与发展前景，特别是其在未来学术发展和深进中的价值与意义就显得非常必要了。

首先，对义利思想的深入理解和研究，必然涉及哲学中的权利、自由、正义和经济学中的理性选择、利益最大化等观念。这就决定了本书的研究具有突出的跨学科性质，关涉经济、哲学，又及社会、文化诸领域，体现了诸学科理论之间的冲撞与融合，具有学科发展的前沿性和基础性意义。

其次，义利思想将利益关系、社会关系与经济机制、经济基础联系起来，显示了一种社会哲学的视野，对于合理营利以及个人利益与社会利益的协调统一，提供了理论上的有益启示。

再次，迄今为止世界经济学说史中大抵仍无中国，这与我国社会经济发展状况极不相称，不能不说这是理论缺陷和实践误区所致。本书力图挖掘有别于西方的具有"中国特色"的经济伦理思想，借以丰富世界经济学说的内涵。

最后，当今世界已经进入全球化时代，随之而来的全球意识要求我们必须对世界的多元性文化有基本的认知。面对西方伦理的伟大传统和当代中国的市场经济，开展中外经济伦理思想的比较研究，对于中国的经济振兴和现代化建设具有重要的现实意义。

本书采用以下研究方法：

1. 基本研究方法

由于研究对象的综合性较之现行经济学浓重的数理分析倾向有较大差异，因此，带有东方文化特色的"综合分析"与哲学思辨将是本书的基本研究方法。本书力求在跨学科分析的基础上，为经济学方法论研究提供一种认知基础和思想背景上的视角与框架。

2. 分析方法

本书采用纵向和横向比较分析相结合以及实证和规范分析相结合的研究方法，将义利思想置于纵向的时光演进与横向的同期比较中，以期深刻揭示中西方义利思想之间复杂多层的互动关系。此外，义利思想不仅涉及古典经济学的"经济人"概念，也牵涉福利经济学的价值判断。因而，研究个人利益与社会利益关系的伦理问题，既具有宏、微两学的实证特征，又带有浓厚的规范分析色彩。

3. 论述方法

在论述方法上，以思想的发展为线索，按专题即思想观点展开论述，力图清晰展示义利思想的发展轨迹与规律。

三、本书的研究特点

本书的研究特点有以下几个方面：

（1）中国的改革和发展需要经济理论的创新，在创新过程中，不仅要从中国传统思想中吸取营养，同样需要借鉴西方先进经验。本书立足于传统经济观念与现代化问题的研究，进行纵向梳理、横向对比。较之以往头绪纷繁的探讨，视角独特构成本书的研究特点之一。

（2）义利思想是综合性特征显著的学术领域，把经济思想与不同时期的社会思潮联系起来，这意味着本书选择了文化分析的方法，而不是把思想转换为数学模型的技术方法。因此，关注一般的科学文化背景，加强经济学科与人文学科的联系，是本书研究方法上的特色。

（3）本书以思想的发展为线索，按专题即思想观点展开论述，改变了以往单纯按历史时期或思想家阐述的方式，力求在论述方法上作出新的尝试。

第一章

义利思想的初步形成

——先秦与古希腊、古罗马时期

义利思想作为一种伦理道德学说源远流长，无论在中国还是西方，从古至今都是颇具影响的哲学命题之一。中国传统义利思想贯穿中国古代哲学史、伦理思想史、经济思想史，经历了先秦、秦汉、宋明、晚晴等主要发展阶段，其中先秦和宋明时期是“义利之辨”的两次高潮。先秦时期的“义利之辨”构成“百家争鸣”的一个重要内容，儒、墨、道、法等各学派的义利思想呈现多样性，其中儒家的义利观对后世具有重大影响。在西方，义利思想的理论渊源可以追溯到古希伯来的宗教哲学和古希腊、古罗马的伦理学。以古希伯来宗教为核心的基督教文化在欧洲中世纪曾一度渗透并统治西方；古希腊的快乐主义伦理学则成为近代功利主义的基本原则和先行思想。“两希”（古希伯来与古希腊）传统之于西方伦理的重要意义，可以与儒家思想之于中国伦理的重要意义相提并论。总之，先秦（公元前3世纪以前）与古希腊、古罗马（公元5世纪以前）时期不仅在时间上大体相当，而且在经济、社会发展阶段和时代特征等方面也存在诸多相似之处，这就为义利思想的比较研究提供了一个前提，同时也为中西方义利思想在初始阶段的相似或相通作出了宏观的解释和说明。

第一节

义利思想的多向度展开——先秦时期

“义利”问题是中国传统伦理思想史中的核心议题之一，发端于西周初期“敬德保民”的尊礼文化。随着西周礼乐社会结构的解体，为适应各种利益冲突及道德调适的需要，出现了以“义利之辨”为主要内容的百家争鸣和经济伦理思想发展的新格局。

一、从“尊神事鬼”到“尊礼敬德”

中国是从夏朝开始进入文明时代的。在此之前，有关人们思想的记载残缺、零散，不过寥寥数语，很难提供系统研究的需要。从夏到西周，人类进入阶级社会，生产方式的变化，社会政治权力结构的变化以及人们价值观念、道德规范的变化，必然造成思想文化的混乱和危机，导致中国伦理思想史上巫觋精神向伦理精神的转变。

如同一切处于文明萌芽阶段的社会一样，夏、商文化具有泛神论和自然崇拜的特点，夏人尊命、商人尊神。在商代，为确立商王的权威，商人开始了造神运动。商朝的统治者宣称王权来自至高无上的神灵——“帝”，王族的祖先死后宾于帝，成为帝臣，“王宾帝史”、“下乙宾于帝”①。帝不仅是商人的至上神，也是在冥冥中操纵一切的终极力量，是衍生万物之根本。《商书·伊训》曰：“惟上帝不常，作善降之百祥，作不善降之百殃”，人与帝的联系，要通过先公先王作中介。人以牛羊、战俘奴隶为牺牲献祭于先公先王，并通过后者与帝沟通。帝对人可以降祸福，人通过先公先王向帝祷告，以牺牲换取帝的护佑。因此，人与帝之间是一种物质性的交换关系，不带有丝毫的伦理色彩，“祭帝于郊，所以定天位也；祀社于国，所以列地利也”（《礼记·礼运》）。商人事无巨细，均须通过占卜而定，这样就突出了专事祭祀占卜活动的巫觋集团的社会地位。“国之大事，惟

① 陈梦家．殷墟卜辞综述．北京：中华书局，1988. 580.

祀与戎”，“夫祀，国之大节也”①，表明了殷商时代尊神气息之浓郁。周革殷命，不仅建立起一种新的政治统治制度，同时也伴随着一场意义深远的宗教改革运动。这场运动的实质是对商人的鬼神崇拜进行人文化和宗法化改革，其结果是用道德感应的“天”代替自然崇拜的“帝”，用敬德保民代替祭祀占卜，用伦理精神代替巫觋精神。

周朝的统治者在“殷鉴意识”下，深感“天命靡常”——“宜鉴于殷，骏命不易。命之不易，无遏尔躬”（《诗经·大雅·文王》）。于是，周人采用现实主义态度树立起“敬德”的伦理精神，对彼界的鬼神敬而远之。“天不可信，我道惟宁王德延”（《尚书·君奭》），“王敬所作，不可不敬德……肆惟王其疾敬德，王其德之用，祈天永命”（《尚书·召诰》）等，都表现了“惟德是辅”的思想。“天”在周人的心目中已经不是一个令风雨、降祸福的自然之神，而是“监下民、厥典义”的道德性监护者。正如夏桀“不敬德”（《尚书·召诰》），天命就转移至商汤；商纣无道，“俾暴虐与百姓”（《尚书·牧誓》），天命就转移到周王。“天命”依人德而转移，人通过调整自己的德行来左右天命。“民之所欲，天必从之”、“顺乎天而应乎人”（《左传·襄公三十一年》），这种以人德为基础的天命观蕴含着一种无神论的伦理精神，它是“人类精神开始直接对事物发生责任感的表现，也即是精神上开始有了人的自觉的表现”②。人与天的沟通，不再靠供献牺牲的祭祀和占卜，而是靠人在现实生活中的道德实践。于是，“怀保小民”成为统治者配天受命的必要条件。为保持政权的长期稳定，执政者一方面要“节性”（《尚书·召诰》），“无康好逸豫”（《尚书·康诰》）；另一方面要体察民情，关心民的切身利益，做到“惠康小民”、“爱暨小人”（《尚书·文侯之命》）。这种爱民、惠民思想，“在以后的时代，特别是孔丘、墨翟那里，得到了很大的发展”③。如果说膺受“天命”的关键在于“敬德”，那么“敬德”的客观规范就在于“尊礼”。因此，“礼”是周文化中最核心、最重要的概念。礼的具体内容是规范人们行为的宗法制度和等级制度，“上自君臣朝廷尊卑贵贱之序，下及黎庶车舆衣服宫室饮食嫁娶丧祭之分”（《史记·礼书》），皆有严格定制。它要求君与臣在政治、经济、文化、交际等各方面的权利、义务和应享受的待遇，

① 陈梦家．殷墟卜辞综述．北京：中华书局，1988. 562.

② 徐复观．中国人性论史（先秦篇）．北京：商务印书馆，1984. 21.

③ 陈瑛．中国伦理思想史．贵阳：贵州人民出版社，1985. 42.

都应严格地和他们的身份相符，不得僭越。据《左传·昭公七年》所载，西周时期“人有十等”，人的等级地位不同，其行为规范、礼仪标准也互不相同。如“天子七庙，三昭三穆，与大祖之庙而七。诸侯五庙，二昭二穆，与大祖之庙而五。大夫三庙，一昭一穆，与大祖之庙而三。士一庙。庶人祭于寝”（《礼记·王制》）。周礼的本质就是等级制，它的作用在于通过恪守符合等级观念的各种规范典则，建立起财富的等级身份占有制度和礼治的政治统治秩序，以促进西周封建经济的稳定和发展。

由上可见，西周“尊礼敬德”的伦理精神，不仅奠定了中国传统文化“重人伦、轻鬼神”的基本性格和主体精神，而且是我国历史上首次在价值观和道德规范上既重视对被统治者进行约束，又重视对统治者进行约束的思想理论。尽管在他们的讨论中没有提出“义”的范畴，“德”和“礼”始终表现为外在性和强制性的行为规范，尚未成为一种内在的道德要求，但把天意和民利联系起来，主张“利”的正当性存在于民众之中的思想，对后世“重民利”、“兴天下之利”等观念的形成产生了极大影响，实际上已开启中国经济思想史上“义利之辨”的先河。先秦诸子正是在对夏、商、周的统治经验和理论进行总结和升华的基础上提出了以“义利”为基本价值准则的理论体系，从而在君主专制的前提下，通过适度规范统治阶级和被统治阶级的利益来解决长期处于对立状态的紧张局势，巩固新兴地主阶级的统治秩序。

二、义利思想的初步展开

西周以来，社会伦理观念作为神权统治的对立物而产生和发展是当时的一般趋向。神的意志已经不能用来说明行为和道德的起源，于是出现了一些新的社会伦理倾向与旧的宗教道德规范相对立。这种变化的表现之一便是在财富的获得上穿起了伦理的外衣，作为理论形态的义利思想开始出现。如《左传》中所谓“德义，利之本也”（《左传·僖公二十七年》），“义以建利”（《左传·成公十年》）；《国语》中“义以生利，利以丰民”，“夫义者利之足也，……废义则利不立”（《国语·晋语二》）等。随着社会经济结构的变化，义利思想也随之发生变化。春秋战国之际，由于生产力水平提高，社会分工的细化和商品交换的发展，土地私有制作为一种新的所有制形式逐渐成为社会生产关系的主流。与此同时，社会关系的各个方面也发生了深刻变化。“礼乐征伐自天子出”递次降为“自诸侯出”，

“大夫执政”、“陪臣执国命”等现象表明以周天子为“天下之大宗”的宗法等级统治体系已难以为继，整个社会陷入“礼废乐坏，大小相逾”（《史记·礼书》）的失序状态中。经济关系的变动和政治秩序的混乱，严重地冲击了“尊礼敬德”的传统伦理，“利”成为社会各阶级关注的焦点，“周道衰而王泽竭，利害兴而人心动”（《陈亮集·孟子》）。在这种“事利而已”（《左传·襄公二十年》）观念的支配下，中国掀起了历史上第一次“义利之辨”的高潮。其中子产、晏婴等一批政治家所提出的义利思想，在“百家争鸣”局面出现以前，成为义利之争的前奏。

子产执政时期，随着社会利益格局的不断分化，“私肥于公”的现象日趋普遍，人们对自我利益的正当性有了前所未有的自觉意识。作为一位现实主义的政治家，子产顺应时代要求，从自然人性论的角度承认人性自利，并主张在可能的条件下，让人们的欲望得到满足。“子产为政，有事伯石，赂与之邑。子大叔曰：‘国，皆其国也。奚独赂焉？’子产曰：‘无欲实难。皆得其欲，以从其事，而要其成，非我有成，其在人乎？何爱于邑，邑将焉往？’”（《左传·襄公三十年》）在子产看来，每个人都有自己的欲望和追求，如果对个人私欲不予以适当的尊重，必将不利于国家利益的维护。因此，治理国家应该重视人的欲望的满足。“人之爱人，求利之也”（《左传·襄公三十年》），只有“惠人”（《论语·宪问》）才能使人为国尽力。这一见解不仅充分肯定私利存在的必然性与合理性，奠定了“人本自利”的基本原则，从意识形态方面为新兴商人资本和土地私有权的发展开辟了道路，同时对于“私利”与“公利”辩证关系的讨论，也有其深刻和独到之处，对后代义利观的形成有着十分重要的影响。在此基础上，子产把满足少数统治者欲望的做法称为“专欲”。他指出，“专欲”会激起民众的反对，以至引起动乱、危亡，“众怒难犯，专欲难成，合二难以安国，危之道也。……专欲无成，犯众兴祸”（《左传·襄公十年》）。子产反对“专欲”的思想虽然是从政治运作的角度出发，维护封建统治阶级的利益，但对于减轻劳动人民负担、缓和阶级矛盾、稳定社会局面仍具有一定的积极意义。

与子产同时代的晏婴，同样从人性论的角度肯定“蕴利”之心，并认为人皆有“蕴利”之心。但与子产顺民所欲的“惠人”思想不同，他主张“以德幅利”，以义节之。“且夫富，如布帛之有幅焉，为之制度，使无迁也。夫民生厚而用利，于是乎正德以幅之。使无黜嫚，谓之幅利。利过则为败。吾不敢贪多，所谓幅也。”（《左传·襄公二十八年》）“幅利”就是对人们的求利行为加上一个伦理限制，像布帛必须有一定幅度一样，私利的追求在一定的伦理限度内，个人财富才会长久保持，超过一定限度就足以为害。这个伦理限度，晏婴称为“义”，它以“让”为主要特征。“让，德之主也，谓懿德，……故利不可强，思义为愈。义，利之本也。”（《左传·昭公十八年》）德主让，就是在求利过程中以让为先，见利当思义。为实现“以义节利”，在追求财富方面，晏婴极力提倡节俭，并要求贵族尤其是最高统治者崇尚节俭以为表率。他指出如果国君有“蕴利”之心，就会激化社会矛盾，造成严重后果。“今君敛重，故民心离；市买悖，故商旅绝；玩充好，故家货殚。积邪在于上，蓄怨藏于民，嗜欲备于侧，毁非满于国。”（《晏子春秋·内篇问上第三》）晏婴执政期间，正当齐国新旧势力之间利益纷争极端剧烈的时期。他虽然从自然人性论的角度承认“凡有血气，皆有争心”（《左传·昭公十年》），但并没有像子产那样，进行有利于社会进步的封建性改革，而是对财富的获取提出伦理限制，企图通过贵族统治阶级自行收敛来挽救它即将崩溃的命运，这是晏婴的义利思想中保守的方面。但是，他的“以德幅利”论在某种程度上也为成长中的封建地主经济体系提供了重要的伦理原则，并对先秦各学派义利观的形成产生了一定影响。其中儒家的义利观主要就是沿着“以义制利”这一思路而展开的。

以上两个政治家子产和晏婴，均能在不同程度上顺应新生事物，提出一些与社会经济变革过程相适应的义利观点。他们的义利思想具有如下共识：其一，从人性论的角度构建义利思想的哲学基础，对人性问题都持有相同的看法，即人性自利。对于这种人性，子产认为它是经济发展中一个可以利用的因素，主张顺民所欲；晏婴则强调它是一个需要加以限制的方面。产生这种差异的原因在于，子产的经济思想代表新兴商人阶级和土地所有者的利益，具有为其经济体系开辟道路的积极作用；晏婴的义利观则在总体上有着维护封建领主贵族统治的倾向，力图延续封建领主的政权。其二，强调“民利”的重要性，主张“利厚而民欢”（《晏子春秋·内篇问上第三》），反对统治者“专利”，并把对财富的过度追求看作是社会动荡的根源。这种观点使他们对道德的经济本质有一种相当理性的自觉，为后世的民本思想提供了理论参考。其三，作为春秋时期著名的政治家，子产和晏婴的义利观莫不与“治国”相关联，在很大程度上说，他们的义利思想是一种政治伦理思想，具有相当浓厚的实用主义色彩。总的说来，无论是“人性自利”还是对获取财富给以伦理限制，都是西周以来义利思想的重要发展，诸子百家对这些观点虽有不同的解释，但都没有完全摆脱它们的影响。

三、义利思想的百家争鸣

围绕义和利的问题，儒、墨、道、法等学派都提出了自己的看法和主张，盛极一时的“百家争鸣”，正是这种局面的突出表现。

1. 儒家的“重义轻利”思想

义利观是儒家的基本价值观，也是其经济伦理思想的重要组成部分，“义利之说，乃儒者第一义”（《朱公文集》卷二十四）。在儒家中，最早系统论述义利问题的是孔子。他提出了“义以为上”（《论语·阳货》）的根本原则；孟子继承了孔子的思想，在“义”的范畴和义、利关系等方面有所拓展；荀子在综合前人思想的基础上，对义利问题作了细致而深刻的分析，主张“先义而后利”（《荀子·王霸》）。

孔子继承了春秋以来的社会伦理倾向，将伦理道德规范加以扩充和深化，形成了以社会尊卑贵贱秩序为核心的封建伦理思想。在义利关系上，孔子认为求富取利之心，人所共有，但要“义然后取”（《论语·宪问》）。他认为，“饮食男女，人之大欲存焉，死亡贫苦，人之大恶存焉”（《周礼·仪礼》），“富与贵，是人之所欲也……贫与贱，是人之所恶也”（《论语·里仁》）。在孔子看来，物质财富是满足人类生存和社会延续所不可缺少的，对它的追求具有一定的必然性，“富而可求，虽执鞭之士，吾亦为之”（《论语·述而》）。在肯定求利求富是人的共同心理的前提下，孔子反对无限制地追求财富，并把它看作是引起社会纷乱的根源，主张财富的获取要服从“义”的标准。“放于利而行，多怨”（《论语·里仁》），“富与贵，是人之所欲也，不以其道得之，不处也。贫与贱，是人之所恶也，不以其道得之，不去也”（《论语·里仁》）。将利的追求置于义的制约之下，就是把“义”作为最高的价值选择目标，肯定道德理想高于物质利益。因此，在义利关系中，孔子认为“义”是安身立命之根本，“义”的价值高于利，即“不义而富且贵，于我如浮云”（《论语·述而》）。孔子虽然将财富的获得与伦理规范结合起来，但他不像晏婴那样只将伦理标准作为获得财富的消极限制，对于治国安邦的大利，他不仅不反对，还给予积极的支持和鼓励。他说：“邦有道，贫且贱焉，耻也。”（《论语·泰伯》）在《论语·子路》中，孔子与弟子冉有讨论卫国的国情时说：“庶矣哉！”冉有说：“既庶矣，又何加焉？”孔子回答说：“富之。”冉有又说：“既富矣，又何加焉？”孔子说：“教之。”这种“先富后教”的观点，显然是以人们首先应该满足物质利益为前提的，如果没有基本的物质基础，就谈不上追求道义。由此出发，孔子进一步提出“利民为义”的思想。“因民之所利而利之，斯不亦惠而不费乎”（《论语·尧曰》），“苟有可以安国家利民人者，不避其难，不惮其劳，以成其义”（《说苑·建本》）。裕民、惠民就是要求统治者不与民争利，以达到施惠于民的目的。在这个意义上，民利不属于“利”，而是属于“义”。以上表明，孔子的义利思想并不是笼统地反对“利”，问题的关键在于求利的手段和目的是否正当，利与富可不可求，必须受到“义”的制约，正所谓“见利思义”（《论语·宪问》），“以义为上”（《论语·卫灵公》）。为了强化“义”在物质财富获取中的规范作用，孔子把周初分封所形成的等级制度移植到义利关系中，将人们的行为规范具体化为社会尊卑贵贱的“礼”，一切物质财富的取得都要合乎“君君、臣臣、父父、子子”（《论语·颜渊》）的原则及据此原则所产生的制度和习惯。“礼以行义，义以生利，利以平民，政之大节也”（《左传·成公二年》），“义以为质，礼以行之”（《论语·卫灵公》）。可见，“义”是“礼”的根据，“礼”是“义”的外在表现。孔子将等级制度移植到义利关系中，针对人们获取财富所作的伦理限制再赋予一定的阶级内容，形成了独具特色的“君子小人观”。“君子喻于义，小人喻于利”《论语·里仁》），“君子固穷，小人穷斯滥矣”（《论语·卫灵公》），“君子之德风，小人之德草，草上之风必偃”（《论语·里仁》）等，揭示了由于道德修养不同所造成的君子、小人义利观的差别。孔子把就政治地位而言的“君子”、“小人”调和进伦理道德的成分，通过赋予“君子”新的道德内涵，使君子成为一个技术化的道德典范和理想人格的化身。反之，作为与君子对立的小人，对于他们的违礼求富的行径，则给予严厉的批评和抨击。这是古代伦理思想史上的一个重要发展，他试图通过强化“君子喻于义，小人喻于利”这一观念，来推动世人加强道德修养，在求富达贵的过程中，以“义”为重，从而实现变天下“无道”为“有道”的政治理想。

孟子是战国中期儒家学派的主要代表人物，他不仅继承了孔子义利思想中的若干重要原则，又补充了新内容。在义利关系的基本方面，孟子继承了孔子的思想。他指出，“欲贵者，人之同心也”（《孟子·告子上》），“人孰不欲富贵”（《孟子·公孙丑下》）。孟子认为依循人的本性，欲求富贵是合理的。不过，对于利的取舍，仍然要以义为尺度。“生亦我所欲也，义亦我所欲也；二者不可得兼，舍生而取义者也”（《孟子·告子上》），“万钟不辨礼义而受之，万钟于我何加焉”（《孟子·告子上》）。当从国家角度来谈“利”时，孟子和孔子一样，坚持“利民为义”的原则。他指出，统治者必须制民之产、施惠于民，才能达到“得民心”、“得天下”的目的。“民之为道也，有恒产者有恒心，无恒产者无恒心”（《孟子·滕文公上》），“是故明君制民之产，必使仰足以事父母，俯足以蓄妻子，乐岁终身饱，凶年免于死亡”（《孟子·梁惠王上》）。在继承孔子思想的同时，孟子从人性为善的角度，把外在的、属于社会产物的道德规范“义”，转化为人们内心中所固有的精神因素，为儒家尚义轻利的思想找到了内在的理论根据。“恻隐之心，人皆有之；羞恶之心，人皆有之；恭敬之心，人皆有之；是非之心，人皆有之。……非由外铄我也，我固有之也”（《孟子·告子上》），“恻隐之心，仁之端也；羞恶之心，义之端也；辞让之心，礼之端也；是非之心，智之端也。人之有四端也，犹其有四体也”（《孟子·公孙丑上》）。孟子认为人有别于禽兽，就在于仁义礼智等道德性，这些道德性是人心所固有的，不行仁义就会违反人性。“仁，人心也；义，路也。舍其路而弗由，放其心而不知求，哀哉。”（《孟子·告子上》）既然遵守道德规范是人性之必然，那么仁、义、礼、智就不是外在的社会强制，而是人们发自内心的追求目标，人们通过不断加强内心的道德修养就可以提高维护礼义制度的自觉性。“万物皆备于我矣。反身而诚，乐莫大焉。”（《孟子·尽心上》）孟子从心性角度为儒家提倡的“义”构筑起道德主体论的内涵，它对汉初儒学及宋代理学的义利思想产生了直接影响。为维护君臣上下长幼之义，孟子把孔子“君子喻于义，小人喻于利”的封建等级思想进一步推向极端，为义、为利已被看成是圣贤和强盗的分界线。“鸡鸣而起，孳孳为善者，舜之徒也。鸡鸣而起，孳孳为利者，跖之徒也。欲知舜与跖之分，无他，利与善之间也。”（《孟子·尽心上》）孟子强调礼制，无外乎是要使封建道德规范更有效地对财富发挥制约作用，以保证封建国家的长远安定，其强辩的姿态为后代剥削阶级所利用，成为士大夫饱食终日、无所用心的借口。

荀子的义利思想在总结和阐发孔孟思想的基础上，又有所突破，更加具有时代性和现实性。荀子从人的自然属性出发剖析了人性之利，肯定了“人生而有欲”（《荀子·礼论》）的客观事实。他认为，“好利恶害，是人之生而有也，是无待而然者也”（《荀子·王霸》），“好利而欲得者，此人之情性也”（《荀子·性恶》）。在荀子看来，嗜欲好利是人性自然的表现，无论圣贤君子还是平民百姓，概莫能外。“好利恶害，君子小人之所同也”（《荀子·荣辱》），“凡人之性者，尧舜之与桀跖，其性一也；君子之与小人，其性一也”（《荀子·性恶》）。荀子认为欲利之心属于人的本性，并赋予“利”适当合理的地位。但与孟子的“人性善”思想不同，他主张“人性恶”，“人之性恶，其善者伪也”（《荀子·性恶》）。人性恶的体现就是争、夺、贪、暴，“生而有疾恶焉，顺是，故残贼生而忠信亡焉；生而有耳目之欲，有好色焉，顺是，故淫乱生而礼义文理亡焉”（《荀子·性恶》）。人性中不存在向善的机制，只能用外在的约束，靠他律来完成去恶向善的目标。为此，荀子提出用外在的“礼义”来约束和规范人的欲求，“今人之性，固无礼义，故强学而求有之也”，“必将有师法之化，礼义之道，然后出于辞让，合于文理”（《荀子·性恶》）。如果说孟子强调从人的内心发掘“义”，并以义制利的话，荀子则是通过外在的学习来克服人性之恶，“化性起伪”，以“使其欲利不克其好义也”（《荀子·大略》），最终与孟子的主张殊途同归，弘扬了儒家“义以为上”的思想和驱人为善的远大抱负。“先义而后利者荣，先利而后义者辱。荣者常通，辱者常穷。”（《荀子·王霸》）荀子把“先义后利”作为治理国家的基本原则，他要求统治阶级“兴天下之同利，除天下之同害”（《荀子·正论》），对民“利后而利之，爱而后用之”（《荀子·富国》），才能“上下俱富，交无所藏之”（《荀子·富国》）。这种以人民的物质生活为基础来计虑封建统治的观点，与孔孟“百姓足，君孰与不足；百姓不足，君孰与足”（《论语·颜渊》）的思想一脉相承。为规范社会利益的求取与分配，荀子提倡“制礼而明分”，即制定礼义制度，引导人们按照身份等级地位来获取财富。“制礼义以分之，使有贫富贵贱之等。”（《荀子·王制》）荀子认为“礼”本身产生于人们的利益分配上的需要，“礼起于何也？曰：人生而有欲；欲而不得，则不能无求；求而无度量分界，则不能不争；争则乱，乱则穷。先王恶其乱也，故制礼义以分之，以养人之欲、给人之求”（《荀子·礼论》）。这样，作为等级制度的“礼”就被赋予一种经济上的内涵，其实质是用封建等级秩序限制人们欲利之心的任意发展。“礼者，贵贱有等，长幼有差，贫富轻重皆有称者也。”（《荀子·富国》）荀子这种以“义”分“利”的观点，发展了孔孟根据社会等级秩序权衡义利关系的思想，从理论到政策都更加深刻而详备。

通过以上对孔、孟、荀义利思想的分别论述，我们可以看出先秦儒家的义利观具有如下三个特点：

第一，在义利关系上，强调“利”是基础，“义”是道德目标，“利”寓于“义”中。即在不否认“利”的前提下，主张以义制利，同时，在符合“义”的条件下承认“利”具有不同的阶级内容和等级差别。孔子、孟子、荀子的义利思想都以探讨人性问题为起点，他们认为人对物质利益的追求是合情合理的，但唯利是图，就会引起纷争和混乱，因此，必须用“义”来规制。孔子最早提出了“见利思义”、“见得思义”（《论语·季氏》）的观点，但没有进一步的论证，孟子和荀子均试图为这一思想寻求理论依据。孟子的性善论，把“义”看作是先天的善性，主张通过提高人的内在品德修养，实现以“义”胜“利”。荀子则认为人对“利”的追求是一种先天的恶性，“义”是后天教育养成的善行。因此，他主张用师法教化和礼义疏导来规范人们的行为，达到以义制利的目的。正如刘家和先生所言，孟子走的是“克己”为“任己”的一路，荀子走的是以“克己”而“约己”的一路①，这种路径上的分歧是与他们在人性问题上的不同看法紧密相连的。

第二，为强化“义以为上”的求利原则，孔子、孟子、荀子利用已经崩溃的周朝礼法，对不同身份等级的人提出不同的道德要求，礼义成为儒家为封建国家所制定的调节各社会集团经济利益的制度。春秋时期，尽管礼乐失范，但“礼”存在的社会基础并没有发生根本性的变化，且其作为传统风尚仍存在一种惯性的力量在发挥作用，“殷因于夏礼，所损益可知也；周因于殷礼，所损益可知也。其或继周者，虽百世可知也”②。因而“礼”仍是实行社会控制与社会整合中不可或缺的资源之一，借助这种资源力量，可以大大地减少社会秩序重建的成本。从这个角度看来，儒家义利思想的产生具有一定的历史必然性，是符合社会发展客观规律的。战国末期，经过长期兼并战争，全国已出现统一的历史趋势。在这样的社会背景下，儒家的“礼制”迎合了新兴地主阶级建立统一有序政权的迫切要求。从西汉开始，儒家学者以维持封建等级秩序为特征的社会伦理思想成为时代的主流。

第三，在民利与君利的关系上，主张利民为先，以民利制约君利。

---

① 刘家和. 古代中国与世界——一个古史研究者的思考. 武汉：武汉人民出版社，1995. 392.

② 杨伯峻. 论语译注. 北京：中华书局，1980. 52.

"节用而爱民，养民以利"（《论语·学而》），这种"利民为义"的思想由于孔、孟、荀诸子的宣扬和论证，在先秦时期就基本确立起来。它在中国伦理思想史上占有非常重要的地位，对于中国历代治国方略和中华民族的价值取向有着深远的影响。经过后代学者的发展与弘扬，"利民为先"被推演为"先公后私"，形成了封建统治阶级一贯保持的仁政口号。但是，在至高无上的封建王权和官权面前，王权的大私被抽象为"公"，具有唯一的最终的伦理合理性。个体私利在制度层面上从未得到根本性的保障，没有获得主流价值系统或意识形态的认可。"重公轻私"通过强调整体而否定个体利益，以防止私利、私欲的抬头，保证各种社会经济行为不偏离宗族、国君的利益主轴，其本质是维护封建统治者的既得利益。西汉以后，儒家的民本思想之所以受到封建统治者的推崇，其原因正如郑观应所言："为君者乐其言便于一己之私，亦从而嘉许之，以布告四海。"①

2. 法家的"重利轻义"思想

法家是战国时期的一个重要学派，起源于春秋时期的管仲，发展于战国时期的商鞅。战国末期，韩非子集法家思想之大成，建立起比较系统的伦理思想。

在先秦诸子中，管仲是较为彻底的唯物主义者。他的唯物主义观点贯穿于政治、伦理思想的各个方面，特别是将物质生活条件作为义利观的基础。他不仅肯定自利是人的一种天性，而且用自利观念解释社会经济活动，甚至认为评价伦理道德标准是否有实践意义，也要依据人们的物质生活而定。他认为，"凡人之情，得所欲则乐，逢所恶则忧，此贵贱之所同有也"，人的本性都是"见利莫能勿就，见害莫能勿避"（《管子·禁藏》）。以此为基础，管仲将德、义、礼等伦理观念赋予具体的物质经济内容，以利作为社会伦理的标准。"德有六兴，……所谓六兴者何？曰……厚其生……输之以财……遗之以利……宽其政……匡其急……振其穷"；"义有七体，七体者何？曰：孝悌慈惠，以养亲戚。……纤啬省用，以备饥馑"；礼有八经，"所谓八经者何？曰：上下有义，贵贱有分，长幼有等，贫富有度"（《管子·五辅》）。在管仲看来，德、义、礼的总体精神都是以物质经济生活为决定因素，正所谓"仓廪实则知礼节，衣食足则知荣辱"（《管子·牧民》），他充分肯定了经济发展对于伦理道德的决定作用。既然人情是趋利而避害的，为政者就应该顺民所欲。"政之所兴，在

① 夏东元．郑观应集（上册）．上海：上海人民出版社，1982. 332.

顺民心。政之所废，在逆民心。民恶忧劳，我佚乐之。民恶贫贱，我富贵之”（《管子·牧民》），“得人之道，莫如利之”（《管子·五辅》）。管仲认为统治者只有在物质生活上使人民得到满足，国家才能稳定。对于如何富民，管仲进行了具体的剖析。他指出尽管人情是得所欲则乐，逢所恶则忧，但“好恶不同，各行所欲，而安危异焉”（《管子·禁藏》），而且，“众人者，多营于物，而苦其力、劳其心，故困而不赡，大者以失其国，小者以危其身”（《管子·禁藏》）。所以，必须有国家政治权力的指导，使其避害就利，“故善者圉之以害，牵之以利。能利害者，财多而过寡矣”（《管子·禁藏》）。国家要充分利用人们自利的本能，引导他们选择适当的致富方式，“善者执利之在，而民自美安”（《管子·禁藏》）。作为新兴剥削阶级的代表，管仲虽然已经意识到义、利之间存在着某种适度的张力，“义”作为一种思想意识与“利”之间的关系既是决定论的，又是反映论的，但他摆脱不了时代的局限，他的“生民欲利”论没有得出资本主义生产方式下的自由竞争原则，却引申出一个适合于封建生产方式的经济干涉结论。

商鞅从新兴地主阶级的利益出发，极力宣扬趋利避害是人的本性。他说，“民之性，饥而求食，劳而求佚，苦则求乐，辱则求荣，此民之情也”（《商君书·算地》），并指出“民之生，度而取长，称而取重，权而索利”（《商君书·算地》）。人们每一行为都要得到最大限度的经济效果，而且为达到这一目的，不惜采取任何手段，“今夫盗贼上犯君上之所禁，而下失臣民之礼，故名辱而身危；犹不止者，利也”（《商君书·算地》）。人们追求名利的欲望，只有生命结束才能终止，“民之欲富贵也，共阖棺而后止”（《商君书·赏刑》）。这是先秦各学派少有的利己观点，即使那些代表商人阶级利益的思想家也不曾把它提到如此的高度。既然自私自利是人的天性，统治者就要“慎观”人们的求利活动，牢固地掌握名利之所出，“主操名利之柄，而能致功名者，数也。圣人审权以操柄，审数以使民”（《商君书·算地》）。具体说来，就是运用国家政权的强制力，统一名利来源，把人们追求名利的行为纳入国家需要的轨道。“民之所欲万，而利之所出一。民非一，则无以致欲，故作一。”（《商君书·说民》）这个“一”就是“农战”。商鞅把“农战”作为国家富强的基本政策，提出了“利出一空”的主张。“民之欲利者，非耕不得；避害者，非战不免”（《商君书·慎法》），“民见上利之从壹空出也，则作壹。作壹则民不偷营，民不偷营则多力，多力则国强”（《商君书·农战》）。商鞅没有把自利观念作为经济活动的动力，而是根据人们所求或所避的自利动机施展封建法禁的威力。这种思想体现在君利与民利的关系上，就是主张君利为先，民利服从君利，“王者，国不蓄力，家不积粟。国不蓄力，下用也；家不积粟，上藏也”（《商君书·说民》）。这与儒家爱民惠民、以民利为先的思想截然不同。在商鞅看来，儒家通过礼制治理国家，不但不能使民安乐，反而适得其反，“以义教则民纵，民纵则乱，乱则民伤其所恶。吾所谓利者，义之本也。而世所谓义者，暴之道也”（《商君书·开塞》）。为实现富国强兵，商鞅提倡以法治国，也就是依靠封建的“刑”与“赏”达到“强国弱民”（《商君书·说民》）的目的。“圣王者，不贵义而贵法”（《商君书·画策》），“民贫则弱国，富则淫。……故贫者益之以刑，则富；富者损之以赏，则贫。治国之举，贵令贫者富、富者贫”（《商君书·说民》）。商鞅的义利思想具有鲜明的阶级特点，集中体现了专制君主的利益，把满足民利看作是实现君利的手段和工具，这是我国古代典型的阶级利己主义思想的代表。

韩非继承了法家的自然人性思想，认为人皆“恶劳而乐佚”（《韩非子·心度》），并把人性趋乐避苦的思想推向极致。“夫安利者就之，危害者去之。此人之情也”（《韩非子·奸劫弑臣》），在利益驱使下，人们无所不能，“鳣似蛇，蚕似蠋。人见蛇则惊骇，见蠋则毛起。然而妇人拾蚕，渔者握鳣，利之所在，则忘其所恶，皆为孟贲”（《韩非子·内储说上》）。由于“好利恶害”（《韩非子·难二》）是人的本性，一切社会关系无非就是个人的自为自利，“医善允人之伤，含人之血，非骨肉之亲也，利所加也。故舆人成舆则欲人之富贵，匠人成棺则欲人之夭死也，非舆人仁而匠人贼也，人不贵则舆不售，人不死则棺不买，情非憎人也，利在人之死也”（《韩非子·备内》）。在韩非看来，父母、子女之间也不过是利益关系，“父母之于子也，产男则相贺，产女则杀之。此俱出父母之怀衽，然男子受贺，女子杀之者，虑其后便，计之长利也。故父母之于子也，犹用计算之心以相待也，而况无父母之泽乎”（《韩非子·六反》）。人际关系中最为亲密的血缘关系都是建立在自私自利的基础上，利己就是一切社会关系赖以维系的纽带，是人类行为的根本出发点和归宿。因此，君臣关系以各自的自利心为基础，便成为韩非所得出的必然结论。他认为“君主卖官爵俸禄，臣下卖智识力气”，乃至“臣尽死力以与君市，君重爵禄以与臣市。君臣之际，非父子之亲也，计数之所出也”（《韩非子·难一》）。韩非将自为自利看作是解剖一切社会关系的手术刀，认为完全从私利出发是人类社会的合理规律。这种极端夸大的自为论，实际上是以新兴地主阶级的观点看待人们行为的动机，把新兴地主阶级扩大剥削的自利思想看成人的本性。它一方面打击了旧的血缘宗法关系的统治，另一方面在客观上肯定了新的剥削制度的合理性。既然人皆自利，各用计算之心相待，人们的思想除了以“利之所在”为唯一的动机之外，再没有任何的道德观念。所以，儒家“以义制利”的思想无济于事，只有采用严刑峻法，才能实现国家的政治经济目的。“夫圣人之治国，不恃人之为吾善，而用其不得为非也。恃人之为吾善也，境内不什数；用人不得为非，一国可使齐。为治者用众而舍寡，故不务德而务法。”（《韩非子·显学》）在社会利益的分配上，韩非和商鞅一样，认为君利高于民利。他说：“欲利而身，先利而君；欲富而家，先富而国。”（《韩非子·外储说右下》）为实现富国强兵、霸王天下，韩非在商鞅农战思想的基础上，提出了“耕战”论。“富国以农，距敌恃卒”，“无事则国富，有事则兵强，此之谓王资”（《韩非子·五蠹》）。为驱使百姓致力于耕战，韩非同样通过刑赏来“显耕战之士”（《韩非子·和氏》），“使民以力得富，以事致贵，以过受罪，以功致赏”（《韩非子·五蠹》）。中国的封建生产关系发展到韩非的时代，地主阶级夺取全国统一的形势已经显现，因此，韩非的耕战论虽是对商鞅农战思想的继承和进一步发挥，却具有更为强烈的为建立统一的中央集权国家服务的要求。

法家是先秦诸子中最具现实意义的思想流派之一。由于法家学者大都曾参加实际的政治经济改革，对于经济现象的观察与体会，较其他学派更加全面而深刻。他们从人性“自利”的角度出发，得出“务法而不务德”的结论，从而以法家观点修正了儒家的义利之辨。从某种意义上说，法家注重的是“法利之辩”，强调“法”对“利”的调整作用，这是专制政体逐步趋于主导地位在经济观念上的直接反映。在君利与民利的对立中，管仲、商鞅和韩非都赋予君主利益以合法性的优先地位。因此，法家的义利思想具有明显的政治色彩，它为秦始皇统一中国并建立起中央集权制提供了理论参考。西汉之初，封建统治者吸收法家义利观的积极因素，并将其纳入儒家的理论体系，创立了两汉时期的新儒学。经过两汉至隋唐的发展，纳入法家合理学说后的新儒家义利观，逐渐成为中国封建社会的主导思想。

3. 墨家的“义利合一”思想

墨家的创始人为墨翟。墨翟尚利，尊重人的物质利益。他从自然人性的角度，论证了人们追求物质利益的合理性，并对人们的求利动机给予了有力辩护。“利，所得而喜也”，“害，所得而恶也”（《墨子·经上》），“今天之士君子，皆欲富贵而恶贫贱”（《墨子·尚贤下》）。墨子把“利”的价值同社会生活联系在一起，指出所谓“利”是利多害少，所谓“不利”是害多利少。“断指以存掔，利之中取大，害之中取小也。非取害也，取利也。……利之中取大，非不得已也。害之中取小，不得已也。”（《墨子·大取》）这种权衡利害轻重的原则，就是判断利与不利的标准。为此，墨子强调以“利”为社会伦理的基础，分辨义与不义的标准以行为之利人与不利人为断，利于人就是义，不利于人就是不义。“所谓贵良宝者，可以利民也。而义可以利人，故曰，义，天下之良宝也”（《墨子·耕柱》），“义，利也”（《墨子·经上》）。以“利”规定“义”，与儒家的以“义”制“利”、重义轻利思想形成鲜明对比。

墨子提倡利，但并非提倡个人利己主义，他认为利人就是利己，损人就是损己。在利己与利人的关系上，墨子反对损人利己的私利。他指出如果只顾个人利益，最终将无利可得。“天下说子，天下欲杀子以利己。……天下不说子，天下欲杀子，以子为施不详言者也。说子亦欲杀子，不说子亦欲杀子，是所谓经者口也，杀常（子）之身者也。”（《墨子·耕柱》）可见，宣扬“杀彼以利我”的结果就是一无所利。在此基础上，墨子把社会动荡的原因归结为人们利欲熏心、自爱而不相爱。“乱何自起？起不相爱。臣、子之不孝君、父，所谓乱也。……虽父之不慈子，兄之不慈弟，君之不慈臣，此亦天下之所谓乱也。”（《墨子·兼爱》）由此，墨子提出了“兼相爱、交相利”的思想，试图以兼爱的原则来处理国与国、家与家、人与人之间的关系。“视人之国，若视其国；视人之家，若视其家；视人之身，若视其身”（《墨子·兼爱》），这样就可以达到“诸侯相爱，则不野战；家主相爱，则不相篡；上与下相爱，则不相贼；……人与人相爱……凡天下祸篡怨恨可使毋起者，以相爱生也”（《墨子·兼爱》）。人们尽己所能，全心全意为他人谋求利益，个人的利益才能得以实现。“夫爱人者，人必从而爱之；利人者，人必从而利之”（《墨子·兼爱中》），爱利是一个和谐的整体，互爱互利才可以调和个人利益与社会利益、利己与利他的矛盾，达到天下大治。“兼爱”是墨子用以改造社会现实的道德武器。在他看来，“兼爱”是一种不附加任何条件或限制，不分国别、家别、人我、亲疏的无差别的爱。“天下无大小国，皆天之邑也；人无长幼贵贱，皆天之臣也。”（《墨子·兼爱中》）这种思想否定了儒家

“君君、臣臣、父父、子子”的宗法道德，从个人因素中寻找产生社会问题的根源，并希望通过伦理道德的提升来消除社会矛盾，安定社会民生。然而真正的全人类的“兼相爱”，在墨子时代，以至整个阶级社会，都是不可能实现的。因此，墨子的“兼爱”说虽是特定历史条件的产物，却富有强烈的空想色彩。

为了把个人利益与社会利益协调起来，促使人人“兼相爱、交相利”，墨子主张“自苦为义”。只要能兴天下万民之利，人就应当甘心吃苦和牺牲自己。“士损己而益所为也”，“为身之所恶而成人之所急”（《墨子·天下》）。为使“自苦”原则规范化，墨子把消费观、生活观、生死苦乐的人生观和道德观融为一体，树之为自己和门徒们思想行为的规范和准则。“使后世之墨者，多以裘褐为衣，以跂蹻，日夜不休，以自苦为极，曰：不能如此，非禹之道也，不足谓墨。”（《墨子·天下》）作为一个墨家，自我牺牲是唯一的、必然的选择，为了兴天下之利，“自苦为荣”成了墨家的身份标志。

针对人世行义与行不义并存的状况，墨子倡导“天志”、“明鬼”，以期发挥“天”、“鬼”的威严作用，为兴天下之利的道德理想寻找一个由外而内的精神力量。他视天为有意志、有目的的人格神，对象化地存在于从自然到社会的各个方面，能够根据人们的行为进行相应的赏罚。“以历为日月星辰，以昭道之；……为王公侯伯，使之赏贤而罚暴。”（《墨子·天志》）天作为万事万物的最高主宰，是人们行为的根本尺度，《天志》云：“观其言谈，顺天之意，谓之善刑政；反天之意，谓之不善刑政。故置此以为法，立此以为仪，将以量度天下之王公大人卿大夫之仁与不仁，譬之犹分黑白也。”如果说墨子的“天”既“赏贤”又“罚暴”，那他的“鬼”就偏重于罚暴的方面，使人的恶性恶行因有鬼的威慑而有所收敛。“天下大乱。此其故何以然也？则皆以疑惑鬼神之有与无之别，不明乎鬼神之能赏贤而罚暴也。今若使天下之人，偕若信鬼神之能赏贤而罚暴也，则天下岂乱哉。”（《墨子·明鬼》）“天”、“鬼”成了墨子意志的化身和治世的法仪，只要人类遵循了天意，国家自然得到治理，人民也会安居乐业，这是墨子“尊天事鬼”所要达到的救世目标。从这个角度看，墨子也排除了人能够自律的可能，把向善的希望寄托于外在的约束。作为人性之外化的“天鬼”虽然代表了一种理性的权威，但为人而造神的思想，持有一种为人所用的实用态度，偏重惩戒、限制等外在规范，忽视了情感关怀和价值意义，是一种只有责任、义务而没有价值关怀、情感慰藉的道德约束。这种工具理性的道德规范思想毕竟缺少现实的土壤，这是墨子的义利思想未能盛行的原因之一。

总的说来，墨子的义利观集中反映了下层民众热切盼望社会变革的要求，其“兴天下之利”的思想映衬出社会下层劳动人民的道德意识、政治觉悟及价值取向，虽然具有鲜明的批判性与进步性，但“历史上任何时代，愈是反映社会下层利益的学说，其空想成分就愈多”①。由于个体经济地位的局限，墨子没有也不可能提出从根本上推翻旧制度的革命主张，他的义利观以及由此发展出来的一些经济概念，与取得政权后的新兴地主阶级的封建经济体系极不相容，以至墨家的学说最终成为一种脱离现实的美好愿望，虽风靡一时，但进入秦汉时期以后就迅速消退了，几近湮灭。

4. 道家的“义利两弃”思想

道家最初滥觞于春秋时期的“隐者”，这些隐者大都是从贵族领主中分化出来的一些没落知识分子。他们不满于现实，反对新兴地主阶级所进行的社会改革，采取隐居避世的态度，回避一切政治经济活动。在道家中，首先形成自己独立学术思想的是杨朱。他主张“贵己”，通过适当的满足现实欲望以实现“全性保真”（《淮南子·汜论训》）。老子和庄子是杨朱之后的道家学派的主要代表人物。他们也是以保全自身作为人生的目的与意义，但在达成这一目的的方式上有别于杨朱，主张一种“无知无欲”的自然主义。这样，道家的道德修养就从“有欲”走向“寡欲”直至“无欲”。

杨朱肯定欲望的满足是生命存在所必需的，它具有伦理上的正当性。“天生人而使有贪有欲”（《吕氏春秋·情欲》），如果“耳不乐声，目不乐色，口不甘味，与死无择”（《吕氏春秋·情欲》）。换言之，生命就是一个欲望的载体，没有欲望便与死亡没有区别。因此，要满足欲望就必须承认人们对于物质财富追求的正当性。与此同时，杨朱认为人的欲望虽是与生俱来的，但任其发展，就会有害于“生”。“物也者，所以养性也，非所以性养也。今世之人，惑者多以性养物，则不知轻重。不知轻重，则生者为轻，轻者为重矣。若此，则每动无不败。”（《吕氏春秋·本生》）这就是说，物质财富是用来养性的，如果不知轻重，以生养物，颠倒“生”与“物”的关系，必定会导致“轻生”。基于上述观点，杨朱提出了“贵己”论。“夫耳目鼻口，生之役也。耳虽欲声，目虽欲色，鼻虽欲芬香，口虽

① 李文君，彭又双．试论墨家思想及其当代意义．吉首大学学报，1988（3）．

欲滋味，害于生则止。……由此观之，耳目鼻口，不得擅行，必有所制. ……此贵生之术也。”（《吕氏春秋·贵生》）可见，杨朱所“贵”之“己”乃是一个生命价值至上的主体，“轻物重生”就是视生命的价值高于其他物质利益的价值，在众多的“利”中以生命为重，这与儒家“义以为上”的安贫乐道思想截然不同。既然杨朱的“贵己”论把全生、养性作为获取和占有财富的界限，那么，在治国方面就必然要求统治阶级“适欲”以使百姓“全生”。“凡生之长也，顺之也；使生不顺者，欲也。故圣人必先适欲”（《吕氏春秋·重己》），“圣人之制万物也，以全其天也”（《吕氏春秋·本生》）。所谓“全其天”，就是以一定的物质生活为前提，保证人们过自耕自食的生活，其本质是一种以统治阶级节欲为内涵的民本思想。杨朱的“贵己重生”论奠定了道家判断经济行为的一个基本原则。杨朱之后，老子和庄子的“无知无欲”论具有更加明显的摆脱名利、超脱世俗的自然主义性质。

“道”是老子思想体系中的最高范畴，“道常无为，而无不为”（《老子》第三十七章）。所谓“无为”就是“生而不有，为而不恃，长而不宰”（《老子》第五十一章），即“道”生育万物却不将万物据为己有，使万物生长而不对万物肆意宰制。由“道”的这种“无为”特征出发，老子指出，在满足了人的自然需要的情况下，一切对名利的追求和占有都是私欲的扩张，这不仅戕害人性，也制造了世间的纷争。“五色令人目盲，五音令人耳聋，五味令人口爽，驰骋畋猎令人心发狂，难得之货令人行妨。”（《老子》第十二章）有鉴于此，老子主张“少私寡欲”，他说：“罪莫大于可欲，祸莫大于不知足，咎莫大于欲得，故知足之足常足矣。”（《老子》第十九章）显然，在老子看来，名利与人的生命价值相比是次要的，只有“见素抱朴，寡少私欲”（《老子》第十九章）才能“复归其根”（《老子》第十六章）。对于儒家的义利之辨，老子认为它无法真正地解决道德与利益之间的矛盾，“大道废，有仁义；智慧出，有大伪；六亲不和，有孝慈；国家昏乱，有忠臣”（《老子》第十八章）。儒家为天下所设定的“义”正是社会无德衰败的标志，它本身就具有诱导人们求取私利的倾向。“天下皆知美之为美，斯恶矣；皆知善之为善，斯不善矣”（《老子》第二章），即人们知道何善何恶，就会陷入求善的纷争，采取各种手段攫取“善”名。由此，老子提出了“无为而治”的思想，“绝圣弃智，民利百倍；绝仁弃义，民复孝慈；绝巧弃利，盗贼无有”（《老子》第十九章）。“无为”就是不干扰百姓的生产与生活，让其自由发展，“我无为而民自化，我好静则民自正，我无事而民自富，我无欲则民自朴”（《老子》第五十七章）。这种“与民休息”的“无为”思想，成为历代统治者推行经济放任政策的有力依据，是中国思想史上放任主义的先驱。在战国末至秦汉之际，黄老之学成为一种独特的经济思想和经济政策，并在汉初一度占有支配地位，对经济的恢复发展发挥了积极的作用。

庄子伦理思想的重心是人生论，突出对生命价值及自由价值的关怀。这种伦理取向反映到义利观上，就是主张“无知无欲”，彻底地复归自然状态。庄子继承和发展了老子的“寡欲”思想，认为欲望会伤害人的本性。“其耆欲深者天机浅”（《庄子·大宗师篇》），欲望的满足会导致“性命之情病”（《庄子·外物》）。因此，庄子主张“无知无欲”。他说：“古之畜天下者，无欲而天下足，无为而万物化，渊静而百姓定。”（《庄子·天地》）庄子把“无欲”的最高境界描绘为“不食五谷，吸风饮露，乘云气，御飞龙，而游乎四海之外”（《庄子·逍遥游》），完全摆脱世俗之累。庄子如此强调无欲，对于欲望的满足手段即物质财富自然也持完全消极的看法。“夫富者苦身疾作，多积财而不得尽用，其为形也亦外矣”（《庄子·至乐篇》），“富则多事，寿则多辱”（《庄子·天地》）。一切财富及物质生活之享受，对人们来说不是欢乐，而是一种拘束和苦痛，故须顺其自然。为使人们彻底放弃名利，回到平和无争的状态，庄子坚决否定儒家的“仁义之道”。在庄子看来，“义”是实现爱利、贪欲的工具，而不是限制私利之心的道德规范。“夫民不难聚也；爱之则亲，利之则至，誉之则动，致其所恶则散。爱利出于仁义，捐仁义者寡，利仁义者众。夫仁义之行，唯且无成，且假夫禽贪者器。”（《庄子·徐无鬼》）不仅为政者如此，在士人中，“仁”、“义”也被当作求取名利的手段。“天下尽殉也。彼其所殉仁义也，则俗谓之君子；彼其所殉财货也，则俗谓之小人。”（《庄子·骈拇》）可见，用“义”殉“名”的君子和以“身”殉“利”的小人并没有本质区别，他们实际是“并与仁义而窃之”（《庄子·胠箧》），以至于“窃钩者诛，窃国者为诸侯，诸侯之门而仁义存焉”（《庄子·胠箧》）。因此，圣人所倡之仁义是“害天下也多”（《庄子·胠箧》）。从这一论辩可知，庄子所追求的是一种超脱于传统义利思想之上的、不求世俗利益的理想人生。

从以上论述可知，先秦道家在义利问题上的思想最为独特，既不求“义”，也不求“利”。他们一方面主张“知足”、“重生”，反对一切自然需求之外的求利活动，另一方面又否认“义”的存在，认为世俗之“义”

不过是求取名利的工具，没有德行之实。因而极力宣扬摆脱义、利，回归“至仁无亲”、“至义不物”（《庄子·庚桑楚》）的自然状态。这种“重生轻利”的思想，其实是那些没落领主贵族在激烈的阶级斗争中力求自保的表现。他们认为自保、全生才是真正的“利”，也即人生最终之“义”。所以，我们不能说道家没有义利论，只是它对义利有自己特殊的解读方式罢了。

综观先秦时期的义利观，在殷商尤其是西周时期，一些简单的经济伦理观念构成了义利思想的先导，至春秋战国之际，出现了中国历史上义利之争的第一次高潮。诸子百家的义利观呈现多样性，反映出他们对于经济与伦理、利益与道德相互关系的不同倾向，其历史演化则标示出经济伦理观念的时代变迁轨迹。从对义、利的基本态度来看，儒、墨、法三家在承认求利行为之现实性与合理性的前提下，主张由某种确定的社会规范或标准来对求利行为加以制约。道家则否认人的除自然需求之外的求利行为，更反对用一种人为的标准来进行约束，讲求一切均以自然为重。儒家与法家的义利观，从表面看来存在着明显的对立，这表现在两个方面：第一，在制“利”的问题上，儒家倡导自律，通过人们道德品质的培养和精神境界的提高而“轻利”；法家则力主他律，主张用严刑峻法维护君主之利。第二，在社会利益的分配上，儒家要求统治者爱民利民，不与民争利，“因民之所利而利之”，同时肯定“利”中等级差别的存在；法家则主张君主要掌握“利”之来源，并尽力消除“利”中存在的一切差别，追求“利出一空”的理想境界。儒家与法家是战国后期的显学，二者的对立反映了同一剥削阶级的不同理论代表人之间的矛盾，它们是从不同的角度为新兴地主阶级服务，而总的趋势都是为导向封建生产方式的新的发展阶段而努力。西汉“罢黜百家，独尊儒术”以后，法家不再是封建统治者公开提倡的政治哲学，但是就实际的政治运作而言，中国历代的封建统治者莫不奉行一种“外儒内法”的治理模式。因此，在中国封建经济的发展过程中，儒家和法家的经济政策与观点都起到了极其巨大的推动作用。墨家是广大自食其力的小生产阶级的代表，其“兼相爱、交相利”的主张所提倡的人与人之间互利互爱，以及为政者宜“兴天下之利”的看法，与新兴地主阶级在新的发展阶段上的要求极不相符。他们不懂得“天下皆相爱，强不执弱，众不劫寡，富不侮贫，贵不敖贱，诈不欺愚”（《墨子·兼爱中》）的理想，在尚处在它的正常性阶段的封建社会，是不可能实现的。那种没有人己差别、家庭差别、国家差别的兼爱社会，在任何时代都是纯粹的空想，这是秦汉以后墨学消沉的根本原因。

先秦是我国义利思想的发轫期，为此后思想的发展勾勒出了大致的轮廓，至两汉特别是西汉时期，纳入各家合理学说后的新儒学走向实用，并最终取得了支配性的历史地位。到 19 世纪中叶，迄于鸦片战争的两千年，尽管义利思想时有新见，但从根本上讲，不过是先秦两汉思想的反刍。进入近代社会之后，中国传统的义利思想才开始摆脱旧的局限，跨入一个新的领域。

第二节

义利思想的多元化——古希腊、古罗马时期

西方文明的初始根基在于圣经时代的古希伯来文明和古典时代的希腊文明。以希伯来宗教理想为核心的基督教文化，不仅对欧洲中世纪产生了巨大影响，而且直接影响了整个西方文明的发展历程。即使在科学技术高度发展的今天，基督教信仰仍然是西方人最主要的精神支柱和最根深蒂固的意识形态。如果说古希伯宗教文化是唯灵主义的，那么古希腊罗马文化则是一种具有世俗精神的文化。“在那里，最高统治者的思想十分合乎逻辑地被看作法规。但是，作为法规的思想要从经验结果里得出，而不是从正统的宗教思想规则中去寻找。”① 世俗精神与宗教精神的冲突与融合，推动了西方思想文化的不断变迁和自我超越。

一、“信仰即美德”的宗教伦理思想

古希伯来民族是一个苦难深重的民族，长期处在异族的统治之下。古希伯来人在反思自己民族的命运时，自然产生出一种强烈的不幸意识，既然在现实世界得不到幸福和安宁，就到宗教中去寻找安慰。古希伯来文明的结晶就是《圣经》，由后来的基督教全部吸收，成为通行《旧约全书》的范本。在《旧约》中希伯来人表述了基于不幸意识的宗教思想，他们把失落家园的原因归咎于自己祖先的不洁净和不虔诚，而不是外族的侵略。这种罪孽感泛化为普遍的“原罪”意识，成为西方伦理思想中“人性恶”的重要依据。

体现在《旧约》中的基本经济思想是一切财富来自上帝，上帝在创造天地万物的同时，也创造了财富。《圣经》的开篇记载着上帝创造万物，“他使草生长，给六畜吃；使菜蔬发长，供给人用，使人从地里能得食物，又得酒能悦人心，得油能润人面，得粮能养人心”（《圣经·旧约全书·诗

① ［美］亨利·威廉·斯皮格尔．经济思想的成长．晏智杰等译．北京：中国社会科学出版社，1999. 2.

篇》)。上帝是财富的最高拥有者和赐予者，人类及其产品都是属于上帝的，人们从事经济活动的目的是代上帝管理财货与资源。上帝曾与信仰他的人多次立约，只要他们信奉唯一真神耶和华，就赐予他们土地、牲畜和一切财富。《圣经》中记载，乌斯地住着一个名叫约伯的义人，他“完全正直，敬畏神，远离恶事。他生了七个儿子、三个女儿。他的家产有七千羊，三千骆驼，五百对牛，五百目驴，并有许多仆婢”（《圣经·旧约全书·约伯记》)。在古希伯来人看来，那些敬畏上帝又勤劳的人，其报偿是富贵，那些不虔敬上帝又懒惰的人，其恶果是贫穷。“手懒的，要受贫穷；手勤的，却要富足”（《圣经·旧约全书·箴言》)，“懒惰人因冬寒不肯耕种，到收割的时候，他必讨饭而无所得”（《圣经·旧约全书·箴言》)。这表明古希伯来人并不反对贫富差异的存在，他们认为世界上有富者与贫者，是由于上帝所造人之不同，并一再告诫“财物使朋友增多，但穷人则朋友远离……贫穷人，弟兄都恨他”（《圣经·旧约全书·箴言》)。因此，古希伯来人对财富的充分肯定是与对上帝的绝对信仰融为一体的。

为执著宗教信仰，超越世俗的物质生活，古希伯来的贤哲们极力宣扬人的欲望是虚空。“你岂要定睛在虚无的钱财上么，因为钱财必长翅膀如鹰向天飞去”（《圣经·旧约全书·箴言》)，“行为纯正的贫穷人，胜过乖谬愚妄的富足人”（《圣经·旧约全书·箴言》)。在《圣经》中强调获取财富的唯一正确的途径就是信仰上帝，先有信仰，才有道德，由道德而获得财富是善行的表征，由不道德而获得财富则要受诅咒。“用诡诈之舌求财的，就是自己取死，所得之财乃是吹来吹去的浮云”（《圣经·旧约全书·箴言》)，“那不按正确得财的，好像鹧鸪菢不是自己的蛋；到了中年，那财都必离开他，他终久成为愚顽的人”（《圣经·旧约全书·耶利米书》)。对贫穷的人，古希伯来人认为捐献行善是一种履行神义的行为。“在耶和华——你上帝所赐你的地上，无论哪一座城里，你弟兄中若有一个穷人，你不可忍着心揝着手不帮补你穷乏的弟兄……所以我吩咐你说：‘总要向你地上困苦穷乏的弟兄松开手’”（《圣经·旧约全书·申命记》)，“欺压贫寒的，是辱没造他的主；怜悯穷乏的，乃是尊敬主”（《圣经·旧约全书·箴言》)。这种“慈善乃公义”的价值观念，宣扬了一种平等的理想和世界大同的福音，体现了“爱人如己”的基本教义和道德信条，“一个健康的道德必须像考虑自己利益一样地考虑他人的利益”①。

---

① 罗国杰．西方伦理思想史．北京：中国人民大学出版社，1985. 86.

由上可知，古希伯来人伦理思想的出发点和归宿点都是信仰神，财富和万事万物的产生都是神意的体现。所以，人在尘世的最高追求就是洗涤灵魂，彻底唾弃物欲，将一切利己的冲动从属于爱他人的美德，敬爱上帝，才能进入光辉澄明的彼岸世界。《旧约》倾注全力于人们心灵的改造，鄙视世俗的物质生活，用现世的痛苦换取来世的幸福，其实质是以神性替代人性，以神道排斥人道，从而抹煞了人的主体性和道德的真正目的。古希伯来宗教反对追求财富，但并不反对怜悯穷人、乐善好施的富人，憎恶贫困，却未寻求消灭贫困之道，这种观念和统治阶级的利益基本一致。随着富裕阶级入教的增多，教会对于富人捐献的依赖逐渐增大，对剥削和压迫的不满情绪日益消失，认为安于现实、服从统治就是遵从神的命令。古希伯来宗教最终演变为可利用的统治工具。公元 313 年，罗马帝国发布《米兰敕令》，宣布以古希伯来宗教为基本准则的基督教为国教，从此确定了它在中世纪的统治地位。

二、德性伦理思想、理性伦理思想的初步发展

如果说《旧约》中的伦理思想由宗教冲动所启迪，那么古希腊、古罗马的伦理思想则是与对现实生活的理性思考相联系的。古希腊、古罗马的思想家对义利关系的考察，主要围绕人生目的和幸福生活等问题展开。从苏格拉底、柏拉图、亚里士多德到斯多葛派，形成了一种德性伦理的思想传统，他们重视人的道德修养，把追求至善的理念和美德看作是真正的幸福。与此不同的是，以德谟克利特、伊壁鸠鲁为代表的思想家，他们主张的是一种理性的快乐主义，注重道德与现实物质生活的密切联系，肯定个人的物质需要，反对把道德与物质生活对立起来。

1. “德本财末”的伦理思想

苏格拉底堪称古希腊道德哲学的第一人。他要求人们只应当关注自己的灵魂，最大限度地实现心灵的完善，而不要去追求财富和荣誉等身外之物，因为这些东西对道德不但无益反而有害。苏格拉底痛斥情欲是“暴君”、“敌人”，并公开表白说：“我此外什么也不做，只是去说服你们，不论老少，都不要老想着你们的人身或财产，而首先并且主要地要注意到心灵的最大程度的改善。我告诉你们，金钱并不能带来美德，美德却可以给

人带来金钱，以及个人和国家的一切好事。这就是我的教义。"① 苏格拉底认为道德是天赋的，来自于神对人的启示，道德修养只是把原先存在于人的心灵中的知识，通过辩证的方法使人认识它。"神无所不知——无论是言论和行动，还是隐秘的念头；神无所不在，并给人们一切行动的训示……神使人认识和行动，人应当学习。而人们所不知道的，就力求靠占卜去领悟神的意志，神垂青于谁，就给谁训示。"② 苏格拉底将人的感性欲望和物质利益从道德中排除出去，把道德看成是天赋的，完全否定道德的社会物质根源。这一思想由柏拉图继承和发展，经过斯多葛派的发展，最终成为中世纪宗教伦理学禁欲主义的最初思想渊源。

柏拉图生活在古希腊奴隶制由繁荣走向衰落的剧变时期。在这一时期，社会伦理道德准则和宗教信仰遭到严重破坏。柏拉图站在旧奴隶主贵族的立场上，竭力主张德性是引导经济发展的前提，如果不依靠德性的支持，经济问题就没有解决的可能。在如何看待财富与道德关系的问题上，柏拉图承认"人人皆知财富是个巨大安慰，而且人人爱钱是因它所具有的有用性"③。为此，柏拉图主张人们可以追求财富，但这种追求应受到道德的节制。柏拉图将财富分成三个等级：第一等是精神财富，第二等是肉体财富，第三等是物质财富。他认为下等财富是为上等财富而存在的，获取物质财富是为了达到高尚目的的手段，"对财富的关心应该被列于第三位乃至最后一位——位于对心灵与身体的关怀之后"④。柏拉图认为世俗的金银是罪恶之源，心灵深处的金银才是纯洁无瑕的至宝。通常人们往往把追求物质财富放在第一位，这是国家或个人招致祸害和产生罪恶的根源。为了鼓励人们不要去追求不义之财，柏拉图强调人们应当淡泊名利，以恪守道德情操为重。"所谓财富，如其所有者不是公正、有德性的，即不能称之为财富；如果所有者是鄙贱的，那么财富对他们反而是最大的恶。财富的价值要依据所有者的德性和是否能贤明的使用。"⑤ 为强化道德在物质财富获取中的规范作用，柏拉图将其理想人格的设计与国家等级制度的建立

① 罗国杰．西方伦理思想史．北京：中国人民大学出版社，1985. 116.

② 罗国杰．西方伦理思想史．北京：中国人民大学出版社，1985. 150.

③ ［美］亨利·威廉·斯皮格尔．经济思想的成长．晏智杰等译．北京：中国社会科学出版社，1999. 14.

④ ［美］亨利·威廉·斯皮格尔．经济思想的成长．晏智杰等译．北京：中国社会科学出版社，1999. 17.

⑤ 葛扬等．西方经济学说史．南京：南京大学出版社，2003. 15.

相联系。他把理想国家的公民分为三个等级：第一等级是哲学家，也就是统治者；第二等级是保卫国家的战士；第三等级是农民、手工业者和商人。以上三个等级分别对应智慧、勇敢、节制三种道德品质，“供养者应有节制之德，卫国者应有勇武之德，统治者应有智慧之德”①。上述三个等级安分守己、各尽其职，形成一个完整的有机整体。“哲学王”是柏拉图理想人格的代表，他们拥有高尚的道德品质，“最为乐天知足，最少要求于人乃是他们的特点”，这种人对于失掉钱财“丝毫不觉得可怕”，“因此他绝不忧伤憔悴，不论什么不幸临到他身上，他都处之泰然”②。其他等级的人则德智平庸，只有在哲学王的统治下，物欲横流的现实世界才会恢复秩序。在理想国的方案里，统治阶级的两个组成部分——哲学家和战士“除了绝对的必需品之外”不得有任何财产，他们的生活资料由被统治的工人、农民和商人供应，其目的在于使这些人专心从事治理民众的事物。“私有财产和金钱是邪恶和腐败的根源，取消了私人财产和货币也就取消了自私之心，使人归之于无私忘我，一切争端、倾轧、战争、贪欲和仇恨也就都将销声匿迹了。”③ 因此，在“一个安排得非常理想的国家，必须妇女公有，儿童公有，全部教育公有”④。柏拉图认为私有财产和家庭是负担，容易导致威胁社会均衡的内讧。在第一、二等级内实行的“公有制”就是建立在取消家庭、财产公有的基础之上的。从理想国的具体规定中可以看出，依据等级原则，建立一个纪律严明、组织严密和思想划一的政治实体来振兴社会、摆脱危机，是柏拉图伦理思想的最终目的。德性是要求不同社会地位的人之间、不同欲望形式之间在保持特定秩序的基础上达到和谐。因此，柏拉图实际上已经意识到，社会地位的差别以及由此导致的欲望形式的对立是道德借以立足的根基。这显然比单纯从道德出发来讨论问题的观点更接近人性的本质和道德的现实基础。但是，为追求国家的理想状态，柏拉图不仅主张财产公有，妇女和儿童也要为社会共有，男女之

---

① ［古希腊］柏拉图．理想国．郭斌和，张竹明译．北京：商务印书馆，1994. 247.

② ［古希腊］柏拉图．理想国．郭斌和，张竹明译．北京：商务印书馆，1994. 82.

③ ［美］亨利·威廉·斯皮格尔．经济思想的成长．晏智杰等译．北京：中国社会科学出版社，1999. 130.

④ ［古希腊］柏拉图．理想国．郭斌和，张竹明译．北京：商务印书馆，1994. 18.

间的结合不能带有任何感情因素。“理想国”仿佛一部庞大的机器，个人不过是机器部件，随着机器运转而共振。黑格尔曾经指出：“排斥主观自由原则的观点，乃是柏拉图的理想国中之主要特征。国家的基本精神在于从各方面使固定了的个性消溶于共性之中，把所有的人仅仅当作一般人。”① 柏拉图也承认像“理想国”那样的城邦“在地球上是找不到的”，“或许天上建有它的一个原型，让凡是希望看见它的人能看到自己在那里定居下来。至于它是现在存在还是将来才能存在，都没有关系”②。柏拉图思想中的这种超越性，使他的义利观最终导入宗教神学的窠臼，“理想国”成了彼岸世界的同义语，哲学王成了祭祀集团的对等物，从而对中世纪的基督教神学产生了深远影响。

亚里士多德立足于现实物质生活，从肯定人的现世幸福出发，提出了德性为本、财富为末、德性高于财富的伦理思想。亚里士多德在谈及幸福生活时指出，人要过上幸福的生活必须具备“三项善因”——“外物诸善、躯体诸善、灵魂诸善”，其中“外物诸善”包括“财富、资产、权力、名誉以及类似的种种事物”，“灵魂诸善”则是指德性。“灵魂诸善”可以不依赖于“外物诸善”，而“外物诸善”必有赖于“灵魂诸善”，故“最高的灵魂也一定比我们最富饶的财产或最健壮的躯体为更可珍贵”③。所以，“务求娱乐于外物”不如“虔修品德和思想”，后者“其为幸福毕竟更加充实”④。亚里士多德不仅从精神领域，而且从社会生活中论述了幸福的实现条件。幸福是至善，是人生的最高目的，但幸福不是柏拉图式的脱离具体现实生活的“理念”、“形式”，而是“人类的兴旺”，是“生活得好”、“行得好”。“自足似乎就是终极的善……我们现在主张自足就是无待而有，它使生活变得愉快，不感匮乏。这也就是我们所说的幸福”⑤，因而，“幸福就是灵魂的一种合乎德性的现实活动”⑥。可见，人类活动的目

---

① ［德］黑格尔．哲学史讲演录（第2卷）．贺麟，王太庆译．北京：商务印书馆，1981. 261.

② ［古希腊］柏拉图．理想国．郭斌和，张竹明译．北京：商务印书馆，1994. 386.

③ ［古希腊］亚里士多德．政治学．吴寿彭译．北京：商务印书馆，1965. 340.

④ ［古希腊］亚里士多德．政治学．吴寿彭译．北京：商务印书馆，1965. 341.

⑤ ［古希腊］亚里士多德．尼各马可伦理学．苗力田译．北京：中国社会科学出版社，1990. 13.

⑥ ［古希腊］亚里士多德．尼各马可伦理学．苗力田译．北京：中国社会科学出版社，1990. 12.

的在于幸福，而财富是达到幸福的手段，鄙视财富对追求幸福没有丝毫帮助。在此基础上，亚里士多德明确提出私有制是城邦的基础，也是德性得以伸张的前提。“假如将现行制度（私有制）用善良的礼俗和贤明的法律加以改善，其优点是可以远胜于财产共有制，并兼有二者之利益。……划清了各人所有利益的范围，即可消除人们间相互争吵的根源，各人注意自己范围内的事业，更易于改进各家的情况。”① 为消除祸乱、稳定城邦，亚里士多德倡导建立制度以教化民众，他指出如果制度不提供真正的教育，财富问题永远不可能得到解决。因为建立一个制度最重要的是“规引本性贤良的人不求理多，并防止卑贱的人能够得到更多”②，通过教育才能达到“作为最高的善和极端的美的德性”③。柏拉图认为德性源于唯心主义的天赋等级论，而亚里士多德认为要靠现实生活中的“教育”来产生节制欲望的德性。所以，教育不仅是亚里士多德解决经济问题的方法，也是他伦理思想的最高境界。总而言之，无论是柏拉图还是亚里士多德，他们都试图建立一种价值观来解决个体和城邦的利益矛盾，并在此基础上形成相应的财产所有制度。柏拉图主张的公有制以对下层生产者的鄙视为前提，将德性凌驾于具体的经济行为之上；亚里士多德则从个体动机的自利性出发，建构起他的以私有制为主的财产制度，并以此为基础达到个体和城邦的共同幸福。这是亚里士多德对柏拉图“理想国”的超越，也是其义利思想的深刻而独到之处。

斯多葛派由古希腊的犬儒学派发展而来，他们的伦理学说具有浓厚的道德至上色彩。斯多葛派思想家认为“德”是人类和哲学的唯一目的，德由上帝赋予，因此，履行道德义务就是服从上帝的旨意。其代表人马可·奥勒留·安顿尼诺指出“上帝是善和公正和美，他产生而聚拢一切事物，并且包涵和容纳一切为了产生其他相似的事物的事物”④，“人们有了上帝就有了道德，没有了上帝也就没有了道德；上帝就在人们心中，上帝

① 胡寄窗．政治经济学前史．沈阳：辽宁人民出版社，1998. 137.

② ［古希腊］亚里士多德．亚里士多德全集（政治学卷）．苗力田译．北京：中国人民大学出版社，1994. 49.

③ ［古希腊］亚里士多德．亚里士多德全集（政治学卷）．苗力田译．北京：中国人民大学出版社，1994. 40.

④ 周辅成．西方伦理学名著选辑（上卷）．北京：商务印书馆，1987. 251.

就是人们心里的精灵”①。于是，遵从天命成为斯多葛派道德哲学的出发点。该学派另一位代表人物塞涅卡说：“愿意的人，由命运领着走，不愿意的人，由命运拖着走。”② 爱比克泰德对命运作了进一步的论证，他说：“人们的尊卑贵贱都是与生俱来的，每个人都要具备‘忍耐’、‘克制’的信念。”③ 在斯多葛学派看来，具有最少而最可能的欲望便是唯一合理的有德生活，原始人类的自然生活是他们的理想状态，而文明的都市生活则是不公正、奢侈和败坏的根源。将这一观点引申到贫富问题上，就会得出“只有贤者才是真正的富人，即使他们成为乞丐仍是富有的，即使成为奴隶仍然是高贵的”④。斯多葛派的学者将一切外界事物分为两类：凡有助于道德生活的事物就是有贡献的，无助于道德生活的事物即为无价值的，为使各种行为都能助成道德的生活，就要抑制自己的感情。⑤ 为此，他们提出部分服从整体、个人幸福服从社会共同利益的道德要求。这在很大程度上与专制统治的政治需要不谋而合，满足了奴隶制向封建专制过渡的社会需要。当斯多葛派的道德哲学被专制统治者当作阶级统治的意识形态工具时，宗教禁欲主义对中世纪漫长的封建统治便出现了。

2. 理性的快乐主义思想

与苏格拉底同时代的德谟克利特，把快乐主义视为伦理思想的根本原则。他认为最好的生活就是尽可能增加快乐和减少痛苦，“对人，最好的是能够在一种尽可能愉快的状态中过生活，并且尽可能少受痛苦”⑥。在德谟克利特看来，人性总是趋乐避苦的，快乐与不适也就成为区分和判断道德是非的标准。“快乐和不适决定了有利与有害之间的界限”⑦，“快乐和不适构成了那‘应该做或不应该做的事’的标准”⑧。德谟克利特指出，感官享乐是暂时的、易逝的，如果沉湎其中，只会损害人的快乐。“对一切沉溺于口腹之乐，并在吃、喝、情爱方面过度的人，快乐的时间是很短的，就只是当他们在吃着、喝着的时候是快乐的，而随之而来的坏处却很大。”⑨ 所以，人应当追求精神快乐，精神快乐高于肉体快乐。为实现从感

---

① 窦炎国．情欲与德性：功利主义道德哲学评论．北京：高等教育出版社，1997. 62.

②③ 王祥云．中西方传统文化比较．郑州：河南人民出版社，2005. 26.

④⑤ 胡寄窗．政治经济学前史．沈阳：辽宁人民出版社，1998. 202.

⑥⑦ 周辅成．西方伦理学名著选辑（上卷）．北京：商务印书馆，1987. 81.

⑧ 周辅成．西方伦理学名著选辑（上卷）．北京：商务印书馆，1987. 73.

⑨ 周辅成．西方伦理学名著选辑（上卷）．北京：商务印书馆，1987. 85.

性快乐主义向理性快乐主义的转变，德谟克利特从世界观和道德哲学的层次上，揭示出以理性态度追求幸福的道德基础。“给人幸福的不是身体上的好处，也不是财富，而是正直和谨慎”①，“凡期望灵魂的善的人，是追求某种神圣的东西，而寻求肉体快乐的人则只有一种容易幻灭的好处”②。可见，理性的幸福就是道德上的善。德谟克利特强调，追求灵魂的善，就应当把国家利益和公共事务放在超乎一切的地位，这样才能达到公正。“国家的利益应该放在超乎一切之上的地位上，以使国家能治理得很好。不应该让争吵过度以致失去公道，也不应该让暴力损害公共的善。因为一个治理得很好的国家是最可靠的庇护所，其中有着一切。如果它安全，就一切安全；而如果它被毁坏，就一切都被毁坏了。”③ 从德谟克利特的以上论述中，我们不难发现，他的快乐主义与享乐主义具有原则上的区别，其关键就在于他试图通过理性的中介环节，解决情欲与德性的结合问题，并且力图达到个人享乐与社会义务的统一。

伊壁鸠鲁的道德哲学是对德谟克利特思想的直接继承，他认为人类生存的根本目的就是追求快乐。“快乐是幸福生活的开始和目的。因为我们认为幸福生活是我们天生的最高的善，我们的一切取舍都从快乐出发；我们的最终目的乃是得到快乐。”④ 在伊壁鸠鲁看来，感官的快乐是一切快乐的起源和基础，没有感官的快乐，就不会有其他的快乐和幸福。“如果抽掉了嗜好的快乐，抽掉了爱情的快乐以及听觉与视觉的快乐，我就不知道我还怎么能够想象善。”⑤ 从理论内容上讲，伊壁鸠鲁以快乐为善的伦理思想是和他的反宗教立场联系在一起的。他认为不存在上帝和什么来世，解释人的本性也不需要其他原则，活着的人只有快乐和痛苦的感觉，人死了也就没有感觉了。“众人关于神的肯定都不是从感觉得来的概念而是虚妄的假定，根据这种假定，临到恶人头上的大祸和降到善人身上的大福都被归之于神灵”⑥，其实，神远在自然界之外，并不会干预自然和人类，人的灵魂会随着机体的死亡而消失。因此，人应该从对上帝的恐惧中解放出来，开拓一种自己控制自己的新生活。“当幸福在时，我们便拥有一切，

①② 周辅成．西方伦理学名著选辑（上卷）．北京：商务印书馆，1987.74.
③ 周辅成．西方伦理学名著选辑（上卷）．北京：商务印书馆，1987.86.
④ 北京大学哲学系编．古希腊罗马哲学．北京：商务印书馆，1982.367.
⑤ 周辅成．西方伦理学名著选辑（上卷）．北京：商务印书馆，1987.309.
⑥ 周辅成．西方伦理学名著选辑（上卷）．北京：商务印书馆，1987.102.

而当幸福不在时，我们便尽力来谋得它。”① 这种无神论的思想倾向与神秘主义和禁欲主义形成鲜明对比，在宗教禁欲主义一统天下之前就预告了它的荒谬性，对于振奋人心、消除悲观情绪起到了积极的启蒙作用。伊壁鸠鲁虽然主张追求快乐，但反对不加区分地追求一切快乐，他提倡的是理性的快乐。“当我们说快乐是一个主要的善时，我们并不是指放荡者的快乐或肉体享受的快乐。……我们所谓的快乐是指身体的无痛苦和灵魂的无纷扰。”② 感性的欲望是多种多样的，只有理性才能正确地“为了肉体的健康和灵魂的平静来考虑取舍，……当某些快乐会给我们带来更大的痛苦时，我们每每放过这许多快乐；如果我们一时忍受痛苦而可以有更大的快乐随之而来，我们就认为有许多痛苦比快乐还好”③。伊壁鸠鲁用理性标准判断快乐的善恶，其实质就是对快乐与痛苦进行权衡，以便尽可能选择较大的快乐或较少的痛苦。这预示了两千年后边沁的类似思想——人们要实现幸福，就应该采用一种理性、自律的生活方式并仔细计算行动的利弊得失。在个人和社会的关系上，伊壁鸠鲁坚持个人主义思想。他认为个人是社会的基础，社会关系和法律关系都要以个人利益为基础，否则就没有现实意义。“自然的公正，乃是引导人们避免彼此伤害和受害的互利的约定。”④ 人类本来就是利己的、自立的，社会的形成是基于人们自愿的联合，政府与法制是否有效取决于能否保护此联合。“公正对于每个人都是一样的，因为它是相互交往中的一种互相利益。……一件事如果为法律所肯定，但是并非真正有利于社会关系，就不是公正的。”⑤ 伊壁鸠鲁从个人主义出发，将公正这种社会道德看成是合理的社会利益关系的体现，这是对社会道德作功利论解释的最早典型，奠定了西方伦理中理性的个人利益可以形成和谐社会秩序的思想基调。

综上所述，古希腊罗马时期是西方伦理思想形成并得到初步发展的时期，就整体而言，这一时期经济伦理思想的基本倾向是重视道德及精神生活的价值。当然，在不同学派中所体现的具体内容不同。古希伯来文明为西方伦理思想提供了超越性的宗教观念，德性不是人的本性而是神的本

---

① 周辅成．西方伦理学名著选辑（上卷）．北京：商务印书馆，1987. 101.
② 北京大学哲学系编．古希腊罗马哲学．北京：商务印书馆，1982. 368.
③ 周辅成．西方伦理学名著选辑（上卷）．北京：商务印书馆，1987. 103.
④ 周辅成．西方伦理学名著选辑（上卷）．北京：商务印书馆，1987. 96.
⑤ 周辅成．西方伦理学名著选辑（上卷）．北京：商务印书馆，1987. 97.

性，幸福是由于分享了神性而到来世方能获得的结果。于是，情欲与道德的矛盾便转化成人与神的矛盾，人们只有抛弃现世的感官享受，绝弃世俗的欲望，才能到达彼岸世界。以苏格拉底、柏拉图、亚里士多德、斯多葛派为代表的思想家们，虽然承认物质享受的客观存在，但他们认为快乐和享受是低级幸福，真正的幸福在于把灵魂从肉体欲望的坟墓中解脱出来，以追求至善的理念和美德。德谟克利特和伊壁鸠鲁的理性快乐主义则与此不同。他们以人为中心，强调人的价值，反对把道德与物质利益、感性欲望割裂开来，但他们并不是纵欲主义者。德谟克利特和伊壁鸠鲁认为理性的尊严是个人生活中德性的再现，通过道德的节制，可以实现肉体的快乐和灵魂的安宁，即注重精神生活的高尚和物质生活的合理性。这种人文主义、理性主义的思想，成为西方近代以来功利主义思想的基本内涵。

小结

先秦和古希腊、古罗马时期，是中西方义利思想的成与最初发展的阶段。这个时期的许多观点在以后的历史发展中，深刻影响着中西方的价值观念和道德取向，成为近现代经济伦理的源头和起点。由于先秦和古希腊、古罗马的文化繁荣大致出现在同一时期，这就为追溯中西方义利思想的源流传统提供了前提条件。关于“义”与“利”的总体看法，中西方既有相近的一面，也有明显的相异之处。在义利思想的演进过程中，中西方均出现过宗教感情和重人文的伦理精神，儒家的“义以为上”思想与柏拉图、亚里士多德的“德性为本”观念比较接近；墨家“义利合一”的主张与德谟克利特、伊壁鸠鲁的“理性快乐主义”都呈现出对义、利关系的辩证思考。中西方义利思想比较一致的地方，恰好表明人类经济生活的客观实践和理论反映自有较为普遍的共同性，即使相互隔绝、互不联系的场合也会发展出极为类似的理论观点。当然，由于价值取向、方法原则和文化精神的差异，中西方义利思想也存在重大分歧。对二者进行比较研究，不仅可以把握和印证义利思想的某些异同，而且能够在一定程度上揭示思想所产生的特定文化传统和时代精神。具体而言，这一时期中西方义利思想的异同可以归纳如下：

一、对于义、利关系的认识

崇尚道德是“前资本主义”经济伦理的基本特征，先秦和古希腊、古罗马时期的义利思想突出地反映了这一特征。就义、利关系而言，中西方思想家大多认为“义”处于社会价值体系中本体论的地位，它是一种独立自主的存在，无须于道德之外再去寻找其存在的依据。“之于天下也，无适也，无莫也，义之于此”（《论语·里仁》），换言之，德性是一种“能够提供和保存诸善”的能力，它可以在一切事情或最重要的事情上带来好的效果①。“义”作为人的内在道德需要，在与其他需要（如利的需要）相比较中，被视为一种根本性的需要或第一性需要，具有被优先考量的地

① ［古希腊］亚里士多德．亚里士多德全集（政治学卷）．苗力田译．北京：中国人民大学出版社，1994. 372.

位。与义相比，利的需要是第二性的，对利的追求必须处于义的制约之下。这就是说，在强调伦理道德的同时，中西方思想家并不完全否定“利”，对于个人追求合理的、必需的物质利益，他们还给予积极的肯定。当义、利不可兼得时，则舍利而取义。在新旧秩序转换剧烈的历史过渡期，中西方思想家大都将个体私欲膨胀、无限度地追求物质财富看作是破坏社会关系协调、引起社会动荡的根源。他们试图凭借道德的力量，完成对现实社会秩序的重新组合。由于利益是一个与主体内在精神需要相关的范畴，主体欲望的对象即利益客体会因主体精神境界的不同而有很大的弹性空间。因此，在一个生产力水平低下、资源相对有限的传统社会里，通过提高主体的道德觉悟来减少因利益纠纷所引起的冲突，不失为一种有效的调节手段。所不同的是，先秦思想家强调的取利原则——“义”具有十分明确的内涵和社会实用性，即指“让”、“礼”或“利于人”；而古希腊、古罗马思想家的“义”更多地显示出一种超越时空的精神理性，美德即“至善”的理念是一切行为所要追求的目标，这是一种“使人成为善良……品质”①。西方思想家只是在形式上对德性进行了界定，没有给出其普遍适用的内容。为了论证美德的超越地位，不得不求助于神圣性的力量。随着时代前进，“以义取利”成为中国古代封建统治者稳定社会、缓和阶级矛盾的有力武器，并逐步演化为剥削阶级维护封建统治长治久安的政治原则。“至善”理念则成了上帝的代名词，它以宗教的方式为西方国家持久地提示着一种不离现实关切又不落于现实关切的终极眷注，最终演化为一种支配人们价值判断的宗教理念。二者思想取向和路径的差异，预示着义利思想在未来发展过程中的分道扬镳，在一定意义上，也是中西方伦理思想在源头上开始分流的一个明显标志。除此之外，在义利问题的探讨上，先秦道家学派的“义利两弃”思想可谓独树一帜，法家“利出一空”的主张也是古希腊、古罗马所没有的，这种差异根植于中西方不同的政治经济制度，它从一个侧面也显示出中国古代义利思想的丰富多彩。

二、对于公、私关系的认识

先秦和古希腊、古罗马时期的思想家对“公”与“私”问题，都给予了不同程度的关注。从总的倾向看，中西方思想家大多主张扬“公”抑

① ［古希腊］亚里士多德．亚里士多德全集（政治学卷）．苗力田译．北京：中国人民大学出版社，1994. 34.

“私”，并要求统治阶级“兴天下之利”，而不是谋求一己之“私利”。儒、墨、法各家均提倡“公利为义”的思想，柏拉图、亚里士多德、斯多葛派的德性论则是用人的精神需要和满足来论证利他的重要性。所谓“正义”就是对“共同利益”即“公”利的谋求，而与“正义”相对应的“利益”主要指局部利益，即“私”利。① 中西方思想家在强调公利即社会整体利益具有至上性的同时，并不绝对地排斥和否定私利。他们认为在“公义”的制约和规范下，私利的存在及其在一定程度上的扩张，不但不与公利相违背，反而是公利得以发展的前提和条件。在先秦诸子看来，作为人们谋生手段的农工商业无不符合这一原则，从业者在获得个人私利的同时也为社会公利服务，其存在的必要性不言而喻。柏拉图的“理想国”在要求统治阶级财产公有的同时，并没有杜绝工人、农民和商人拥有私人财产，只是运用法律手段限制其财产的数量。“个人财富不得低于某个最小量——不可缺少的家庭财产——也不可超过某个最大量，即家庭必需财物与其他财产之和不得超过最小拥有量价值的4倍。如此一来，极端的贫穷与富裕得以避免。”② 亚里士多德对柏拉图在统治者阶层中实行的公有制提出了质疑，认为私有制是一种更合适的所有制形式。从以上论述可以看出，“义利”和“公私”都是对如何处理和分配人与人之间的利益关系的认识和思考，它们实际是同一个问题的两个方面，“扬公抑私”的主张正是来源于其所处时代的“重义轻利”思想。在生产力相对不发达的农业社会，人们对“利”的追求受经济条件的局限，社会财富总量不能充分满足人们的生活需求，如果提倡一己之利，必然导致相互争夺加剧，造成社会机制失衡。所以，“重义轻利”思想对当时的公私关系起到了一定的平衡作用，它是个人与社会既相结合又相矛盾的反映。

由于社会组织形态、生产方式及民族文化的差异，中西方的公私观又各有侧重。先秦思想家侧重于国家百姓之大利，带有浓厚的群体主义色彩。在这种伦理关系中，个人不是作为一个孤立的个体面对世界，而是被看成整个社会关系中的一个成员，是群体的一分子。个人的命运和利益依附于群体，只有维护并实现了整体利益，个人利益才能实现。当人己发生

---

① ［古希腊］亚里士多德．亚里士多德全集（政治学卷）．苗力田译．北京：中国人民大学出版社，1994. 22.

② ［美］亨利·威廉·斯皮格尔．经济思想的成长．晏智杰等译．北京：中国社会科学出版社，1999. 17.

矛盾时，要“自卑而尊人”（《礼记·曲礼上》）。当个人利益与群体利益发生冲突时，儒家强调自我修养，墨家提倡自我牺牲，法家则推崇以法去私。在天下之利与个人利益之间肯定天下之利，对于个人利益虽然没有否定，却也没有给予足够的空间，个人私利只能无条件地服从公利，而不问这种公利到底对谁有利，结果使“兴天下之利”蒙上了一层虚幻的面纱。在君主专制的阶级社会中，扬“公”抑“私”正好为封建王权以“一人之私”代替“众人之私”提供了意识形态方面的伦理支撑，是服从群体需要的社会价值观，因而长期占据官方道德的地位，成为延续封建王权的口号并不断得到重唱。至于道家“贵己”、“为我”的主张，因悖于社会制度结构和主体经济形式，并异于官方伦理道德，被放逐于历史的正面之外，成为一条时隐时现却持续发展沿革的思想线索。与中国的群体本位不同，古希腊、古罗马思想家以个人作为社会核心，偏向个体本位。他们把人看成是具有自由意志的独立个体，道德的前提就是可作自由选择的个人，道德的评价、目的以个人为标准。对于个体而言，道德、快乐与幸福具有同一性，道德调节个人的理智和欲望，通过心灵制约肉体、理智控制欲望，从而求得身心的健康和谐。“各种美德都与愉快的生活共存，愉快的生活是不能与各种美德分开的。”① 在城邦和个人的关系中，个人是城邦的主体，城邦虽然高于个人，但城邦以维护个人利益为目的。亚里士多德、德谟克利特和伊壁鸠鲁都在不同程度上提倡为整体事业而服务的德性。这种德性是建立在个体的立场之上的，即从事城邦整体事业的个人的快乐或幸福。因此，道德一方面强调个人对社会的责任、义务，同时也强调个人利益是社会利益的基础，个人幸福是社会幸福的前提。如果个人利益得不到有效的保障，社会利益也就失去了存在的价值。古希腊、古罗马思想家奉行以自我为中心的价值观，尊重个人利益、肯定个人价值。这一观念渗透到社会生活的各个方面，为激励个人奋斗、发挥个人的创造性与开拓性提供了不可或缺的内在推动力，为18、19世纪西方利己主义的发展奠定了重要的理论基础。

三、对于人性的认识

人性论是义利思想讨论的起点。对于义利问题和公私问题的不同回答正是建立在对人性的认识基础之上的。先秦和古希腊、古罗马思想家关于

① 周辅成．西方伦理学名著选辑（上卷）．北京：商务印书馆，1987. 105.

人性的思考与判断，直接影响了他们塑造理想人格的态度和方法，也为处理人与人之间利益关系的现实政策提供了哲学上的重要依据。总的看来，中西方思想家的人性论大多围绕“善”、“恶”两个方面展开，人性之恶表现为对一己之私利的追求，人性之善则体现为对“公利”的关注和维护。先秦诸子的人性论大体可以分为人性本善和人性本恶这两种截然相反的类型。其中性善论以孟子为代表，他认为人性中先天存在着向善的潜能，只要悉心发掘和利用就能够做到“人皆可以为尧舜”（《孟子·告子下》）；性恶论者包括儒家的荀子、墨家学派、法家的商鞅和韩非，他们认为自私自利是人的本性，追求一己之私是人性恶的根源。而在性恶的程度和对人性的改造方面，各学派又表现出不同的特色。荀子主张人性恶，但并不否认通过后天的学习和修养成为善人的可能，故而对人之向善留有很大的余地，体现了儒家的风范；墨子的“非攻”、“尚同”等主张中蕴涵了人性本恶的观念，他认为人人自爱自利导致了天下的祸乱和纷争，故提倡“兼相爱、交相利”。由于在人性本身找不到“兼爱”的内在依据，只有借助于外在的“天鬼”来完成使命；商鞅和韩非将人性之恶推向极端，完全不相信在人性自身存在抑“利”存“义”的可能，从而把转恶为善的希望寄托于王权，君之法成为钳制人性的唯一途径。然而，君主也是人，同样既无向善的可能也无向善的必要，由君主制定并操纵的“法”不可避免地带有以恶制恶、以愚治愚的专制主义色彩。与性善论、性恶论形成鲜明对比的是道家的人性论。道家把人的自然本性视为人性的主要内容，这样，人性就无所谓善恶，儒家的“义”和法家所倡导的“法”都被看作人为的束缚和对人性的戕害而加以拒斥。道家认为只有“少私寡欲”、“知足”、“重生”才能全性保真，恢复失去的自由。总体来看，儒家倾向于性善，主张自律；墨家、法家力主人性本恶，倡导他律。这两种人性论反映在现实的经济政策上，就是儒家倾向于放任，墨家、法家倾向于管制。

与先秦思想家把人性绝对地界定为“善”、“恶”不同，古希腊、古罗马思想家对人性进行了一分为二的分析。他们认为人由灵魂和肉体两个部分构成，其中灵魂又由理性和无理性的部分组成，理性部分高于无理性的部分，无理性部分应该受到理性部分的指导和约束，哪一个部分占据统治地位就决定了人的善恶。在这种人性论中，人既有向善的依据，也有作恶的根源。因此，弃恶从善的途径必然有两种，一是通过学习和道德修养达到理性的自觉，迫使无理性的欲求合乎理性的要求；二是通过理性自觉的人，制定出合乎理性精神的法律，促使那些没有达到理性自觉的人遵守，进而将理性精神内化为人的习惯。两种途径相结合就可以实现“人皆尧舜”的理想。由上可见，自律和他律作为改造人性的两种不同方法，在先秦和古希腊、古罗马思想家的人性论中都存在，并且讨论问题的理路也十分接近。这与其说是巧合，不如说是一个在世界范围内带有普遍意义的问题。正如罗素所言，历史上的哲学家大体分为两类，即“希望加强社会约束的人与希望放松社会约束的人”①。由于社会形态及文化心理结构的不同，先秦思想家侧重于对人性进行内在的改造，孔子说：“道之以礼，齐之以刑，民免而无耻。道之以德，齐之以礼，有耻且格。”（《论语·为政》）也就是说用法律约束人们的利益行为，人民可以不犯罪，但没有羞耻心，只有用“义”、“德”、“礼”来统治人民，人民才会有羞耻心，并且行为规矩端正。古希腊、古罗马思想家更侧重于通过法律与制度对人性进行外在的约束。“对人类来说有必要为其自身制定法律并据此生活，否则他们在任何方面都与最凶残的野兽无异。”② 这在一定程度上可以说明，性善论为何能够受到中国古代官方意识形态的推崇，在社会生活中处于主导地位；而古希腊、古罗马的人性论则与基督教文化中的性恶论相接通，统治了中世纪的欧洲。

综上所述，先秦和古希腊、古罗马时期，中西方几乎同时出现了一批伟大的思想家，他们立足于各种不同倾向的人性论，结合政治体制、经济结构与思想文化的时代演进，间接地促成了多元化义利思想的形成。一定历史时期的义利思想，不仅反映了人类的某种本性需求，更是从深层次上反映了人类社会的历史特征。人的本性需要体现在具体的历史活动中，需要的内容、结构、形态受具体的社会历史条件的限定。因此，人们价值观念的变化，只能从制约它的社会历史条件那里得到解释。中国自西周以来，有两个重要因素纵贯于社会的发展进程，这就是以宗法血缘为纽带的家族制度和以一家一户为单位的小农经济。从夏、商到周，是中国宗法性血缘关系不断发展完善，并上升为一种特殊的国家政治制度的过程。上古传说的“五帝”，曾经是显赫一时的氏族贵族，他们作为氏族首领，在维护氏族、部落的生存方面作出过重大贡献。但是，这些贡献又成为他们谋取私利，甚至把整个氏族据为己有的理由。中国历史上第一个世袭王朝——夏，就是这样建立起来的。在这里，私有财产没有像古希腊那样获

① ［英］罗素．西方哲学史（上卷）．马元德译．北京：商务印书馆，1986. 22.
② ［古希腊］柏拉图．柏拉图对话集．王太庆译．北京：商务印书馆，2004. 208.

得公开的法律认可，而是继续打着氏族整体利益的旗号。氏族公有制变成一种名义上为国家所有而实际上归世袭君王所有的家天下。既然以氏族整体利益的名义出现，那么，用血缘来维系国家的统一就是应有之义。因此，血缘关系被看作是最基本和最重要的，只是血缘本身已经不再是原始社会中那种纯自然的血缘关系，而是一种旨在按血缘划分社会等级的宗法性的血缘。当然，在中国由原始社会进入文明社会的过程中，也出现了超越自然和社会的至高神，但由于原始的血缘共同体未被彻底打破，至高神不能不受到血缘观念的渗透。殷代卜辞所反映的祖先神对“帝”的制约，就是证明。在殷人对“帝”的崇拜中，作为信仰主体的个人不能与“帝”直接沟通，必须以祖先神作中介。这说明殷人的“帝”不是个人精神寄托的对象，而是整个族团的冥冥主宰者。由于个人不能直接与上帝沟通，导致上帝缺乏对于个体心理的控制力，无法满足个体的心理需要。这必然使信仰主体的宗教感情发生转移，由对上帝的敬畏转为对祖先神的请托。随着祖先崇拜的日益完善化、制度化，殷王室形成了祭祖的传统，这一传统将人们对血缘共同体的朦胧意识强化为对宗法秩序的自觉意识。武王灭商后，建立起一整套相当严格和系统的以血缘宗法为基础的贵族等级制。庞大的封建等级社会结构是一个家国同构的金字塔，它的正常有效运行，主要依靠孝、忠等伦理道德的维系与调节。君臣关系、君民关系和社会成员之间的关系，都可以看作是家庭关系的延伸。臣民将国君看成扩大化的“家长”，效忠国君只是家庭感情的一种精神转移，忠君效主作为一种美德世代相传。以“天下父母”自居的国君，为鼓励人民对王权的感情投入，以“爱民如子”为幌子，力图实现“推恩—感恩”模式的有效性和人身依附的牢固性。由于血缘至上的家庭本位意识，个体的存在与发展必须同家庭、社会的存在与发展统一起来，当个人利益与群体利益发生冲突时，必须克制个人的愿望和要求，甚至牺牲个人利益，以服从社会群体的意志与利益。在阶级社会中，家族的整体利益体现了社会的群体利益，实际上也就体现了君主的统治需要。因而，在意识形态领域，突出“义”的普遍性和绝对化，反对唯利是图，把群体利益置于个人利益之上，对于国家统一、社会稳定，具有一定的积极作用。群体利益高于一切的观念，还表现在封建社会的经济关系中。中国封建经济结构建立在自然经济的基础上，与自然经济形式紧密结合，是以家庭劳动和小规模经营为主要特征的小农经济。在生产力水平低下的情况下，农民以家庭或宗族为单位协同劳动，才能抗拒自然灾害和人为力量的侵扰。再者，以家庭为单位的自然经济，生活必需品的生产与消费都在家庭内部，生产者和消费者不需要与外界发生联系，这使得经济关系难以冲破家庭宗法关系的藩篱。人依附于家庭、依附于群体，成为一种必然。可见，无论是以家庭为单位的小农经济还是血缘宗法的伦理共同体，都极成功地制约了个体利益的发展，强调道德取向的整体性和等级性。先秦诸子的义利思想正是脱胎于此，其基本精神与基本特征的连续性和一贯性，造就了中国封建社会的“超稳定结构”。与中国不同，西方伦理思想源于两希文化，古希腊文明为西方伦理奠定了理性认识的基础，古希伯来文明则为西方伦理提供了超越性的宗教观念。古希腊的社会经济以工商业为主，农业经济虽然存在，但对社会历史和文明的发展影响不大。由于海外贸易及海外殖民活动，它的经济带有突出的谋利性质和开放性质。早在希腊的英雄时代，私有财产就已经产生并成为推动社会进步的革命因素。恩格斯说：“希腊人，在他们出现在历史舞台上的时候，已经站在文明时代的门槛上了；……母权制已经让位给父权制；与此同时，正在产生的私有财富在氏族制度上打开了第一个缺口。”① 私有财产带来的第一个结果就是氏族成员贫富对立的产生。随着商品货币经济的发展，新兴的工商业富裕阶层逐渐成长起来，他们拥有雄厚的经济实力，却无权参与城邦的政治活动。氏族贵族极力压制氏族成员拥有私有财产的权力，氏族贵族和新兴工商业阶层的矛盾日益尖锐。在这样的历史背景下，发生了梭伦改革。梭伦改革的重大意义在于，它第一次在社会政治制度中引进私有财产的因素，按照财产而不是出身来划分和规定政治上的等级和权力，这就使古老的氏族关系逐渐退出历史舞台，私有制度随之确立。私有财产的合法化，使个人追求财富的行为变成值得赞美的事业，满足、发展个人利益成为一切道德行为的出发点。柏拉图、亚里士多德、德谟克利特都主张道德与财富并不对立，适度占有财富是道德生活的前提。经过梭伦改革，古希腊由氏族贵族居统治地位转变成中小奴隶主占优势的国家。继梭伦之后的一系列改革，彻底消灭了氏族制度的残余，希腊从贵族政治演变为民主政治。尽管这种民主政治是建立在奴隶制基础上的，但它超越了血缘关系，把人变成在政治、经济等各个方面拥有独立权利和义务的“公民”。这是古希腊思想家推崇个人利益、追求个人财富的政治基础。私有制的确立和商品经济的发展，虽然摧毁了以血缘为纽带的家族社

① ［德］马克思，恩格斯．马克思恩格斯选集（第1卷）．中共中央马克思恩格斯列宁斯大林著作编译局．北京：人民出版社，1972. 95.

会，却不可能消除人们利益上的分离和对立。私有制给富人们带来巨大财富的同时，也带给广大下层平民日益深重的苦难生活。他们在现实中看不到改善自己生活的希望，于是就对现实生活持一种根本否定的态度，把希望寄托于另一个幻想的世界。随着希腊国家的衰败、城邦的瓦解，人们更加清醒地意识到现世利益的虚无缥缈。当罗马帝国衰落时，人们进一步失去了对现实生活的信心，从而更加彻底地转向一个超现实的世界。这种普遍的情绪和倾向，反映在意识形态上就是古希腊的后期哲学融入希伯来宗教的原始教义，使希伯来宗教借助于古希腊罗马哲学在西方生根。正如恩格斯所说，以希伯来宗教为基础的基督教"只有在希腊罗马世界里，借助于希腊罗马世界所达到的思想成果而继续发展并且与之相融合，才能成为世界宗教"①。正是在这个意义上，古希伯来绝弃世俗欲望的思想注入了西方文明的血液，经过不断地发展演化，成为西方中世纪经济伦理思想的重要组成部分。从以上分析可见，先秦和古希腊都经历过氏族贵族制时期，但氏族贵族制在古希腊只是一个相对短暂的过渡期，在私有制和商品经济的冲击下，很快被城邦民主制所取代。在中国，由于私有财产和商品经济没有达到古希腊那样普遍发展的程度，没有形成一种足以冲破氏族制的实际力量，氏族贵族制得以保存下来。中国逐渐演变为一个宗法性的贵族等级制国家。不同的社会经济条件，势必孕育出迥异的思想。先秦和古希腊、古罗马的义利观作为各自所处时代的伦理价值的折射，呈现出显著的差异乃是一种必然。透过中西方义利思想"趋同"的表象，甄别背后的实质差别，才能正确理解和把握思想的真实意义及历史发展的真实过程。

---

① ［德］马克思，恩格斯．马克思恩格斯选集（第1卷）．中共中央马克思恩格斯列宁斯大林著作编译局．北京：人民出版社，1972. 522.

第二章

义利思想的调适与中和

——秦汉至隋唐与西方中世纪

秦汉至隋唐（公元前3世纪—10世纪中叶）是中国封建地主经济从确立到鼎盛的历史时期，“大一统”的政治制度建立，必然要求“独尊”的专制主义意识形态与之相适应。从义利思想的角度看，战国末期，“百家争鸣”中已明显地呈现出相互吸收、相互融合的趋向。经过秦朝的专制统治，到汉武帝时期，以儒家为主体、综合各家的义利思想受到封建统治者的推崇，被制度化为具有强大影响力的意识形态体系。义利思想由多样性向统一性、由特殊性向普遍性运动的态势，是汉唐经济伦理的共性，反映了其发展演化的时代轨迹。西方在奴隶制崩溃后，经历了长达千余年的中世纪（5世纪—17世纪），它是封建生产关系建立、支配和衰落的典型时期。基督教在中世纪思想文化领域居于统治地位，古希腊、古罗马的理性快乐主义思想受到压抑，物质欲求与德性的冲突转化为人与神的矛盾，抛弃现世的物质享乐、追求灵魂不朽的彼岸世界成为人生的第一要义。11世纪后，基督教的伦理道德受到社会经济关系变革的挑战，商业和贸易的发展使教会思想家清醒地看到，市场行情而不是宗教法规成为影响人类关系的重要因素。为适应新的情况，教会思想家力图用《圣经》的教义去迁就现实的经济生活。于是，在探寻市场交换的伦理基础时，义利思想就不可避免地带有折中调和的色彩。

第一节

义利思想的融合统一——秦汉至隋唐时期

公元前221年，秦统一六国，建立起封建专制主义的中央集权国家。秦依旧制，以法家理论作为统治思想，“毁先王之法，灭礼义之官，专任刑罚”（《汉书·刑法志》），凭借暴力巩固国家政权和强化封建王权，致使“奸邪并生，赭衣塞路，囹圄成市”（《汉书·刑法志》），终于迅速覆灭。在全国性的封建地主阶级政权确立的时代背景下，事功诉求与德治原则之间如何保持必要的张力，引起思想家的持久争论。就义利思想的变动格局而言，在深层意义上寻求君民和谐、义利互补成为汉唐经济伦理思想发展的新走向。

一、从“无为而治”到“独尊儒术”

西汉初期，民生凋敝，国民经济陷入极端困难的境地。为恢复和发展社会生产力，统治阶级推行“与民休息”的指导思想和基本国策。与民休息政策的理论基础是黄老之学的“无为而治”思想。黄老之学假托黄帝立言，兼采儒、墨、名、法、阴阳各家的一些成分，综合熔铸为一种不同于先秦道家的新道家，其义利学说贯穿西汉前期的高祖、文帝和景帝时期，成为汉初占主导地位的价值观念。

1.“无为而治”的新道家义利观

黄老之学的义利思想起源于战国末期，其实质是道家的一个支派。黄老之学把儒家的“义”和道家的“无为”联系起来，使道家的价值观呈现出新的发展形态。关于黄老之学的内容，司马谈在《论六家之要旨》中指出：“道家使人精神专一，动合无形，赡足万物，其为术也，因阴阳之大顺，采儒墨之善，与时迁移，应物变化，立俗施事，无所不宜，指约而易操，事少而功多。”这里的道家就是指盛行于汉初的黄老之学。黄老之学以道家的“道”为宇宙本源，认为事物的存在与变化都有自身严格的规律，“四时有度，天地之李（理）也”（《经法·论约》）。人与自然的关系，就是认识和遵循自然规律为自己谋取利益。“不法天则失其神，不重地则失其根，不顾四时之度而民疾，不处外内之位，不应动静之化，则事窘于外。”（《经法·四度》）只有立足自然、顺应自然才能够得到生存与发展，否则就会受到自然的惩罚。自然是清静无为的，治国安民也应当以无为为务。黄老之学从无为思想出发采撷儒家的民本观念，强调统治者政贵清静，对百姓的生产经营活动尽量减少干预。“慎以无为，从民所欲，而不扰乱。”（《汉书·刑法志》）统治者不与民争利，才会鼓励人民求利，国家无为，百姓才能“有为”，于是就会达到“无为而无不为”的目的和境界。黄老之学把道家的无为思想发展为以退为进的积极进取的精神，适应了汉初的政治经济形势，有助于汉王朝的稳定和经济复苏，在当时具有一定的进步意义。陆贾、贾谊是倡导黄老之学的代表，也是“与民休息”政策的奠基人，他们的义利观反映了汉代道家的思想倾向和精神主旨。

陆贾依据“道法自然”的观点，阐明秦朝覆亡的历史教训就在于统治者过于有为。他说：“秦非不欲为治，然失之者，乃举措暴众而用刑太极故也。”（《新语·无为》）因此，君主应当以“无为”来治平天下。陆贾采用道家惯用的术语描绘了无为而治的理想境界：“是以君子之为治也，块然若无事，寂然若无声，官府若无吏，亭落若无民，……于是赏善罚恶而润色之，兴辟雍痒序而教诲之。然后贤相承，雁行相随，不言而信，不怒而威，岂恃坚甲利兵，深刑峻法，朝夕切切而后行哉。”（《新语·至德》）与先秦道家消极倒退的观点相比，陆贾的“无为”已转变为一种特定的有积极意义的有为。为了给统一的汉帝国提供一个较为完备的价值系统，陆贾又将儒家“义以为上”思想纳入道家“无为”的框架内，对“无为”作出了儒学的解释。他指出“无为”之道，就是“先道而后利，近德而远色……德为上，行以仁义为本。故尊于位而无德黜，富于财而无义者刑。贱而好德者荣，贫而有义者荣”（《新语·本行》），最终形成了类似儒家的重义轻利思想，“仁者道之纪，义者圣之学，学之者明，失之者昏，背之者亡……君子以义相褒，小人以利相欺；愚者以利相乱，贤者以义相治”（《新语·道基》）。这种新道家义利观不仅凸显了融合百家的思想倾向，也为汉初国家政策的形成奠定了理论基础。

贾谊发挥了道家“清虚而静”的主张，对“道”作出了新的解释。他认为“道”是政教之本，道之“本者谓之虚”，虚者清静无为也。所以，“明主者南面而正，清虚而静，令名自宣，命物自定”（《新书·道术》）。以统治者的“无为”实现百姓的“有为”，与先秦道家无知无欲的至德观点相比，似同而实异。为探寻新的治国方针和伦理目标，贾谊吸取了儒家的惠民思想，提倡富民、利民是封建国家的根本利益。他说："闻之于政也，民无不为本也。国以为本、君以为本、吏以为本。故国以民为安危，君以民为威侮，吏以民为贵贱。此之谓民无不为本也。"（《新书·大政上》）所以，治国应该"以富乐民为功，以贫苦民为罪"（《新书·大政上》）。这种拯世济民的思想，有利于庶民百姓的生聚繁衍，为开创"文景之治"奠定了理论基础和道德基础。

汉初黄老之学的宣扬与传播，对社会意识形态的塑造起到了重要作用。在宽松的社会氛围中，人们的求富欲望尽情释放，趋利从商呈勃兴之势，商品经济得以快速发展。从公元前2世纪下半叶到公元前1世纪，封建经济空前繁荣，汉王朝在文治武功方面大有作为的社会条件日趋成熟。至汉武帝时期，为稳固封建统治，董仲舒以儒家思想为主体，吸取先秦各派思想中有利于维护"大一统"的各种因素，构建出具有神秘主义色彩的伦理道德体系，以人道比附天道，以天道论证人道。董仲舒的义利思想标志着儒学发展进入一个新阶段。在这一阶段中，儒家思想作为正统的社会意识形态登上历史舞台。

2. "天人感应"的新儒家义利思想

在董仲舒生活的时代，汉帝国已经跨过"与民休息"、"无为而治"的阶段，进入封建中央集权统治的巩固时期。作为地主阶级的思想家，董仲舒构建了"天人感应"的唯心主义义利观，将物质利益与精神追求纳入为专制政体服务的轨道。

董仲舒道德哲学的最高范畴是"天"，"天"是万物之祖，也是道之本源。"天者，万物之祖，万物非天不生。……道之大原出于天，天不变，道亦不变。"（《春秋繁露·顺命》）天是至高无上的权威，人世间的一切事物都是天意的体现，封建王朝的更替也由"天"来主宰，因此，天子及皇权系"受命"于天。"天之所大，奉使之王者，必有非人力所能致而自至者，此受命之符也，天下之人，同心归之，若归父母，故天瑞应诚而至。"（《汉书·董仲舒传》）借天威来树君威，给封建政权加上了一道神圣不可侵犯的护符，具有明显的神秘主义色彩。为了进一步阐明人事与天道的关系，董仲舒以人的形体比附上天，以人类的传宗接代比附天与人的血缘关系。"人之人本于天，天亦人之曾祖父也。此人之所以上类天也。人之形体，化天数而成。人之血气，化天志而仁。人之德行，化天理而义。仁之好恶，化天之温清。人之喜怒，化天之寒暑。……天之副在乎人，人之情性，有由天者矣。"（《春秋繁露·为人者天》）人从形体到性情，从道德准则到日常的“喜怒哀乐”都是“类于天”的，所以，“以类合之，天人一也”（《春秋繁露·阴阳义》）。由此出发，董仲舒把人的好义、求利归之于天，提出了“义利两养”的观点：“天之生人也，使之生义与利。利以养其体，义以养其心。心不得义不能乐，体不得利不能安。义者，心之养也；利者，体之养也。体莫贵于心，故养莫重于义，义之养生人大于利矣。”（《春秋繁露·身之养重于义》）义和利是上天赋予人的两种秉性，以义养心，以利养体，身心俱养，因此，义、利之于人是缺一不可的。但二者相比，养心重于养体，即“义”重于“利”。“凡人之性，莫不善义，然而不能义者，利败之也。故君子终日言不及利，欲以勿言愧之而已，愧之以塞其源也。”（《春秋繁露·天道施》）人追求义，是人性之所在，也是人与动物的本质区别。“天地之精所以生物者，莫贵于人。人受命乎天也，故超然有以倚。……唯人独能为仁义”（《春秋繁露·人副天数》），“天之为人性命，使行仁义而羞可耻，非若鸟兽然，苟为生，苟为利而已”（《春秋繁露·竹林》）。贵义贱利是儒家的最高精神和行为准则。董仲舒从人的身心存在及需要的角度对其作了进一步论证，在他看来，仁义来自天地之精，只有人才享有天赋的仁义之性，所以，“重义轻利”上合天理、下合人情。这是对孟子心性说的强化，使孔孟的义利观在天道中得以再生。以此为基础，董仲舒将好义视为君子的先天本性，将好利视为小人的先天本性。“夫皇皇求财利常恐乏匮者，庶人之意也；皇皇求仁义常恐不能化民者，大夫之意也。”（《汉书·董仲舒传》）如果庶民百姓忘义而逐利，必然导致天下动乱。因此，为限制百姓的求利行为，必需施行教化。“夫万民之从利也，如水之走下，不能以教化堤防之，不能止也。是故教化立而奸邪止者，其堤防完也”（《春秋繁露·对策》），所谓教化就是以贵义贱利的思想教导百姓。董仲舒依据儒家的风行草偃论，强调统治者在制欲中的主导作用。他说：“天生之，地载之，圣人教之。君者，民之心也；民者，君之体也。心之所好，体必安之；君之所好，民必从之。”（《春秋繁露·为人者天》）因此，君王自身必须首先做到“正其谊不谋其利，明其道不计其功”（《汉书·董仲舒传》）。以义为上的道德精神经过董仲舒的宣扬，被调整到治国方略的轨道，成为君民殚精竭虑的修养要求，这就使得政治和伦理合而为一，修身与治国结为一体。

在君利与民利的关系上，董仲舒提出人君应当效法天道，以“兼利天下”、“爱利天下”为旨归。“古之圣人，见天意之厚于人也，故南面而君天下，必以兼利之。”（《春秋繁露·诸侯》）统治者要兴万民之利，以使万民得以生养。“天常以爱利为意，以养长为事，春夏秋冬皆其用也。王者亦常以爱利天下为意，以安乐一世为事，好恶喜怒而备用也。”（《春秋繁露·王道通三》）爱利天下就是以公利为义，这符合儒家的道德准则，与墨家的义利观也有相通之处。为约束君主“承天意”而不与民争利，董仲舒又赋予“天”赏善罚暴的最高权力。他指出：“国家将有失道之败，而天乃先出灾害以遣告之；不知自省，又出怪异以警惧之；尚不知变，而伤败乃至，以此见天心之仁爱人君而欲止乱也。”（《汉书·董仲舒传》）这种灾异福瑞之说是以“天”的名义，将封建伦理道德置于君权之上，借以警戒统治者的行为，避免封建王朝覆亡。

总的说来，董仲舒“天人感应”的义利观，是对先秦儒家思想的一种神学化改造。“天”、“天命”及“天道”是封建社会中一切世俗统治关系在宗教世界中的反映。董仲舒宣扬这种义利观的目的，一是借君权神授，树立地主阶级的政治制度和道德规范；二是企图通过“王者法天意”，劝请君王“重仁廉而轻财利”（《春秋繁露·为人者天》），不要违背本阶级的道德准则。二者的根本目的都在于维护封建统治的长治久安，这也是汉武帝罢黜百家、独尊儒术的重要原因之所在。在董仲舒的新儒学被统治阶级确立为封建正统思想的过程中，反对正统观念的“义利之说”一直没有消失。非正统义利思想以自然人性论为基础，唯物求实地扬弃了先秦百家的义利理论，把道德源泉从凌驾于人类之上的“天”，拉回到现实的物质生活之中。在汉唐唯心主义伦理道德弥漫的时代里，开启了一丝新的气象，表达了社会变革和商品经济发展的内在要求。

二、非正统义利思想的发展

非正统的义利思想通过批判地继承先秦儒家、法家、道家、墨家的理论，形成了与正统伦理道德不同的新型义利观。非正统义利思想以司马迁、桑弘羊、陆贽和白居易为代表。

司马迁的义利观有别于儒家的德性主义，同时又超越了道家的自然无为主张，具有“成一家之言”的特质。司马迁以人性自利论为基础，提出人的天性就是好利求富、趋利避害，自古及今，无有例外。“夫神农以前，吾不知已。至若《诗》、《书》所述虞、夏以来，耳目欲极声色之好，口欲穷刍豢之味，身安逸乐，而心夸矜势能之荣使。俗之渐民之久矣，虽户说以眇论，终不能化。”（《史记·货殖列传》）在司马迁看来，封建社会各个阶层，从享国之君、朝廷官吏到编户之民，无不以求利为目的。“天下熙熙，皆为利来；天下攘攘，皆为利往。夫千乘之王，万家之侯，百室之君，尚犹患贫，而况匹夫编户之民乎!”（《史记·货殖列传》）人们不分贵贱等级，其活动的目的都是追求财富。司马迁从普遍人性的高度，充分肯定人的物质欲望及追求物质利益的合理性，使先秦以来为获取财富而蒙上的一层伦理面纱被完全揭去。在司马迁看来，人们好利欲富的本性是社会发展的根本动力，与一个国家的强弱盛衰密切相关。“农不出则乏其食，工不出则乏其事，商不出则三宝绝，虞不出则财匮少，财匮少而山泽不辟矣。此四者，民所衣食之原也。原大则饶，原小则鲜。上则富国，下则富家”，“故待农而食之，虞而出之，工而成之，商而通之。此宁有政教发征期会哉?”（《史记·货殖列传》）人们追逐富利的种种活动是社会经济发展的动源，它具有不假外力推动的自发性质，是不以君王意志为转移的客观规律，这是对圣人实行政治道德教化的否定，具有明显的反天命意义。既然趋利逐富是人的天性，对于人们的求利活动就不应予以干涉。“贫富之道，莫之夺予”，“固善者因之，其次利导之，其次教诲之，其次整齐之，最下与之争”（《史记·货殖列传》）。顺应人的自然本性，使之各任其能、各得所欲，才能最大限度地发挥人们从事经济活动的积极性，从而实现民富而国强。这种自由放任的经济主张，是黄老之学在新的历史条件下的运用。据此，在义利关系上，司马迁继承了管仲学派的思想，宣扬以“利”养“义”论。他引证《管子·牧民》之言：“仓廪实而知礼节，衣食足而知荣辱。礼生于有而废于无。故君子富，好行其德；小人富，以适其力。……人富而仁义附焉。”（《史记·货殖列传》）经济财富决定人们的道德观念，是道德观念赖以生存的物质基础，而作为重要的社会道德规范的“礼”，归根结底也是以物质财富的占有为基础的。在《史记·礼书》中，司马迁进一步引述了荀子“制礼而分”的观点，他说：“礼由人起，人生有欲，欲而不得则不能无忿，忿而无度量则争，争则乱。先王恶其乱也，故制礼义以分之，养人之欲，给人之求，使欲不穷于物，物不屈于欲，二者相持而长，是礼之所起也。”人们在获取物质生活资料的过程中，为使“物”与人之“欲”能“相持而长”，不致因“争”而至于乱，才产生了礼仪。所以，礼仪不能脱离一定的物质条件而存在。在现实生活中，由于人们在物质关系上处于不同的地位，因而形成不同的道德观念，但道德标准是由占统治地位的阶级来确立的，这是道德的阶级本性。司马迁将管子思想与老庄思想相结合，以前者说明义的物质决定性，以后者说明义的阶级本性，从逻辑与历史相统一的层次上揭示了义利思想发展的客观规律。“何知仁义？已响其利者为有德。……‘窃钩者诛，窃国者侯。侯之门仁义存。’非虚言也。”（《史记·游侠列传》）在“天人感应”之说被树立为封建正统思想的时代背景下，司马迁坚持物质经济生活在历史发展中的重要作用，这就使他的思想体系具有强烈的叛逆色彩。在肯定物质财富对于国家经济发展的作用和意义的同时，司马迁并不赞成不择手段地谋取财富。在求利的方式上，他主张正道而富，反对弄法犯奸而富。司马迁把致富分成三等：“本富为上，末富次之，奸富最下。”（《史记·货殖列传》）“本富”是指从事农业生产而致富，“末富”是指通过工商业活动致富，而依靠盗掘坟墓、拦路抢劫及贪污受贿等卑劣手段发财致富，则属“奸富”。“本富”和“末富”应该肯定，“奸富”则要受到法律制裁和道德的谴责。可见，在对待致富的途径和方法上，司马迁并不主张完全地放任自流，仍然强调以道德来约束和评价致富行为，这与儒家的“以义取利”主张抱着相同的宗旨。总而言之，司马迁的朴素唯物主义义利观吸收了先秦各家思想的精华，其“善者因之”论独树一帜，在某些方面甚至暗合现代市场经济原理，近代以降，其受到主张发展资本主义的思想家的重视，这在一定程度上体现了司马迁的义利思想的卓越之处。

桑弘羊与司马迁生活在同一时代，受司马迁思想的影响，他认为人的本性都是求利的。“司马子言：‘天下攘攘，皆为利往。’赵女不择丑好，郑姬不择远近，商人不愧耻辱，戎士不爱死力。士不在亲，事君不避其难，皆为利禄也。”（《盐铁论·毁学》）对于人们的求利活动，桑弘羊继承了法家的君权专制思想，主张通过行政干预限制富民获取过多的经济利益，以此增加政府的财政收入。他说：“民大富，则不可以禄使也；大强，则不可罚威也。”（《盐铁论·错币》）在桑弘羊看来，个人或者地方势力通过经营工商活动而致富对于国家是有害的。为防止出现“家强而不制，枝大而折干”的局面，他建议统治者“守其用，制其有余，调其不足，禁溢羡，厄利涂，然后百姓可家给人足也”（《盐铁论·错币》）。在执政期间，桑弘羊实施了一系列官营经济政策，通过盐铁官营、酒榷、均输、平准等措施有力地打击了私营商业，使“山海有禁而民不倾，贵贱有平而民不疑”（《盐铁论·禁耕》）。政权力量直接进入生产和流通领域来调节社会各阶级、各阶层之间的利益关系，这是从君主专制的立场出发，把是否有利于帝王的统治作为判断义与非义的标准，与先秦法家以君利为义的思想异曲而同工。桑弘羊所推行的官营工商政策，虽然暂时缓解了汉王朝的财政困难，做到了“民不益赋而天下用饶”（《史记·平准书》），但是限制和排斥“富民”、“豪民”求利活动的做法，自始即遭到各方面的围攻和蔑视，最终演化为与贤良文学的“盐铁之争”。两汉之后，桑弘羊的思想虽不时被采用，但大都蜕变为封建国家的纯财政剥削手段，没有上升为封建经济的统治思想。

西汉末期，国势由盛转衰，义利思想丧失了前一时期的活力和开创性而归于沉寂。魏晋六朝，定于一尊的儒家思想受到社会变迁的震荡与道家佛学的冲击，发生了深刻动摇。至唐代中叶，玄学、佛学的泛滥已危及封建统治的长远利益，儒家思想重新得到重视，义利之辨得以继续并获得一定发展。思想家陆贽批判地继承了墨家、法家及儒家的义利观，将名利作为推动人们社会生活的动力，提出虚名实利相辅而行的主张。他说：“诱人之力，惟名与利。名近虚而于教为重，利近实而于德为轻。专实利而不济之以虚，则耗匮而物力不给。专虚名而不副之以实，则诞谩而人情不趋。锡财货，赋秋廪，所以彰实也。差品列，异服章，所以饰虚也。”（《陆宣公奏议全集》卷二）陆贽把儒家“重义轻利”的命题还原为“虚名实利”论，表明他已跨出儒家思想体系的范围，但是，他没有完全摒弃儒家重伦理、轻财富的传统观念，仍然强调“扫求利之法”。他指出：“夫理天下者以义为本，以利为末。本盛则其末自举，末大则其本必倾。自古及今，德义立而利用不丰，人庶安而财货不给，因以丧邦者，未之有也。”（《陆宣公奏议全集》卷四）陆贽将“民为邦本”的思想加以发挥，进一步提出“失人得财，是将焉用……所费者财用，所收者人心，若不失人，何忧乏用”（《陆宣公奏议全集》卷二）。由此可见，陆贽虽兼采先秦各家经济言论，力图破除儒家作为封建正统的教条思想，却始终坚持“德者，本也；财者，末也”（《大学》）的儒家观念，这是其义利思想中折中主义的一种表现。

白居易将私有财产制度下所产生的自利心，看作是人们从事经济活动的根本动力。他说：“今之人舍本业趋末作者，非恶本而爱末，盖去无利而就有利也。夫人之蚩蚩趋利者甚矣。苟利之所在，虽水火蹈焉，虽白刃冒焉。故农桑苟有利也，虽日禁之，亦人归矣，而况于劝之乎。游惰苟无利也，虽日劝之，亦不为矣，而况于禁之乎。”（《白香山集卷四十六·策林二》）人人都有趋利之心，君主也不例外，只是有所顾虑罢了。“王者不殖货利，不言有无。耗羡之财，不入于府库；析毫之计，不行于朝廷者，虑其利穴开而罪梯构。”（《白香山集卷四十六·策林二》）能如此深刻地揭示人心好利的支配作用的，自秦汉到唐，只有史家司马迁和诗人白居易。既然君主求利会开恶源，那么统治者就应该“尚宽简”、“务俭朴”，以“利万人”、“富天下”为义，即“利散于下，则人逸而富，利壅于上，则人劳而贫。故下劳则上无以自安，人富则君孰与不足。……然则圣人非不好利也，利在于利万人；非不好富也，富在于富天下”（《白香山集卷四十六·策林二》）。这是对儒家“百姓足，君孰与不足；百姓不足，君孰与足”（《论语·颜渊》）的补充和发展，也是对墨家“兴天下之利”论的一种诠释。

由上观之，汉唐时期政治、经济、文化的统一，为伦理道德的标准化、主流化提供了平台。就义利思想的变动格局而言，它表现为一个由多样性向统一性、由非标准性向标准性运动的态势。其中，儒家义利观因其所具备的实用性适应了封建地主阶级巩固政权和消弭争端的需要，成为中国传统社会的“圣谕广训”。当然，此时的儒家义利观已不是先秦儒家思想的原型，而是糅合道、法等各家观念的新型儒家学说。这种经过改造的儒家思想在其标准化、正统化过程中，始终存在着与非标准化、非正统化的道德伦理之间的矛盾和斗争，它们相互影响、分合纠缠，展现了义利思想发展演变的时代景观。总起来看，从秦到北宋的一千余年里，义利思想的发展是比较缓慢的，与战国时代一百多年间义利思想的发展的研究相比较，义利思想在基本原则上很少超出先秦诸子所涉及的范围。

第二节

义利思想的调和统一——西方中世纪

从公元476年西罗马帝国灭亡，到17世纪中叶英国资产阶级革命，这相继一千多年的历史，称为西方的“中世纪”。中世纪里，封建社会代替了奴隶社会，经济基础的变化必然引起整个上层建筑的变化。在意识形态方面，基督教介入一切领域，取得了万流归宗的主导地位。恩格斯曾经指出：“中世纪意识形态的其他一切形式——哲学、政治、法学，都合并到神学中，使它们成为神学中的科目。”① 中世纪的义利思想同样受到教会伦理的影响，思想家在讨论和分析义利问题时，总是将其提升到神学道德观的层次，并试图抽象出一个至上的、统一的标准。10、11世纪之后，封建社会生产力明显提高，城市和贸易的发展，使许多庄园加入市场交换。为适应商品经济的需要，教会思想家开始重新审视传统的宗教伦理，在把宗教道德转换为适当行为方式的过程中，出现了商业意识和宗教观念的调和。调和论在某种程度上缓和了封建正统思想的矛盾，但冲突仍未结束。中世纪后期，代表新兴资产阶级利益的思想家掀起了一场轰轰烈烈的文艺复兴和宗教改革运动，其斗争锋芒正是指向“以神为中心”的宗教世界观。

一、从“禁欲主义”到“折中主义”

伴随着蛮族入侵和西罗马帝国的崩溃，欧洲进入了农业文明阶段。“粗野的原始状态”下，完整的基督教和“一些残破不全而且失掉文明的城市”构成了中世纪的历史前提。② 在中世纪，教会居于显赫而重要的地位，并且掌握着经济与道德的支配权，社会经济生活的一切伦理原则都是从基督教的思想中借用过来的。基督教产生于公元1世纪罗马帝国东部，“最初是奴隶和被释放的奴隶、穷人和无权者，被罗马征服或驱散的人们

① ［德］马克思，恩格斯．马克思恩格斯选集（第4卷）．中共中央马克思恩格斯列宁斯大林著作编译局．北京：人民出版社，1995. 251.

② ［英］罗素．西方哲学史（上卷）．马元德译．北京：商务印书馆，1986. 17.

的宗教。"① 在初创时期，基督教采用希伯来宗教、柏拉图主义和斯多葛派关于灵魂和肉体的理论，来论证禁欲主义的道德原则。基督教义宣扬人的灵魂是肉体的主宰，灵魂带有神性，而肉体则是罪恶的渊薮。"叫人活着的乃是灵，肉体是无益的"（《圣经·约翰福音》），灵魂引导人服从神的教义，肉体则引导人作恶。为此，基督教对现实世界和物欲享乐采取了彻底否定的态度。"凡属基督耶稣的人，是已经把肉体、连肉体的邪情私欲，同钉在十字架上了"（《圣经·加拉太书》），"依靠钱财的人进上帝的国是何等的难哪，骆驼穿过针的眼，比财主进上帝的国还容易呢"（《圣经·马可福音》）。基督教早期作家强烈谴责财富以及私有财产，他们把私有财产描述为对上帝信仰的偏离。希腊神父约翰·克吕索斯托认为，私有财产来自人有缺陷的天性，要为大量的竞争和冲突负责。"至于财产，无论是所有者以并非不正当的手段获得的那部分还是他继承的那部分，都是成问题的。富人只有将其财产分散才能求得自赎，如果他们把财产保留着，他们就伤害了自己，也伤害了别人。"② 哲罗姆与约翰·克吕索斯托一样，认为"富人要么自己是非正义的，要么是一个非正义的人的继承人"③。奥古斯丁则竭力主张人们抛弃世俗享乐，甘愿过禁欲的生活。他宣称私人财产要为各种罪恶——不和、战争、非正义——负责。"不仅那些能够做到的人应该有意回避它，那些不能做到的人至少也应该回避对财产的爱恋。"④ 在基督的说教中，今世的"世福"与来世的"永福"是对立的，世福是进入永福的障碍。物质财富作为世福的重要体现形式自然受到蔑视，而安贫乐道作为进入永福之门的途径则受到推崇。但是，在一个人性完全堕落的世俗社会里，要人们通过自觉的节制去达到这一目标是根本不可能的，必须通过宗教信仰的形式使世人疏远对财富的依恋，把罪恶与财富联系在一起，让美德、得救与贫穷结缘，从而造就一种现实的物质生活与来世的理想的二元对立状态。这种二元对立的财富观适合物质匮乏的中世纪早期。由于蛮族入侵导致社会动荡和生产力落后，西欧封建社会初期经济衰败，加之封建庄园自给自足倾向的加剧，古代义利观中的享乐主义已经没有立足之地，代之而起的禁欲主义成为整个社会憧憬的理想。基督教的基本精

---

① ［德］马克思，恩格斯．马克思恩格斯全集（第22卷）．中共中央马克思恩格斯列宁斯大林著作编译局．北京：人民出版社，1965.525.

②③④ ［美］亨利·威廉·斯皮格尔．经济思想的成长．晏智杰等译．北京：中国社会科学出版社，1999.38.

神正是在这一时期得以奠定。它贬抑现世、贬抑理性，将人生的目的解释为对上帝的奉献，要通过节制生活、反思内心来赎罪。同时，社会的混乱使现实生活充满了不稳定的因素，“教会还代表着足以代替无政府状态的秩序”①。这同样吸引着统治者和人民，使他们心系宗教，成为虔诚的教徒。从此不难看出，在贫富对立极其尖锐、人们尚未发现近代增值方式以前，基督教的经济伦理观最大限度地慰藉了贫乏的穷人，遏制了富人的贪婪，在维系社会稳定方面功不可没。这是其由被官方压迫转变为被官方推崇，并在西罗马帝国崩溃后，全面征服北方各个蛮族部落并获得迅猛发展的重要原因。因此，当中世纪迈开它的步伐，一切从头开始时，世俗的物质世界便从上帝的灵性世界中分离出来，一个由人神矛盾所构成的漫长时代拉开了序幕。

随着封建制度的确立，社会生产力缓慢而稳定地发展起来，商品生产和交换的活跃使世俗财富大量增长。安于贫困的生活模式受到商品货币经济的严重冲击，世俗社会的价值观发生了变化。基督教的经典和教义在物质诱惑面前逐渐失去道德约束力，越来越多的基督教徒被卷进商品经济的旋涡，甚至连神职人员也醉心于商业经营。面对12、13世纪西欧生活方式的改变和经济结构的变化，早期基督教不妥协的态度难以维持，教会不得不放弃原来的主张而向时代的需要让步。许多重要的神学家开始研究现实生活中的经济现象和问题，提出了一些不同于正统思想的观点和理论。以托马斯·阿奎那为代表的经院哲学家对商业意识和宗教观念进行调和，力图重构商品经济秩序下的道德观念。

阿奎那是中世纪影响最大的神学家之一，被誉为思想界的“圣哲”。他不仅广泛吸收、改造前人的观点，而且关注当时已有发展的商品经济。在世福与永福的问题上，阿奎那承认了理性知识对于导入上帝信仰的必要性，这就等于是宣布了世俗生活非但不是灵修生活的对立面，而且是必不可少的方面。“任何良善的生活均须有某种增加物质的‘外部财货’的办法才能实现，……人们在维持自己生存的必需品以外，还须从事某种慈善活动，……那些从事于此种活动的人或机构就必须在维持生存的需要以外保存若干剩余……人们必须保有一些超过生存水平的物品，以便于实现社会需要他们进行的适当职能。”② 对世俗生活的肯定必然导致对人类现实福

---

① ［英］罗素．西方哲学史（上卷）．马元德译．北京：商务印书馆，1986. 17.

② ［英］罗素．西方哲学史（上卷）．马元德译．北京：商务印书馆，1986. 322.

祉的关注，阿奎那进一步修正了基督教的财富观，指出尘世的幸福需要以适当的物质福利作为手段。“对于个人的幸福来说，有两件事情是必要的：第一件并且也是最重要的事情是行不逾矩（事实上我们是通过德行才能过幸福生活的）；另一件事或者也可以说是次要的条件是一种手段，它存在于德行所必需的物质利益的充裕中。”① 物质财富不再是灵魂的对立因素，而转变为有助于灵魂完善的手段；禁欲主义不但无助于灵魂的完善，反而会妨碍这一完善过程。基于这一理由，阿奎那对商人及商业利润表现出较为宽容的态度。他认为一个人从事贱买贵卖，在两种情况下可以免受道义的谴责：其一，一个人用他从商业中获得的适当利润来维持自己的家庭生活或者帮助穷人；其二，买进时并无转手卖出的意图，并对物品做出了改进，或因时间地点改变而价格有了变动，或因物品运输担负了风险。② 总之，只要商人的行为合乎道德，在交易中获利就是允许的。这种折中主义的财富思想，反映了阿奎那对世俗社会所作出的妥协，即既要维护宗教伦理的权威，又要承认现实生活中经济活动的合理性。因此，在义利观上，阿奎那执行的是一种中庸节制的路线，给戒律以适度的灵活性，使理论尽可能接近变革中的社会实际。这种调和论是由中世纪向近代过渡的特定产物，带有过渡时期所特有的二重性，即传统因素和新生因素兼而有之。所以，尽管“阿奎那及其后继者的经济思想无疑存在着不少根本性缺陷，……却给近代经济学的兴起搭起了一座不很坚实的桥梁，如果没有这座桥梁，近代经济学者很难由此岸达到彼岸，并由此对世界经济思想有所发展”③。当然，在理解世俗财富时，调和论仍会流露出一种十分矛盾的心态，即常常在贬斥和颂扬这两极之间摇摆不定，从而显现了封建正统伦理思想中难以弥合的裂缝。

中世纪末期，教会对经济领域内各种事务的影响力逐渐减弱，与日俱增的以市场为导向的生产方式和分配方式形成了人与人之间、人与社会之间的新型关系。这一特定的社会历史背景使人们认识到，人的价值需要重新发现，人的生命力需要重新定位，人类运用知识的方向需要改变，即要把为神学服务的脱离现实的知识变成为现实服务的知识。观念的转变预示

---

① ［意］托马斯·阿奎那．阿奎那政治著作选．马清槐译．北京：商务印书馆，1963. 88.

② ［美］A. E. 门罗．早期经济思想．蔡受百译．北京：商务印书馆，1985. 54.

③ 胡寄窗．政治经济学前史．沈阳：辽宁人民出版社，1998. 324.

着新时代的到来，文艺复兴和宗教改革正是这一伟大变革时代的直接产物。

二、反封建伦理思想的兴起

14 至 16 世纪是西方资本主义市场经济及工业文明的历史起点。独立的工商业城市的涌现、贸易和海外市场的开拓、手工工场的出现、远航探险的热潮及地理大发现，这些都预示着一个旧的时代在走向灭亡，一个新的时代即将来临。资本主义生产关系在封建关系内部孕育、发展并壮大，社会道德生活也处于一个新旧交替的重要时期。在伦理思想上，资产阶级采取文艺复兴和宗教改革的形式，对封建伦理道德进行了深刻的批判，使资本主义社会的价值取向由不自觉的混沌状态上升为较系统和自觉的状态。

从 14 世纪晚期开始，一股强劲的人文主义浪潮在意大利的城市中出现。新兴资产阶级采取复兴古希腊罗马文化的方式，反对以神为中心的封建旧道德，特别集中反对禁欲主义的宗教世界观，对人的肯定、赞扬和歌颂成为新价值观的核心。在这一时期，涌现了一大批富有创造性和开拓性的天才人物，如恩格斯所说："这是一次人类从来没有经历过的最伟大的、进步的变革，是一个需要巨人而且产生了巨人——在思维能力、热情和性格方面，在多才多艺和学识渊博方面的巨人的时代。"① 启蒙思想家们提出的总口号是"我是人，凡是人的一切特性，我无不具有"②，这句格言出自公元前 2 世纪拉丁诗人特伦斯的诗。启蒙思想家赋予这口号以新的内容，他们以人为中心，美化人的自然属性。在他们看来，人有崇高的品质、无穷的求知能力，可以创造一切。这种价值观显然有悖于圣经的传统，它实质上是一种要求个性解放、思想自由的资产阶级道德观。弗拉西斯科·彼得拉克是意大利最早的人文主义者，被称为"人文主义之父"。他的贡献在于公开明确地提出人应该只追求尘世的现实幸福，而不要妄想虚无缥缈的天国。彼得拉克指出："我不想变成上帝，或者居住在永恒中，或者把天地抱在怀里。属于人的那种光荣对我就够了。这是我所祈求的一切，我

---

① ［德］马克思，恩格斯．马克思恩格斯选集（第 3 卷）．中共中央马克思恩格斯列宁斯大林著作编译局．北京：人民出版社，1972. 445.

② 章海山．西方伦理思想史．沈阳：辽宁人民出版社，1984. 208.

自己是凡人，我只要求凡人的幸福。”① 彼得拉克歌颂人的价值、人的尊严和人的力量，否定了宗教神学和封建制度的权威。皮科·米朗多拉在其名著《论人的尊严》中向世界宣布，人的本性完全不是由上帝预先规定的，人有自由意志，人是在“我们愿意成为什么就成为什么”② 的情况下出生的，人有能力决定自己道德上的善恶，也有决定自己命运和道德品质的权利。皮科把个人的感官享乐作为判断道德善恶的标准，一切符合人的感官享乐的就是道德，反之就是不道德，充分表达了资产阶级追求现实物质利益和感官享乐的愿望。荷兰的启蒙思想家爱拉斯谟从人的自然本性出发，对基督教的禁欲主义进行了批判。他认为人是自然的产物，是自然的中心，人的自然欲望就是人的本性，因此人应当顺应情欲，人生的目的就是寻欢作乐。爱拉斯谟援引古希腊思想家索福克勒斯的话——“最愉快的生活就是毫无节制的生活”，并斥责那些提倡禁欲主义的神学家：“神明在上，请他们告诉我，如果没有欢乐，也就是说没有疯狂来调剂，生活中哪时哪刻不是悲哀的，烦闷的，不愉快的，无聊的，不可忍受的?”③ 利益的满足和享乐的实现就是幸福，爱拉斯谟在批判封建禁欲主义的基础上，初步阐明了资产阶级的新型伦理观。佛罗伦萨的波焦·布拉乔利尼驳斥了圣·奥古斯丁关于“贪婪”的狭隘观点，他强调“贪婪”或“占有欲”是人的本能，追求财富合乎人的本性。他说：“金钱对公共福利和市民生活都是非常有益的。正如亚里士多德所说，对人类而言，商业和相互交换是必不可少的。如果你谴责人对金钱的欲望，你也是在谴责自然赋予人类的其他欲望。……贪婪没有违背天性，恰恰相反，它是自然赋予我们的天性，就像我们与生俱来的其他欲望一样。无论如何，自然赋予我们的东西是不应该遭受批评的。……如果所有的人只满足于自给自足，那么就不会有人修建教堂和宫室，一切艺术活动都将停止，我们的生活和公共事务将陷入一片混乱。”④ 这些言论表明人的贪婪或“占有欲”不但是人的天性，

---

① 北京大学西语系资料组．从文艺复兴到十九世纪资产阶级文学家艺术家有关人道主义人性论言论选集．北京：商务印书馆，1971. 11.

② 周辅成．从文艺复兴到十九世纪资产阶级哲学家政治思想家有关人道主义人性论言论选集．北京：商务印书馆，1966. 36.

③ 北京大学西语系资料组．从文艺复兴到十九世纪资产阶级文学家艺术家有关人道主义人性论言论选集．北京：商务印书馆，1971. 29.

④ 北京大学西语系资料组．从文艺复兴到十九世纪资产阶级文学家艺术家有关人道主义人性论言论选集．北京：商务印书馆，1971. 258.

而且是人类文明发展的动力。否定人的占有欲、否定财富就是动摇和破坏正常的社会秩序和人类文明生活的根基。从以上分析可以看出，文艺复兴时期所形成的经济伦理观具有深刻的社会意义。它使人性从天上降回到人间，强调人的享乐的合理性和物质利益的正当性，对西方近代资本主义的发展起到了积极的推动作用，是西方社会向近代转变的重要一环。正如英国文艺复兴学者丹尼斯·海所言："由于这些理论，上千年来束缚人思想的禁欲主义逐渐瓦解了。到15世纪中期，世俗群众、法官和士兵终于抬起头来。僧侣不再是道德的垄断者，虽然人们还在继续重复那些谴责商人或士兵的宣扬道德的陈词滥调，但它们已经开始走向衰落。"①

在文艺复兴运动开展的同时，德国和法国采取宗教改革的形式进行反封建斗争。宗教改革运动虽然打着改革宗教的旗号，却具有鲜明的资产阶级性质，确立了资产阶级新教徒的伦理观。

宗教改革运动首先爆发于德国，其先驱是马丁·路德。路德的经济伦理思想具有反封建、反教权的特征，亦带有重视现实生活的人文主义倾向。路德反对传统神学对人的灵魂和肉体的分法，提出人有灵魂和肉体双重本性。他说："人有一个双重的本性，一个心灵的本性和一个肉体的本性。就人们称作灵魂的那个心灵的本性来说，他被叫作属于灵的、内心的、新的人；就人们称作为肉体的那个形体的本性来说，他被叫作属于肉体的、外体的、旧的人。……由于事实在同一个人里，这两个人是彼此对立的；情欲和灵魂相争，灵与情欲相争。"② 在路德看来，人的属灵的本性是由于信仰上帝，圣灵赋予人的；人的肉体本性包括人的理智、欲望和对私利的追求等，来自人的自然天性。根据人的属灵本性的特点，人要想赎罪，唯一的方法是自己的心灵直接同上帝相通，凭借对上帝的信仰即可获得道德上的完善，无须教会作为中介。因此，"天国在人自身"，人人都有信仰上帝的自由，有理解《圣经》的自由，有自我裁定是否得救的自由，无须教皇授予、裁定和赦免。这就否定了教会和封建王权的权威，把人的个性、自主性归还给人，把人的思想从教会的控制下进一步解放出来。既然人靠内心的信仰就可以获救，那么进天国自然不必再借助于烦琐的苦行修炼。路德认为满足人的正常欲望是上帝所许可的，也是合理的。人们通

---

① ［英］丹尼斯·海．意大利文艺复兴的历史背景．李玉成译．北京：生活·读书·新知三联书店，1988. 129.

② 周辅成．西方伦理学名著选辑（上卷）．北京：商务印书馆，1987. 440.

过工作和正常的家庭生活，一样可以求善获救。“上帝乐意我们吃喝快乐，建议人们用跳舞和娱乐度过星期天，因为这有利于青年男女之间的交际、建立友谊和学习礼节。”① 对于现实生活的肯定，使路德进一步提出了“天职观”的概念。在翻译《圣经》时，路德把“神的召唤”改造为“职业”，也就是说，每个人所从事的职业都是神的召唤，是上帝为人安排的终生任务，所有职业都是正当的。“神甫、主教和教皇——和其他基督徒并没有差别，也并不更为优越。他们不过受了委托，以传道并举行圣礼为务；同样世俗掌权者也是如此，他们也是受了委托，拿着刀和杖来惩罚恶人保护善人。一个皮匠、铁匠、农夫，各有各的工作和职务，但他们也都是受圣职的神甫和主教，而且每个人的工作和职务，必须对别人有利益，这样可以为社会的精神和物质的幸福做许多不同的工作，正如身体的百肢彼此服务一样。”② 世俗事务被视为人在今生今世应尽的义务，是崇高的道德行为，物质经济活动也不再是可耻的事情，而成为荣耀神的事业。“为人类服务就是献身于上帝的表现。”③ 天职观的重要意义在于，它将人们灵魂得救的方式作了一种全新的解读，突出了世俗经济活动的神圣地位。人们不再消极地等待最后审判的来临，而是努力于自己所从事的职业。同时，路德的天职观还蕴含了一种教俗平等、世俗平等的理想，与传统教会所鼓吹的轻现世重来生、教士神圣世人卑下的说法截然相反。这种观念极大地促进了市场经济活动的原初发生和发展。

德国宗教改革运动后，以此为导火线，整个欧洲的宗教改革运动风起云涌。加尔文是法国宗教改革运动的领袖，他同路德一样，反对封建教会和官方伦理思想，提出了适应资产阶级需要的新型道德观。加尔文重新诠释了奥古斯丁的神学预定论。他认为人的命运早已由上帝决定，现世人的富贵与贫贱，就是上帝的“选民”与“弃民”的标志。“如果一个能够工作的人行乞，那就不仅犯了懒惰之罪，而且违背了教徒自己的仁爱的天

---

① ［美］威尔·杜兰．世界文明史（宗教改革）．曹力红译．北京：东方出版社，1998. 430.

② ［德］马丁·路德．路德选集．徐庆誉，汤清译．北京：宗教文化出版社，2010. 166.

③ ［德］马丁·路德．路德选集．徐庆誉，汤清译．北京：宗教文化出版社，2010. 210.

责”①，贫穷并不能为善行增添光彩，反而是对上帝荣耀的贬损。只有顽强奋斗、不畏艰苦与挫折并最终取得成功的人，才是上帝选中的人。因此，加尔文鼓励人们在现世生活中积极活动、发财致富，用成功的事实证明自己被上帝所“选中”。在加尔文的预定学说中蕴含着两层含义：一是肯定世俗的经济活动，认为它是上帝应许的生存方式，发财致富是得救的正确途径；二是将神的旨意贯彻于人的世俗活动当中，人们日常的经济行为不仅是谋生的手段，更体现了神的旨意，从而为资产阶级追求财富提供了一个强有力的理论根据。此外，尽管加尔文强调经济活动和致富，但他绝不主张一味地享乐和穷奢极欲式的消费。加尔文新教的教规规定“人应当吃苦耐劳，要勤劳节俭，清心寡欲，不跳舞，假期也不休息”②，他们的箴言是“要发财就要寡欲”③。这种节俭、克己的精神，反映出资产阶级要求扩张资本、增值金钱的心理和愿望，适应了资本主义原始积累时期生产方式的特点。正如韦伯所指出的，新教徒俭朴的生活方式、强加在消费上的种种限制、沉重而神圣的责任感与其所拥有的巨大财富相结合，导致了资本的过度积累，使早期资本主义大规模的生产性投资成为可能。④

综上表明，在整个中世纪起源于圣经传统的二元对立的财富观是贯穿基督教经济伦理的一条主线，而经院哲学则是充分表达和弘扬这一传统观念的中坚。随着社会经济条件的变化，经院哲学在极力恪守安贫乐道戒律的同时，也在不断地自我调适以适应新时代的需要。阿奎那对商品货币经济的宽容和妥协就是一个很好的证明。他的折中主义伦理思想包含了某种新的因素，即由传统的二元对立向二元互补缓慢发展。物质财富不再是灵魂的对立因素，而是一种有可能成为有益于灵魂完善的东西，这种价值取向距离资本主义时代已经不远了。中世纪晚期，从文艺复兴到宗教改革，标志着新兴资产阶级自我意识的真正觉醒和逐渐成熟，人文主义者的伦理思想表现出资产阶级道德观中追求享乐的一面，新教伦理精神则与资本主义市场经济的发展息息相通，反映出资产阶级要求自由支配财产和求利致富的愿望。由于时代和历史条件的局限，人文主义伦理思想和新教伦理精

---

① ［德］马克斯·韦伯．新教伦理与资本主义精神．黄晓京等译．成都：四川人民出版社，1986. 159.

② 章海山．西方伦理思想史．沈阳：辽宁人民出版社，1984. 234.

③ 章海山．西方伦理思想史．沈阳：辽宁人民出版社，1984. 235.

④ ［德］马克斯·韦伯．新教伦理与资本主义精神．黄晓京等译．成都：四川人民出版社，1986. 135.

神还属于资产阶级伦理思想的不成熟形态，但从某种意义上说，没有个人的精神独立、思想自由、职业平等的价值确立，资本主义市场经济的物质基础——人身自由、商品生产和交换的自由、经济贸易和互通有无的自由等——就不可能真正确立。到17世纪，追求合理赢利已成为经济、道义上的美德。在虔诚、勤俭等原则的基础上，资本主义的世界观和价值观逐步形成。

小　结

秦汉至隋唐与西方中世纪是义利思想的调适与中和阶段，义利思想持续并有新的发展。在这一阶段，中西方义利思想均具有强烈的一统、融合特征，但在各自的历史条件下，走出的是两条有着不同特色的道路。汉唐之际，在反思历史和施政实践的基础上，萌生了以“天人合一”为中心的新儒家义利观。这种经过神学化改造的儒家思想，具有对政治的直接依附与服务的特点，并最终成为政治伦理思想的附属物。西方中世纪的义利思想以“人神分立”为主旨，促成了宗教信仰的传播。随着中世纪末期新的生产方式的出现，形成了足以与宗教伦理相抗衡的资本主义经济伦理，在人文主义和科学理性的冲击下，神的意志逐渐被人的意志所取代。具体而言，这一时期，中西方义利思想的异同表现在以下几个方面：

一、重义轻利与重义重利的两极跳跃

秦汉至隋唐时期义利思想历经多种形式的转换，人们关注的重点已不是义、利内容的确定，而是义、利类型的选择。先秦时期所形成的各种义利思想，从某种意义上说，都是为新兴地主阶级设计的，但究竟哪一种类型最适合封建社会的现实需要，只能通过社会生活实践来加以鉴别和确认。在先秦诸子的义利之辨中，法家的重利轻义论在特定的历史条件下，起到了解放思想、促进社会变革进程的积极作用。但是，这种义利观把人际关系看作是赤裸裸的利害关系，剥掉了统治阶级温情脉脉的面纱，在实践中必然加速社会矛盾的激化，不利于封建统治的长治久安。所以，在秦王朝迅速覆灭后，思想家们在反思秦亡教训的过程中深切感到法家义利学说的危害性，认识到“义”的尊严性及其对维护封建统治的必要性，因而摈弃了重利去义的价值观，选择了儒家重义轻利的理论。董仲舒在糅合各家学说基础上提出的“正其谊不谋其利，明其道不计其功”（《汉书·本传》）的命题，不仅使儒家义利观发扬光大，而且适应了地主阶级巩固统治、消弭争端的需要，成为一种社会普遍接受的价值选择，奠定了封建社会经济伦理的基本模式。“今人有大义而甚无利，虽贫与贱尚荣其行，以自好而乐生，……人甚有利而无大义，虽甚富则羞辱大恶。”（《春秋繁露·身之养重于义》）儒家思想沿着这样一条路径演变为官方哲学的主体精神，渗透于政治经济的各个领域。

与此不同，西方中世纪的义利思想则呈现出跌宕起伏、两极跳跃的历史面貌。基督教的教义中，表现出对财富和追求财富的敌视与否定，人的物质利益和生理欲望被视为罪恶的根源，忍受现实的禁欲主义成为一种美德，拒绝物质利益和克服生理欲望是通向道德完善境界的中介。基督教禁欲主义长期统治着人们的思想，它的出现，从思想文化背景角度看，可以说是对古希伯来宗教的一种扬弃，在一定意义上也是对古希腊罗马思想家重视精神生活、节制物欲思想的进一步发展。柏拉图、犬儒派的安贫乐道主张以及斯多葛派在德行和罪恶之间所作的鲜明划分等，都可以在基督教教义中找到亲缘关系。随着西欧封建社会发展到全盛时期，社会经济呈现出一派蒸蒸日上的面貌。基督教经典所宣扬的禁欲主义，无法阻止世俗对经济活动的热衷和为改善现实生活而作出的努力。教会本身也日益世俗化，经商取利成为教士的一种新行当，安贫乐道的精神名存实亡。教士不再是道德理想主义的典范，反而成为贪食、浪费、奢侈和放纵的化身。①为了生存和发展，教会主动协调灵修生活与物质生活的关系，“到 15 世纪，神学家们都承认，商业追求是经济制度平滑运行所必需的，对公众也是有益的”②。这实际上反映了古代世界行将崩溃、新世界正在痛苦分娩的时代精神。13 世纪之后，西方社会产生了要求生产活动和商业经营合理化的强烈趋势，这种变革通过两个途径表现出来：一是理直气壮地追求物质利益和感性生活，从而导致人文主义的兴起；二是将宗教信仰与合理的世俗生活结合起来，致使基督教走向一条复归人性的伊甸之路。文艺复兴和宗教改革是基督教伦理自我更新的历史结果，也是西方经济伦理思想向近代转化的重要枢纽。总的来看，汉唐时期和西方中世纪各自不同的伦理类型，都是从对传统思想的批判中发展而来的。汉唐时期的社会基础，是以血亲为纽带的家族组织，商品经济还未能统治整个社会机体。在小农经济的背景下，生产力不可能有飞跃的发展，人们的生活资料受到相当程度的

① ［美］汤普逊．中世纪经济社会史（下册）．耿淡如译．北京：商务印书馆，1997. 226.

② ［美］汤普逊．中世纪经济社会史（下册）．耿淡如译．北京：商务印书馆，1997. 340.

限制。因此，思想家们认为倡导物利必然引起人际争端，只有以义为重才能维护大一统王朝的稳固。反之，西方在中世纪末期，发达的资本主义商品经济兴起，不仅为冲破宗教禁锢提供了精神动力，也促使伦理思想不断地以自我否定的姿态实现更新和发展。人文主义与新教伦理所呼唤出来的价值取向，反映了新兴资产阶级要求个性解放和追求现实物质利益的强烈愿望，造就了西方资本主义经济的伟大繁荣，对于理解近代西方资本主义的起源不无积极意义。

二、“天人合一”与“人神对立”

中西方在义利思想上的理论依据，往往都是从人性论或道德心理的考察中引申而来的。先秦儒家义利观经两汉的发展，“天命”成分被极大地强化张扬。在造物主的意义上，汉儒的“天”类似于基督教的上帝，但是与基督教热衷于上帝的美德、以“人神对立”为伦理思想的基础不同，儒家义利观以“天人合一”为最高境界。

“天”是中国古代思想家经常论及的概念和范畴，如西周敬天保民的思想、孔子的天命观、孟子“尽心、知性、知天”（《孟子·尽心上》）的思想，荀子的“制天命而用之”（《荀子·王制》）的主张等。西汉时期，董仲舒继承前人的思想，把天推扶到世界本源的位置上，以天论为起点构建他的义利观。在董仲舒看来，天是万物之本，“天者，群物之祖也，故遍复包函而无所殊，建日月风雨以和之，经阴阳寒暑以成之”（《汉书·董仲舒传》），“天地者，万物之本也，先祖之所出也。广大无级，其德昭明。历年众多，永久无疆。……君臣父子夫妇之道取之，此大礼之终也”（《春秋繁露·观德》）。天有意志，是意志之天，人类社会所遵从的道德规范来自天的启示，“天之副在乎人，人之情性有由天者矣”（《春秋繁露·为人者天》）。由于天地之性是道德之性，所以仁义礼智等德性是人性固有的内容，也是人与动物的根本区别。人有贪仁如同天有阴阳，“身之名取诸天，天两有阴阳之施，身亦两有贪仁之性”（《春秋繁露·深察名号》），能循天之道，求善致仁，并在追求至善的基础上达到“天人合一”（《春秋繁露·深察名号》）者就是大圣之人。以此为依据，董仲舒将人性划分为三等，“圣人之性不可以名性，斗筲之性又不可以名性，名性者中民之性”（《春秋繁露·实性》）。性三品说肯定了圣人之性是全善的，大多数“中民之性”可以教化向上，只有少数“斗筲之性”为恶作乱。这不仅为儒家义利观中的“圣人”提供了人性方面的理论支持，同时也对封建等级制和德化王道进行了有力论证。由此可见，董仲舒论天的目的在于论人，“天”是形而上学化的封建伦理制度，“天论”就是以天的模型来搭起封建国家的结构和框架，“人论”是对封建民众的道德要求，只要所有人都专一于天理，安分守己，社会就能如金字塔似的秩序井然而稳固。董仲舒借助于天在人们观念中的力量，把义利关系包裹在神学的外衣中，在人之性、人之伦理与天之运行和天之德之间架起一道桥梁，“天人合一”的实质是架构天监督人、人感动天的双向互动关系，通过天道来厘定社会，通过天理来重序人伦。因此，追求天道、天理的旨归乃是服务于人事。在汉唐思想史上，还有一种人性论，与董仲舒把人性的内容归结为天地之性或道德之性不同，司马迁、桑弘羊和白居易等思想家，将自然之性作为人性的主要内容，把人性说成是欲利、自私的。这种人性论对儒家伦理起到了反衬与点缀的作用，但并未改变中国传统伦理思想性的善论倾向。换言之，专注于内在道德完善和经世致用的现实协调，这样一个从内向外的修养过程，是中国古代义利思想的基本路向。

与此相比，西方义利思想经历古希腊罗马的繁荣发展后，却走向了宗教极端。在基督教的伦理思想中，天、人之间存在着截然的分立。与儒家伦理的人性善不同，基督教认为“善”只是就上帝的原始创造而言，自亚当、夏娃偷食禁果后，人性已不同于原始的创造。所有的人都成了罪人，罪性成了人存在的属性，人性中已没有了善。如《圣经·新约全书·罗马书》中保罗所说：“我也知道在我里头，就是我肉体之中，没有良善；因为立志为善由得我，只是行出来由不得我。”基督教原罪的基本含义是人性的贪婪、傲慢和对上帝的背离，罪的后果是人神关系的破裂。随着这一关系破裂的是人与自然、人与人关系的破裂，由于世人以自我为中心，在满足私欲的行为中毁灭了人与自然之间的和谐与人与人之间的和谐。因此，基督教是主张人性向恶的，在基督教的经典教义中，现世生活是罪恶的象征，充满欲望的人性是魔鬼的采邑，人们只有彻底唾弃物欲，才能进入光辉澄明的彼岸乐园。基督教的崇高理想是把人拉向光明纯洁的天国，但是，人的物欲本能却使人无法脱离脚下实实在在的土地。这样，在理想和现实之间出现了明显的二元分裂，人始终处于神性与人性、上帝与魔鬼两种力量的撕扯之中。正如罗素所说：“中世世界与古代世界对比之下，是具有不同形式的二元对立的特征的。有僧侣与世俗人的二元对立，……

天国与地上王国的二元对立，灵魂与肉体的二元对立，等等。”① 基督教的伦理思想是对中世纪早期商路要道上社会生活的一种反映和折射，神学家渲染人神对立的根本目的在于树立精神世界对物质世界的绝对优势，以便在唯灵主义的高度上超越灵肉对立。这与古代中国农耕社会中人们的认识截然不同。随着商品经济的发展和城市的兴起，道德困境依然存在。人们很难理解为生存而竞争是有违道德法规的，也难以理解商人的生活中仅存对利润的追求是神所不容的。这种激烈的内在冲突和自我拷问，引发了以文艺复兴及宗教改革为形式的思想革命。在道德观念上，启蒙者走出的伟大一步是把意志主体从上帝降格到凡人、从天界落实到世俗。启蒙思想家以人为中心，肯定日常的世俗的经济活动，认为自然欲望是人的本性，追求物质利益和幸福快乐是上帝所应许的生存方式。文艺复兴和宗教改革中形成的个人独立自由的价值取向，与资本主义市场经济的发展精神息息相通，为资产阶级思想文化王国的建立奠定了坚实的基础。如果说，中世纪的宗教哲学家将人性的根本内容看成是自然之性，并对此作出了恶的评价，那么人文主义思想家的特点就在于不仅将人性的内容归结为自然欲望，而且对其作出了肯定的评价。道德价值体系的这种转型，标志着资本主义社会的价值取向由不自觉的混沌状态上升为较系统的自觉状态。在一定程度上也可以说，没有个人的精神独立、思想自由的价值确立，资本主义市场经济的物质基础——人身自由、商品生产和交换的自由等——就不可能真正确立。

三、政治伦理与宗教信仰

汉唐时期儒家伦理思想与西方中世纪基督教的伦理价值观都包含宗教因素，但是二者的出发点和落脚点不同。汉唐时期伦理思想建立在封建皇权统治的基础上，宗教意识政治伦理化，统一王权的出现使以儒家哲学为中心的政治伦理类型萌生出来。西方中世纪的伦理思想建立在神权统治的基础之上，以宗教信仰为支柱，实现了伦理学与灵魂不朽说的综合。

秦汉变革后，如何建立合理、有效的统治秩序，成为中国古代思想家们自觉进行治国学说研究的历史使命。董仲舒的义利观在继承先秦儒家理论的基础上，通过对政权兴衰和施政实践的反思、总结，提炼出具有绝对

① ［英］罗素．西方哲学史（上卷）．马元德译．北京：商务印书馆，1986. 37.

权威的先王之道与天理，并以此构建人的行为准则。在董仲舒看来，人的善性与道德是影响社会经济活动的重要因素，经济活动的最高价值不是推进财富的增长，而是实现社会道德的完善与和谐。这种以“义”为核心的伦理思想，有利于防止贫富两极分化，对于协调人与人之间的关系、维护社会稳定起到了一定的积极效果。在董仲舒的伦理思想中，“义”不仅是经济的基本原则，也是政治的基本原则。在封建政治体制中，君与民的关系是社会关系的最基本形式。董仲舒认为君主在治理国家的时候要顺“天意”，以“民为邦本”，做到惠民、爱民、恤民，这就是中国古代政治思想的核心——民本思想。民本思想不仅深刻体现了中国古代政治统治模式，也反映了中国古代发展社会经济的根本措施，这种措施是儒家政治伦理在经济上的延伸与运用。因此，经过董仲舒改造后的儒家义利观具有两面性：正面是儒家伦理，反面是儒家政治。董仲舒论“天人感应”的真实意图在于使中国封建社会的伦理道德呈现力求和谐、中庸的现实主义精神。在秦汉之后漫长的封建时代里，由于儒家思想所倡导的伦理理念对封建皇权的统治与社会的发展有着重要的保障作用，从而被历代统治阶级接受，成为中国封建社会占主导地位的正统思想。

所不同的是，西方中世纪的社会价值取向以宗教信仰为出发点和核心，基督教会要求人们完全服从于信仰，科学和哲学仅限于对《圣经》作出完善的诠释，充当神学的婢女。“人类意识的两方面——内心自省和外界观察都一样——一直是在一层共同的纱幕之下，处于睡眠或者半醒状态。这层纱幕是由信仰、幻想和幼稚的偏见织成的，透过它向外看，世界和历史都罩上了一层奇怪的色彩。”① 基督教以神的名义将道德规范神圣化，信徒遵从宗教伦理是灵魂得救的唯一途径。在教会思想家看来，“人之城”和“上帝之城”是两个不同的世界，前者是暂时的，后者是永恒的，人生的最高目标和最大幸福不在这个充满罪恶的现实世界，而在死后的天国。随着近代资本主义生产方式的逐步形成，基督教不食人间烟火、只向往来世的苦行主义不断受到质疑和挑战，人本主义、个人至上作为资产阶级道德的基本原则突现出来。在文艺复兴和宗教改革运动中，为摆脱彼岸之神和此岸教会对人的双重压迫，启蒙主义者发出“人是人的上帝”的呼声，以坚定的口吻为积极入世的“市民生活伦理”进行辩护，其结果

① ［瑞士］雅各布·布克哈特．意大利文艺复兴时期的文化．何新译．北京：商务印书馆，1979. 125.

势必为伦理思想的转型带来新的精神动力。

由以上分析可见，汉唐时期的义利思想与先秦百家的义利思想一脉相承，其基本精神与基本特征的连续性和一贯性，是基于血缘宗法制度所形成的稳定的、不变的社会群体关系和意识。其中，董仲舒所倡导的新儒家义利思想，以“天人合一”为精神内核，以维护封建等级秩序为根本目标。这种伦理观念与政治思想紧密相连，它的价值主要由政治利益来评估，因此具有相对稳定的客观标准，价值取向比较一致。经过历代统治阶级的发扬光大，其演变为中国封建社会的统治武器和精神支柱。与此相异，西方中世纪的基督教伦理关注的是人的“获救”和灵魂的“不朽”，灵魂之善是道德行为的准则。因此，这类伦理的价值由宗教信仰来评估。由于主体信仰具有相当的随意性与变动性，宗教伦理的价值取向颇不一致，道德观念的变动倾向比较突出。在各种世俗理念与宗教信仰的矛盾冲突中，近代资产阶级的新教伦理精神形成，它以一种扬弃的方式将世俗利益与宗教利益有机地融合在一起，其神圣性提升了世俗生活的精神情怀，其世俗性为自身的存在和发展提供了条件。所以，与中国传统义利思想的超稳定性特征不同，西方伦理思想呈现出一种融合更新的模式，它是在各种思想意识的相互否定中创造出新的思想性状，最终导致整个社会和历史文化的不断变迁和自我超越。

第三章

义利思想的反思与突破

——宋元明清（鸦片战争前）与西方资本主义制度确立和自由发展时期

宋元明清（鸦片战争前）时期，中国封建地主经济由盛而衰。随着社会历史的大变革，义利思想也演进到了自我批判、自我否定的阶段。两宋之际，对后世影响最大的是兴起于北宋、集成于南宋的理学。理学融汇儒、释、道三教，使儒学思辨化、哲理化，并发展了儒家学说的道德伦理，成为中国帝政时代后期社会意识形态的核心和士林学术思想与思维定式的规范。事功之学与理学共生而又对立于理学，它以《周礼》为依据，兼采法家富国强兵利民的思想，以改造外部社会并取得实利功效为宗旨。从思想渊源来看，理学与事功学派都师承儒家修身、齐家、治国、平天下的理念，涵蕴修养道德和经世致用的思想。但事功学派以实现社会功利实效为经世致用，理学家则以内在的学问追求、德性涵养为本，以功利为末。这种差异说明儒学至宋而学派分化并立，入世思想向着潜沉践履和经世致用两个主要方向发展。明中叶以后，适应商业化浪潮和士商互动的社会结构性变化，启蒙学者继承了事功学派的经世致用之学，公开肯定个人利益和个性发展的要求，对理学所标榜的“存天理、灭人欲”学说进行了尖锐的驳斥和批判。启蒙思想所呈现的功利主义倾向，蕴藏着商品经济与自然经济的冲突、个体主体与道德主体的矛盾，标示了传统社会价值取向的重大转折，是中国走向近代化的重要思想要素。在西方，人文主义与宗教改革成为中世纪与近代的分水岭，它不仅突破了宗教神学统治的藩篱，也是诞生资本主义市场经济的摇篮。17、18 世纪，英、美、法等主要西方国家先后经历了资产阶级民族民主革命，资产阶级取得了政治上的统治权。至 18 世纪末、19 世纪初，这些国家又先后经历了工业革命，资产阶级进一步确立了他们在经济上的支配地位。在这一时期，个人自由和价值自觉被作为社会的等价物甚至是先于社会的价值存在来讨论，感性欲望不再被视为必须予以驯服的“魔鬼”，而仿佛成了创造的源泉、进步的杠杆，是不许压抑只能顺从的人类生活的铁律。这种思想取向是同商品经济的发展和自然经济的瓦解相伴随的。因此，西方近代资本主义经济伦理的一个重要特征，就在于把个人的功利欲求公开释放出来，确认其正当合理性。“只要道德品行白璧无瑕而且在财富的使用上无可指摘，资产阶级实业家就可以随心所欲地追求金钱利益，同时感到这是必须完成的一项义务。”（马克斯·韦伯语）随着资本主义制度的牢固确立，功利主义作为一种道德形态和价值观念的独立体系正式形成。

第一节

反传统义利思想的盛行——宋元明清时期（鸦片战争前）

宋元明清（鸦片战争前）之际是中国伦理思想史上可与先秦相媲美的空前活跃时期，丰富多彩的思想学说和格调迥异、辩驳趋同的观点主张，蕴积而为义利思想发展的又一高峰。两宋之际，理学与事功之学并为两大显学，它们以理欲之辨和公私之辨为主要内容的价值争论赋予义利思想新的时代内涵。南宋之后，经元明政权更迭，中国封建地主经济日趋没落，传统义利思想走向自我反思阶段。明清时期，一批进步思想家在新的经济因素刺激下，对宋代理学进行了全面的批判，这不仅表现出鲜明的叛逆精神，也标志着新的启蒙运动的发轫。

一、“存理灭欲”与“功成即德”之争

西汉以降，儒家学说被定为一尊，“重义轻利”成为社会伦理思潮的主流。隋唐前后，儒、佛、道之间相互攻讦、兼综互补。至宋代，三家学说经过长期争论和归一，为理学的产生提供了思想条件。理学继承和发展了儒家以“义”为核心的义利观，并吸取佛道之学的精华，构建了以“天理”为最高范畴的思想体系，对儒家之“义”进行了本体论的论证。

1. 理学的“居敬穷理”思想

自北宋的周敦颐、二程，到南宋的朱熹，代表了理学发展的流脉体系，至元明而流变赓续，入清则渐趋衰微。

周敦颐是理学的开创者，他通过援佛、道之学入于儒学，论证和发挥了儒家传统义利观，将“重义轻利”思想推向“去欲”的境界。周敦颐以“诚”为其义利思想的核心，他说：“诚者，圣人之本。‘大哉乾元，万物资始’，诚之源也。”（《通书·诚上》）他将“诚”与“乾元”即“太极”相联系，认为它存在于万物变化过程的始终，“诚，五常之本，百行之源也”（《通书·诚下》），这里“五常”指仁、义、礼、智、信，“百行”指一切有关伦理的行为。周敦颐认为要达到“诚”的境界，必须否定一切私欲。“君子乾不息于诚，然必惩忿窒欲，迁善改过而后至。”（《通书·乾损

益动》）在周敦颐看来，如果没有私欲作怪，人心就趋于虚静，虚静就能明通事理，如此产生的动机就正直、公道无私。“圣可学乎？曰：可。曰：有要乎？曰：有。请问焉！曰：一为要。一者，无欲也。无欲则静虚动直，静虚则明，明则通；动直则公，公则溥，明通公溥，庶矣乎！”（《通书·圣学》）可见，无欲是至“诚”的关键，这与道家的无私无欲、佛家清虚寂静没有本质区别。针对孟子的“养心莫善于寡欲”（《孟子·尽心下》）思想，周敦颐指出：“予谓养心不止于寡欲而存耳。盖寡焉至于无，无则诚立、明通。诚立，贤也；明通，圣也。是贤圣非性生也，必多养心而至之。养心之善，有大焉如此，存乎其人而已。”（《养心亭记》）因此，“养心不止于寡欲”，而是要达到“寡焉至于无”的境地。从“寡欲”到“无欲”，周敦颐为理学的“去欲”主义奠立了第一块基石，这是理学“存天理、灭人欲”思想之滥觞。正如吕思勉所说：“周子为理学开山，但发明其理，于修为之方，尚未及详。”① 周敦颐没有详论理学的“修为之方”，但他提出的伦理命题和规范大多为后来的理学家所袭用，并加以修正和发展。

继周敦颐之后的程颢、程颐兄弟（并称为“二程”）在周氏“无欲”的基础之上作了进一步的发挥，将周敦颐的“诚”改造为“天理”。二程认为“理”是一种客观存在的本体，它是超绝时空的最高准则，制约着古往今来天地之间的一切。“理则天下只是一个理，故推至四海而准，须是质诸天地，考诸三王不易之理。”（《二程遗书》卷二上）万事万物皆出于理，故理为万物的根源，万物是理的派生物。“万物皆有理，顺之则易，逆之则难，各循其理，何劳于己力哉！”（《二程遗书》卷十一）既然“理”是宇宙的最高本体，万物的最高法则，当然具有神圣性和主宰性，所以“理”、“天理”就是“天”、“天命”。“天者，理也；神者，妙万物而为言者也；帝者，以主宰事而名。”（《二程遗书》卷十一）“天理”或“理”虽在先秦早已有之，如《周易》、《庄子》、《孟子》、《韩非子》等，但用这一范畴来代替“天”、“道”以表示本体的意义，却是始于二程。二程把他们提出来的“天理”作为伦理道德即“义”的唯一根据，进而对“义”展开了进一步的论证。程颐说，“在天为命，在义为理，在人为性，主于身为心，其实一也”（《二程遗书》卷十八），“理，无形也，故假象以显义”（《周易程氏传》卷一）；程颢说，“理义，体用也”（《二程遗书》

---

① 吕思勉．理学纲要．上海：商务印书馆，1931. 43.

卷十一)。这就是说,“理”是本体,“义”是作用。“理”存在于天地万物之间,故称之为“物理”、“人理”、“义理”等,而体现“理”的要求,则称之为“义”,二者不是截然相离的外在关系,而是同一事物的两个方面,二者的本源相同。这样,“义”通过“理”的挂搭,开始具有本体的意义,这是二程之“义”最深刻、最本质的含义,也是他们义利思想的主要特色。二程以“理”言“义”,旨在从本体论的角度为传统儒学进行哲学论证,以期重建与超越孔孟所奠基的义利原则,抗击佛道理论并反对王安石的功利思想。在二程的理学体系中,与天理相对立的是“人欲”。他们提出,决定社会历史发展的是天理。天理流行,社会就清明进步;人欲横流,社会就昏乱倒退。“先王制其本者,天理也;后人流于末者,人欲也”(《周易程氏传》卷三),“甚矣,欲之害人也,人为不善,欲诱之也。诱之而不知,则至于灭天理而不知反”(《程氏粹言》卷二)。人欲是对天理的壅蔽,人欲愈多,天理愈少。如果听任人欲的滋长,就会毁灭天理而陷于人欲横流,“人心莫不有知,惟蔽于人欲,则忘天德也”(《二程遗书》卷十一)。因此要彰明天理,就要去掉人欲。“不是天理,便是私欲,……无人欲即皆天理。”(《二程遗书》卷十九)在这里,灭人欲并非消灭人的一切生存欲求,二程真正反对的是过分、过度的欲望,他们主张人应当有欲、适欲,即欲“不逾矩”。“口目耳鼻四支(肢)之欲,性也”(《二程遗书》卷十九),“饥而食,渴而饮,冬而裘,夏而葛,苟有一毫私意于其间,即废天职”(《程氏粹言》卷一)。物欲要求是合乎人的天性的,也是生活所必需的,故不可除去。但如果人们的欲求过度,且怀有私心而不顾公理道德,就是“私欲”、“乱常”,由此造成社会危害,是二程坚决反对的。“理者,天下之至公,利者众人所同欲。苟公其心,不失其正理,则与众同欲,无侵于人,人亦欲与之。苟切于好利,蔽于自私,求自益以损人,则人亦与之力争,故莫肯益之,而有击夺之者矣。”(《周易程氏传》卷三)一个人怀有公心,依理而行,就不会损害别人,不损害别人反而得利;若斤斤计较个人利益,为达到个人私利而损害别人,则不但不得利,反而有害。这说明若离开“公”、离开“理”去寻求私利和人欲,不仅有碍于天理,而且也不可能达到私欲。由上述的理欲辨析中可以看出,二程所说的“欲”有广、狭义之分。广义的人欲包括公欲和私欲,公欲往往被置于“天理”的范围,公欲明时就是天理;狭义的人欲则仅指私欲,狭义的人欲和天理相对,天理、人欲的对立,确切言之应是天理、私欲的对立,所以说,“灭私欲,则天理明矣”(《二程遗书》卷二十四)。

在封建社会中，所谓“公”是指地主阶级的共同利益和长远利益，个体成员的利益只有在符合地主阶级公共利益的前提下，才有利于社会的发展，损害了地主阶级的公利，就意味着封建社会失去平衡而发生动乱。二程的这种理欲观念，在当时的历史条件下，是社会利益的普遍代表。与理欲之辨相联系、相一致的是义利之辨。二程指出，人不能无利，无利则不能生存，利是人人所同欲、所同求的。“利害者，天下之常情也，人皆知趋利避害”（《二程遗书》卷十六），“人无利，直是生不得，安得无利？且譬如椅子，人坐此便安，是利也”（《二程遗书》卷十八）。为了生存，人人求利是正常的、合理的。但为了一己之利，追求无度、放利而行，就会产生争夺，为害甚大，所以要以义制利。“所谓利者一而已。财利之利与利害之利，实无二义，以其可利，故谓之利。圣人于利，不能全不较论，但不妨义耳。乃若惟利是辨，则忘义矣，故罕言”（《河南程氏外书》卷六），“圣人以义为利，义安处便是利”（《二程遗书》卷十六）。在二程看来，圣贤也不是“全不较论”利的问题，只是论利、求利而“不妨义”。为了强调“出利入义”的观点，二程对义、利的内涵赋予了新的内容。“义与利，只是个公与私也。才出义，便以利言也”（《二程遗书》卷十七），“义利云者公与私之异也”（《程氏粹言》卷一）。可见，义与利还是公与私的问题，为公就是义，为私就是利。所谓“利”要服从义，也就是“私”要服从“公”。这是对儒家义利观基调“国不以利为利，以义为利”（《礼记·大学》）的继承和发扬。总而言之，二程将理欲观、义利观置于理学的整个思想体系中，其最大的理论建树就是对“理”、“义”作了本体上的论证。就理欲、义利之间的关系而言，他们并不一味否定欲、利，而是作了辩证的分析。对于合理的欲、利则给予肯定，对于违反“天理”、“义”而片面追求私欲、私利则极力否定。前者体现为“公”，后者体现为“私”，公私之辨贯穿于理欲、义利之辨的全过程。应该指出的是，以公私论理欲、义利，这是二程对儒家义利观的发展和深化，对于后代理学的义利之辨也产生了深远影响。

朱熹是南宋时期理学思想的集大成者，他秉承二程之学，以“理”为其学说的最高范畴，主张以理节欲，扬理抑欲。朱熹指出：“未有天地之先，毕竟是先有理。”（《朱子语类》卷一）“理”是最真和至善，具体言之，“所谓天理，复是何物？仁、义、礼、智岂不是天理？君臣、父子、兄弟、夫妇、朋友岂不是天理”（《朱子文集》卷五十五），“天理只是仁、义、礼、智之总名，仁、义、礼、智便是天理之件数”（《朱子语类》卷十三）。可见，天理是指作为最高精神本体的“理”所体现出来的伦理道德原则，即仁、义、礼、智等封建的纲常名教。朱熹把封建伦常提到“天理”的高度，无疑是将封建等级制度神圣化和绝对化，从而为巩固封建统治提供理论依据。至于对“欲”的解释，朱熹如二程一样，将违反“天理”（不合理）的物欲、私欲称为“人欲”。“人欲者，此心之疾疢，循之则其心私而且邪。”（《朱子文集》卷十三）在朱熹看来，人心危殆，极易流于人欲，但人欲并不尽同于欲。所谓欲，指的是那种为了维持生存所必需的物质欲求，它发自于情，为性之所固有。“饮食，男女，固出于性”（《孟子或问》卷十一），“饮食者，天理也。”（《朱子语类》卷一百二十六）这种来自天性的饥食渴饮之欲，只能存而不能无，只能顺而不能灭。“若是饥而欲食，渴而欲饮则此欲岂能无？”（《朱子语类》卷九十四）“这是天教我如此，饥便食，渴便饮，只得顺他。”（《近思录集注》卷五）正是鉴于这种认识，朱熹并不反对人的一切物质欲求，他说“欲是从情发出来底，心如水，性犹如水之静，情则水之流，欲则水之波澜。但波澜有好底，不好底”，“欲之好底如‘我欲仁’之类”，不好的则如“穷口腹之欲”（《朱子语类》卷五）等，正所谓“饮食者，天理也，要求美味，人欲也”（《朱子语类》卷十三）。只有不好的或不合理的“私欲”、“嗜欲”才是人欲，如果任凭人欲肆意放纵，不仅会使个人失去本心，而且会破坏社会的等级秩序。因此，朱熹提倡以理节欲。“欲如口鼻耳目四肢之欲，虽人之所不能无，然多不节，未有不失本心者”（《孟子集注》卷七），“圣言千言万语，只是教人明天理，灭人欲”（《朱子语类》卷十二）。这里的“灭人欲”并不是笼统地禁绝民欲，而是要人们从治国齐家的道德意识出发，履行封建伦理规范，消灭那种脱离等级地位的物质享受，这显然是一种扬理抑欲的节欲观。在天理和人欲的关系问题上，朱熹明确指出二者的实质是公与私、是与非、正与邪的对立。“心之所主，又有天理人欲之异，二者一分，而公私邪正之涂判矣”（《朱子文集》卷十三），“凡一事便有两端，是底即天理之公，非底乃人欲之私”（《朱子语类》卷十三）。天理就是公与正，人欲就是私与邪。道德修养的宗旨就是要分辨天理之公正，人欲之私邪，进而去私存公，改邪归正。“修德之实，在乎去人欲，存天理”（《朱子语类》卷十三），“学者须是革尽人欲，复尽天理，方始是学”（《朱子语类》卷十二）。由此看来，朱熹的天理人欲之辨，在思想渊源上，与二程的理学形式一脉相承。同天理人欲之辨直接相关的是义利之辨，朱熹经常义、理并提，利、欲并举。他说，“仁义根于人心之固有，天理之公也，利心生于物我之相形，人欲之私也。循天理则不求利而自无不利；殉人欲，则求利未得而害已随之。”（《孟子集注》卷二）朱熹从天理观念出发对“义”进行了阐释。他说，“义者，天理之所宜”（《论语集注》卷二），“义者，宜也，君子见得这事合当如此，却那事合当如彼，但裁处其宜而为之，则无不利之有，君子只理会义，下一截利处更不理会”（《朱子语类》卷二十七）。可见，所谓“宜”就是“合当如此”，意即符合“天理”所应当做的，便是义。但将“义”仅仅解释为“事之宜”、“天理之所宜”，似乎与人们的道德观念无关。为解决这一矛盾，朱熹进一步将“义”规定为“心之制”，也就是说，人们对外物的处置是受内心支配的，人之所以能使事“得其宜”，关键不在外而在内，在于人的内心。“事之宜虽若在外，然所以制其义，则在心也”，“盖物之宜，虽在外而所以处之，使得其宜者，则在内也”（《朱子语类》卷五十一）。在朱熹看来，义是制约内心的道德原则，而这种起着决定性作用的“义”，是“根于人心之固有”的天理之公（《孟子集注》卷一），这里的“公”当然是指地主阶级之“公”，即封建地主阶级利益的升华物。与“义”相对应的是“利”，也就是逐利的动机和利欲之心。朱熹认为，如同义根于人心，为心所固有一样，利则出于情，亦为人情所固有。“利者，人情之所欲”（《论语集注》卷二），“才有欲顺适底意思即是利”（《朱子语类》卷十三）。为此，朱熹并不一概地否定利，甚至指出君子也未尝不欲利，“欲富贵而恶贫残，人之常情，君子小人未尝不同”（《论语或问》卷四）。利欲之心虽然人皆有之，但只循人欲，专以利为心，而不顾“义理”，那么，这种利益之心便成为“人欲之私”，对己、对社会都是有害的。“盖财者人之所好也，而我欲专其利，则民有不得其所好者矣”（《朱子语类》卷十六），“小人只计较利害，如此则利，如此则害”（《朱子语类》卷二十七），所以，必须坚决摒弃。以此为基础，在义与利的关系问题上，朱熹指出义利之别只是为己为人之分。他在注释《论语·里仁》中的“君子喻于义，小人喻于利”一句时说，“君子小人只是这一个事，而心有公私不同”（《朱子语类》卷四十三），“对义言之，则利为不善”（《论语或问》卷四）。既然以义为善，以利为不善，因而朱熹主张重义轻利。他说，“古圣贤言治，必以仁义为先，而不以功利为急”（《朱子文集》卷七十五），“圣人之心，浑然天理。……其视不义之富贵，如浮云之无有，漠然无所动于其中也”（《论语集注》卷四）。应该强调的是，重义轻利并不是全然摒弃利，而是要将利纳入义的轨道，以义制利，使利服从于义。“不以其道得之，谓不当得而得之。然与富贵则不处，于贫贱则不去，君子审富贵而安贫贱也如此。”（《论语集注》卷二）这就是说在富贵与贫贱的取舍上要以义为标准，把义作为衡量利正当与否的原则。朱熹之所以强调先义后利、以义制利，这是因为在他看来，封建等级制度的稳定、皇权的巩固是封建国家最根本的大利，要实现这个大利，就必须以义为先，以义为本。“正其义不谋其利，明其道不计其功，《春秋》大法，正是如此。”（《朱子语类》卷八十三）总的说来，朱熹的“存天理、灭人欲”以及“重义轻利”之辨，是对二程理学思想的总结和继承，其思想脉络与先秦儒家的“克己复礼”、“舍生取义”也是上下相承、一以贯之的。

从两宋理学的思想中可以看到，以周敦颐、二程和朱熹为代表的理欲、义利之辨，反映了经历唐末五代社会动乱、纲常沦丧和商品经济快速发展时代背景的知识分子，要求重振社会道德规范的强烈愿望。理学的核心是把封建道德提高为宇宙本体，再将本体还原为现实，试图通过道德理性、道德原则去节制个人的物质欲求和个人利益，从而为巩固封建统治提供理论依据。这种以“理”为至真至善，强调以“理”来规范人心、以伦理来主宰物欲的理欲观念，体现了儒家重群体、重道德的思想传统。在同一历史时期，与理学对立而又并存的事功之学，在理论上总结了先秦、汉唐以来的功利主义思想，并把它完善化、系统化，发展成为一个独立的儒学流派。在义利主张上，事功学派讲求实利功效，强调经世致用，与程朱理学追求“性命而辟功利”之风相对应，提出了“功成即德”说。

2. 事功之学的“功成即德”思想

宋王朝自立国以来，尤其是仁宗朝后，对外失地丧师，屡遭败绩；对内国库空虚，社会矛盾激化。严酷的现实使一些有为的思想家反对理学脱离实际、空谈仁义的观点，认为物质利益是社会发展和人类生存的根本。两宋时期，以李觏、王安石、陈亮、叶适等为代表的一批理论家力倡“功利之学”，对理学道统提出了怀疑乃至否定，理学家与功利学派的思想交锋将“义”与“利”的争辩推向高潮。

北宋之初，李觏针对积贫积弱的社会局面，总结和吸收了前人关于义利之辨的思想，公开质疑儒家“重义轻利”的传统思想，首倡“义利并行”的价值观。李觏的义利思想以《礼论》为核心，他认为“礼”作为一种伦理原则是人类社会物质生活和精神生活的最高准则，“礼，人道之准，世教之主，圣人之所以治天下国家，修身正心无他，一于礼而已矣”（《礼论》第一）。在礼的起源上，李觏指出礼是顺应人们物质欲望、为解决人的物质要求而产生的“节文”。他说，“夫礼之初，顺人之性欲而为之节文者也。人之始生，饥渴存乎内，寒暑交乎外。饥渴寒暑，生民之大患也。……圣王有作，于是因土地之宜，以殖百谷；因水火之利，以为炮燔烹炙。……取材于山，取土于地，以为宫室。……范金斫木，或为陶瓦，脂胶丹漆，以为器皿”（《礼论》第一），“饮食，衣服，宫室，器皿，夫妇，父子，长幼，君臣，上下，师友，宾客，死丧，祭祀，礼之本也”（《礼论》第一）。从礼的产生和起源的具体考察中，可以看到礼的出发点是顺从人的物质需求，人类解决饥渴寒暑居室等的利欲是“礼之大本”。李觏把“礼”同利欲联系起来，将礼的起源归之于人类社会生活本身，不仅为礼赋予了实际的物质内容，也说明了礼与利欲之间是可以统一的。人的利欲追求，不仅不是过错和恶的表现，反而是合乎礼的规定，这就在一定程度上揭示了社会经济生活与道德的辩证关系。据此，李觏明确提出“利欲可言”的观点。他说：“利可言乎？曰：人非利不生，曷为不可言。欲可言乎？曰：欲者人之情，曷为不可言。言而不以礼，是贪与淫，罪矣。不贪不淫，而曰‘不可言’，无乃贼人之生，反人之情！世俗之不喜儒以此。孟子谓‘何必曰利’，激也。焉有仁义而不利者乎？其书数称汤武将以七十里、百里而王天下，利岂小哉？孔子七十，所欲不逾矩，非无欲也。”（《原文》）可见，言利求欲，只要符合礼的规定，就不是贪与淫，这是利于人生、合乎人情的。在李觏看来，孔孟的言论虽然过激，但他们并非不求利、不言欲，他们求的是大利，争的是大欲。因此，义、利二者并不是不可调和的，而是可以统一的。在义利的关系问题上，李觏发挥了管仲“衣食足而知礼仪”的观点，批判传统儒家奉行的“贵义贱利”是本末倒置，他认为在国家的治理中，不仅要言利，还应该将足用富民作为国家的第一要务。他说，“愚窃观儒者之论，鲜不贵义而贱利，其言非道德教化则不出诸口矣。然《洪范》八政：‘一曰食，二曰货’。孔子曰：‘足食，足兵，民信之矣。’是则治国之实，必本于财用。……是故圣贤之君，经济之士，必先富其国焉”（《富国策》第一），“生民之道，食为大。有国者未始不闻此论也。……法制不立，土田不均，富者日长，贫者日削，虽有耒耜，谷不可得而食也，食不足，心不常，虽有礼义，民不可得而教也。尧舜复起，未如之何矣”（《平土书序》）。物质财富是治国的基础，无论政治、军事，还是伦理道德，都受“利”的制约，离开了物质财富，礼义、教化就是一句空话。“孔子谓‘既庶矣，富之；既富矣，教之’。《管子》有言，‘仓廪实，知礼节；衣食足，知荣辱’。然则民不富，仓廪不实，衣食不足，而欲教以礼节，使之趋荣而避辱，学者皆知其难也。”（《国用》第十六）值得注意的是，李觏在强调利欲的同时，并没有排斥义的作用，走向唯利主义。他指出对利的追求要“节以制度”，符合“礼”的规定，尤其要反对损公肥私的极端利己主义。“古之君子以天下为务，故思与天下之明共视，与天下之聪共听，与天下之智共谋，孳孳焉唯恐失一士以病吾元元也。如是安得不急于见贤哉？后之君子以一身为务，故思以一身之贵穷天下之爵，以一身之富尽天下之禄，以一身之能擅天下之功，名望望焉唯恐人之先己也。如是谁暇于求贤哉？磋乎！天下至公也，一身至私也，循公而灭私，是五尺竖子咸知之也。然而鲜能者，道不胜乎欲也。”（《上富舍人书》）通过公利、私利的对比，李觏提出君子不应只追求自身的利益，而应以天下利益为己任，做到循公灭私。由此看来，他所主张的“利”是民利、公利，而不是个人“私利”，这是李觏功利主义思想的一个鲜明特征。在北宋中期的社会历史条件下，李觏将实现国富民强作为最大的公利，这种价值观具有特殊的时代意义，在求公利的过程中离不开道德的约束，因此，义利双行、以利统义就成为他所倡导的价值取向。李觏的义利思想上继先秦和汉唐以来的功利主义传统，开启了两宋和明清之际反理学斗争的序幕，在中国古代伦理思想史上，起到了承前启后的历史作用。南宋时期，陈亮、叶适进一步发展了李觏的学说，掀起了一场讲实际、重事功的功利主义思潮。

李觏之后最具代表性的功利派人物当数身居要职的王安石，他是当政者中第一个公开讲求利的人，这对提高功利主义的地位和影响具有极大的推动作用。王安石立足于现实的社会经济状况，重新阐释“义”的价值内涵，提出了“非礼之礼，非义之义”的观点。他说：“古之人以是为礼，而吾今必由之，是未必合于古之礼也；古之人以是为义，而吾今必由之，是未必合于古之义也。夫天下之事，其为变岂一乎哉？固有迹同而实异者矣。……孟子曰‘非礼之礼，非义之义，大人不为’，盖所谓迹同而实异者也。”（《王安石全集·非礼之礼》）这是说古代所适用的“礼”到今天未必适用，古代所适用的“义”到今天也未必适用，不能因为某些概念形式上的相同而忽视了实质的不同，因此必须做到因时事而权变。“变”的思想在王安石的义利观中占据着重要地位，在他看来，知新旧相除、明权时之变是理解“义”的基本前提。“天下事物之变，相代乎吾之前，如吾知恒而已，则吾之行有时而不可通矣。是必度其变而时有损益而后可。故君子不可以不知损益。”（《王安石全集·九卦论》）在这种认识背景下，王安石对“义”的含义作出了一种“权时之变”，他说：“孟子所言利者，为利吾国，利吾身耳。至狗彘食人食则检之，野有饿莩则发之，是所谓政事。政事所以理财，理财乃所谓义也。一部《周礼》，理财居其半，周公岂为利哉?”（《王临川集》卷七十三）在这里，王安石指出为国理财的行为就是“义”，通过理财增加国家财富，虽然属于利的范畴，但可以使国家转弱为强、转危为安，这正是“义”的要求。所以，“利”和“义”是一致的，言利并不违背义。从这一思想出发，王安石进一步提出了义应当为利服务的观点，他认为，“利者义之和，义故所以为利也”（《续资治通鉴长编》卷二百一十九），“于方今实为便，于古义实为宜”（《王文公文集》卷三十一）。可见，义是利的手段，义与利是统一的。需要指出的是，王安石所说的“利”，与李觏一样，也是利国利天下之利，这样的利，其实质就是义。所以他的“以义理财”的论点，即是以实现“富国”为义。针对保守派以贵义贱利为依据而提出的对理财、言利的指责，王安石回答说，“举先王之政以兴利除弊，不为生事；为天下理财，不为征利”（《王文公文集》卷八），“盖因天下之力以生天下之财，取天下之财以供天下之费，自古治世未尝以不足为天下之公患也，患在治财无道耳”（《王临川集》卷三十九）。从以上分析可见，王安石对义利关系的解释，既吸收了墨家“兴天下之利”的观点，又发展了儒家以义制利的思想。因此，在理论层面上，他的义利统一论和以义理财思想与儒家传统的以公利为义、公利重于私利的观念，并无根本的矛盾。正如梁启超所言：“公之事业，成强半在理财。然其理财也，其目的非徒在国孥之岁入而已，实欲苏国民之困而增其富，乃就其富取赢焉，以为国家政费，故发达国民经济，实其第一目的，而整理财政，乃其第二目的。”（《王安石传》）王安石以他的“为天下理财”思想指导变法实践，对北宋的政治和经济产生了深远影响。

陈亮是南宋时期的著名学者，因其是浙东永康人，故将其学称为“永康学派”，又因其反对性命之学，“专言事功”而称“事功派”。陈亮一生以振邦救国为己志，反对“不知事功为何物”、“不知形势之为何用”的“醇儒”学风，与理学家们空谈心性的修养论形成了明显对立。“当乾道、淳熙间，朱、张、吕、陆四君子皆谈性命而辟功利，学者各守其师说，截然不可犯。陈同甫崛起其旁，独以为不然。”（《宋元学案》卷五十六）陈亮针对“天理存则人欲灭”的论调，与朱熹展开了著名的“义利之辩”，强调经世致用，以“功”为“德”。陈亮的义利思想以道论为基础，他提出道行于事物之间，道不离日用的观点。他说：“夫道之在天下，何物非道？千途万辙，因事作则。”（《陈亮集》卷二十七）这是说，道存在于天下万事万物之中，道是事物的法则，因事而作，因事而有，有了客观的具体事物，才有与具体事物相对应的法则。据此，陈亮批评了理学把道作为超乎事物之上的本体的观点。“世之学者，玩心于无形之表，以为卓然而有见，事物虽众，此其得之浅者，不过如枯木死灰止耳；得之深者，纵横妙用，肆而不约，安知所谓文理密察之道？浮乎中流，无所底止，犹自谓其有得，岂不哀也哉！”（《陈亮集》卷二十七）陈亮指出，理学家的错误就在于脱离具体的事物而追求抽象的精神本体，他们所说的道不过是“无所底止”、玄妙无形的道而已。他认为道作为事物的法则，并非超越事物之上，而是贯通于日常生活中，脱离了日用，就无所谓道。“天下道之在天下，平施于日用之间，得其性情之正者，彼固有以知之矣。当先王时，天下之人，其发乎情，止乎礼义，盖有不知其然而然者。先王既远，民情之流也久矣，而其所谓平施于日用之间者，与生俱生，固不可得而离也。”（《陈亮集》卷十）陈亮从“道物一体”的观点出发，把人的基本物质欲望等同于人性，肯定了满足人的物质欲求的必要性与合理性。他说，“人为何为，为其有欲。欲也必争，惟曰不足”（《陈亮集》卷三十六），“耳之于声也，目之于色也，鼻之于臭也，口之于味也，四肢之于安佚也，性也，有命焉”（《陈亮集》卷四）。可见，物欲是人的自然本性，追求物质利益并不是人性罪恶的表现。与之同时，陈亮也指出人欲虽不可去，但亦不可纵，对于人们的物质欲望，应加以节制，将其纳入封建等级的“分”之中。他说，“然而高卑小大，则各有分也；可否难易，则各有辨也。循其侈心而忘其分，不废其力，无财而欲以为悦，使天下冒冒焉惟美好之是趋，惟争夺之是务，以至于丧其身而不悔”（《陈亮集》卷四），这里的“分”是指儒家的伦理纲常。作为封建社会的一位思想家，陈亮与理学家一样要维护封建道德权威，但在论述物欲与道德的关系时，与程朱理学存在重大分歧。程朱理学虽然承认在封建伦理纲常之内的基本物质需求是正当的，但是把物质欲望视为引向罪恶的渊薮，主张“存天理，灭人欲”；陈亮从物欲是人的自然本性出发，强调道德应建立在物欲基础之上，明确肯定道德的功利性，主张道德与功利的统一。这相对于空谈道德性命之说的理学更具现实性，在中国古代“德”范畴的历史演进中占有重要地位。陈亮将这种“道在事中”的原理应用于义利关系，“道”就转变为仁义道德，“事”就是“日用之间”的国计民生，道在事中，就意味着义在利中；道不离事，也就是义利不分，义利在本质上是统一的。他指出，“禹无功，何以成六府？乾无利，何以其四德”（《宋元学案》卷五十六），“秘书（指朱熹）以为三代以前都无利欲，都无要富贵底人。今《诗》、《书》载得如此净洁……亮以为，才有人心，便有许多不净洁，‘革’道只于革面，亦有不尽概圣人之心者。圣贤建立于前，后嗣承庇于后，又经孔子一洗，故得如此净洁”（《陈亮集》卷二十）。这是说实现仁义道德离不开搞好国计民生，离不开关心民间疾苦，仁义道德只能通过实事实功来体现。因此，仁义道德并不在事功之外，而是在事功之中。显然，陈亮是把功利看为道德的基础，将利作为义的必要条件了。陈傅良将此观点概括为“功到成处，便是有德；事到济处，便是有理”（《止斋文集》卷三十六）。基于这一认识，陈亮提出“义利合一”实现的途径就是人人争取功利，功利实现即是义。在南宋山河破碎、社稷不保的现实情况下，其具体所指就是复国安民。他说，“厉志复仇，有大功于社稷；笃意恤民，有大德于天下”（《陈亮集·上孝宗皇帝第二书》），“贤者在位，能者在职，而无一民之不安，无一物之不养，则大有功之验也”（《陈亮集》卷九）。从中可以看出，陈亮所注重的功利不是一己之私利，而是天下之大利，他认为圣人应当“成天下之大顺，致天下之大利”（《陈亮集·问古今法书之详略》）。因此，以道德治天下，应该从多数人的共同欲望出发。在当时的历史条件下，恢复家园、保卫传统文化是“人心之所同”，把这种重“民族大节”的精神发扬起来，的确能“鼓动天下”，激励人心，是具有相当的现实意义的。陈亮所开创的经世致用精神，经永嘉学者叶适的发展，最终达到了理论化、系统化的程度，成为明清之际启蒙思想家的先行思想。

叶适是南宋时期“永嘉学派”的代表人物，集永嘉事功学派之大成。在与程朱理学的论争中，他与陈亮站在同一立场，批评“高谈者远述性命，而以功业为可略”（《水心别集》卷十五），主张“务实而不务虚”（《水心文集·补遗》）。叶适从自然主义人性论出发，肯定了欲与人性的联系。他说，“人生而静，天之性也，感于物而动，性之欲也”（《习学记言序目》卷八），人一生下来，就需要能量，就有物欲，因而欲望是人的本性。欲望既然内在于人性之中，就必然外化为对物的追求，“朝营暮逐，各竞其力，各私其求，虽危而终不惧”（《留耕堂记》）。因此，对于人的求利本性和行为不宜也不可能加以束缚和抑制，应该因势利导，积极予以支持。“人心，众人之同心也，所以就利远害，能成养生送死之事也。是心也，可以成而不可以安”（《习学记言序目·尚书》），“夫天下所以听命于上而上所以能制其命者，以利之所在……故其途可通而不可塞，塞则沮天下之望；可广而不可狭，狭则来天下之争”（《水心别集》卷三）。针对程朱理学所宣扬的董仲舒的正统儒学，叶适提出了针锋相对的批评。他说：“‘仁人正谊不谋利，明道不计功’，此语初看极好，细看全疏阔。古人以利与人而不自居其功，故道义光明。后世儒者行仲舒之论，既无功利，则道义者乃无用之虚语尔。”（《习学记言序目》卷二十三）董仲舒的义利观受到“全疏阔”的评价，后世儒者提倡无功利的道义被指斥为“无用之虚语”，叶适的矛头不仅指向董仲舒，实际上也指向了当时鄙弃事功、讳言功利的理学学者。在叶适看来，功利和道德是统一的，离开了功利，所谓的道义就成为空谈。他说，“古人以利和义，不以义抑利”（《习学记言序目》卷二十七），“崇义以养利，隆礼以致力”（《水心别集》卷三）。也就是说“利”是“义”的基础，“义”是养“利”的手段，利义应该统一起来，“成其利，致其义”（《习学记言序目》卷二十二），这是对传统儒家义利观进行的深刻修正。值得注意的是，叶适所讲的“利”是指国家社会的整体利益、长远利益，他认为评判一切思想和行为，应该看其是否有益于国计民生。“昔之圣人，未尝吝天下之利”，“其规营谋虑，无一身之智，而有天下之义，无一时之利，而为万世之计”（《水心别集》卷三）。基于此，叶适批判了理学家把理财等同于聚敛的观点，提出了为民理财的思想。“夫聚天下之人，则不可以无衣食之具。衣食之具，或此有而彼亡，或彼多而此寡，或不求则伏而不见，或无节则散而莫收，或消削而浸微，或少竭而不继，或其源虽在而浚导之无法，则其流壅遏而不行。是故以天下之财与天下共理之者，大禹、周公是也。”（《水心别集》卷二）将理财提到治国安邦平天下的高度，凸显了义与利的辩证统一。叶适是永嘉之学从对事功知识的学习过渡到建立事功理论的关键人物，他的现实品质和反传统精神代表了事功之学的显著特征即“经世之用”。叶适的义利思想都源于当时国家经济、社会状况、人民思想等现实问题的解决途径和方式，表现在理论为现实服务。在这一点上，他突破了以往传统思想与实践相脱节的严重弊端，为中国古代功利主义思想的发展作出了重要贡献。

在中国经济思想史上，义利之辨自先秦就已出现，但以功利主义为特征并形成学派，是直到南宋永康、永嘉学派才开始的。纵观事功学派的崛起及其与理学家的论战，可以看到阶级矛盾和民族矛盾的激化，是促使二者分化并立的历史前提。为缓和现实矛盾，事功学派主张变法救世、抗金复土，理学家则主张法古救世，正人心、张天理以安内攘外，由此导致了革新与守旧、主战与主和的理论分歧。从义利思想演进的逻辑来看，事功之学和理学都师承儒学的经世致用传统，但理学家认为只有修养自身、涵养德性才能经世致用。他们以德性为本，以功利为末，只肯定从义出发的利，反对从利出发的利，从而使其理论带有形而上学的片面性，悬空而不切实际，最终走向经世致用的反面；事功学派以实现社会功利为经世致用，他们肯定义，但不赞成空论义理，主张道德应以“实事实功”为依据，即道德必须取得实际功效，实现一定的社会物质利益。程朱理学是儒学思想中唯心主义一脉的发展；事功之学则是儒家思想中唯物主义一脉的发展。事功之学所开创的实用精神，丰富了传统的儒家思想，对于近代学术风气的转变也产生了巨大影响。从黄宗羲、顾炎武到龚自珍、魏源、梁启超、孙中山等，都是在修实政、行实德的观念影响下，关注社会现实，力图救时除乱，因而都可以看作是事功之学的继承和发扬。

二、事功思想的深化与转向

明清之际是一个社会急剧动荡变化的时代，封建社会开始步入晚期。与之相适应，义利思想也演进到了自我反思、自我批判的阶段，当时社会伦理思潮所呈现的功利主义倾向就是这种自我批判的典型表现。一批进步的思想家如李贽、黄宗羲、顾炎武、王夫之、颜元等，对统治阶级利用程朱理学实行思想文化专制的现实进行了尖锐的驳斥和批判。处于一尊地位的理学正统发生了深刻动摇，人伦日用、世俗人欲受到充分的肯定和褒扬，社会思想洋溢着一种从天理回归人欲的强烈呼声。这一思想走向不仅表现出一种反传统的叛逆精神，而且也标志着富有历史意义的价值取向的重大转折。

李贽是新兴资本主义萌芽的思想代表，他的义利观上承宋代事功之学，下启明清启蒙思想，他对封建纲常及程朱理学所进行的猛烈批判，冲破了近两千年儒家伦理道德的束缚，开启了传统经济伦理向近代的转型。李贽反对理学的思想基础和逻辑起点是“童心说”，他认为童心是没有受过义理熏染的赤子之心，童心的物质内涵就是对“天理”的剔除和自我个性的凸现。“夫童心者，真心也。若以童心为不可，是以真心为不可也。夫童心者，绝假纯真，最初一念之本心也。若失却童心，便失却真心，失却真心，便失却真人，人而非真，全不复有初矣。”（《焚书·童心说》）这里“童心”就是指人的自然本性，其特点是“绝假纯真”，丝毫不知伪饰。在李贽看来，“童心”的具体内涵就是“私心”，人的天成之心，即一念之初的私心。他说：“夫私者，人之心也。人必有私而后其私乃见，若无私则无心矣。如服田者，私有秋之获而后治田地必力；居家者，私积仓之获而后治家必力；为学者，私进取之获而后举之也必力；……此自然之理，必至之符，非可以架空臆说也。”（《藏书·德业儒臣后论》）私是一切人所共有的本质，凡有心的人，必然是有私的，没有私，也就无所谓心了。“趋利避害，人人同心，是谓天成，是谓众巧”（《焚书·答邓明府》），趋利避害是自我利益的表现，也是人生命活动的本能，是不待教而行的“天成”和“众巧”。显然，李贽的自然人性论是由童心引发，再到私心，最后发展为趋利避害，通过对童心的规定，赋予了个体性原则新的内容。由此出发，李贽指出专制主义的义理说教都不是发自“童心”，而是用以蒙蔽童心的。义理灌输得越多，童心丧失得越多，最终导致“全不复有初”的人性沦丧。为此，他提倡复“真心”、做“真人”，扬弃伦理异化，以实现人性的复归。“就其力之所能为，与心之所欲为，势之所必为者以听之，则千万其人者，各得其千万人之心，千万其心者，各遂千万人之欲。是谓物各付物，天地之所以因材而笃也。所谓万物并育而不相害也”，“若肯听其并育，则大成大，小成小，天下之更有一物不得其所哉”（《明灯道古录》）。可见，因人心之自然，遂千万人之欲，使天下万物并育，个体得到自由发展，就会自然而然地形成一种良善的社会秩序。这种观点反映了新兴市民阶层对个人物质利益的向往和要求，是具有资本主义启蒙意义的个性自由、人性解放的时代强音。既然“无私则无心”、“童心即私心”，那么践履道德就不在于禁欲，而在于满足人的物质欲求。李贽针对程朱理学“存天理、灭人欲”的观点，明确提出享受物质利益是道德实践的根本目标，并将人的物质欲望等同于天理。他说：“穿衣吃饭即是人伦物理，除却穿衣吃饭，无伦物矣。世间种种，皆衣与饭类耳。故举衣与饭，而世间种种自然在其中。非衣饭之外，更有所谓种种绝与百姓不相同者也。”（《焚书·答邓石阳》）吃饭穿衣是人生最基本的自然要求，它包含了所有的人伦物理，除了“穿衣吃饭”以外，再没有所谓天理。李贽以百姓日用为人伦物理，将与“人欲”相对立的抽象的“天理”一剿而尽，其实质是以“人道”对抗“天理”，从本体论的高度否认“天理”的存在。“从天而降者谓之礼，从人得者谓之非礼，由不学不虑、不思不勉、不识不知而至者谓之礼，由耳闻目见、心思测度、前言往行、仿佛比拟而至者谓之非礼。”（《焚书·四勿说》）这是说宋儒所谓的“天理”是从天而降，与百姓的生活毫无关系，而他们斥为“非礼”、“人欲”的东西，却是人们不可须臾废离的。由此，李贽进一步阐明了道德的根源不是来自天上，也不是来自空想，而只能来自人们最真切的物质生活需要。质言之，每个人的穿衣吃饭，即每一个普通人的物质利益，都是道德的基础，人们的善恶观念和道德评价，应该以是否符合这种利益为转移。这样就把外在于人的“天理”重新拉回到人间，赋予现实生活以至上性。在这一思想认识的基础上，李贽对从董仲舒到宋儒的德性伦理进行了批判，提出了“谋利方可正义”的义利思想。李贽首先将批判的矛头指向董仲舒，认为他所宣扬的“正其谊而不谋其利，明其道而不计其功”的说法是“自相矛盾”的。李贽指出：“汉之儒者咸以董仲舒为称首，今观仲舒不计功谋利云云，似矣。而一明灾异下狱论死，何也？夫欲明灾异，是欲计利而避害也。今既不肯计功谋利矣，而欲明灾异者何也？既欲明灾异以求免于害，而又谓仁人不计利，谓越无一仁又何也？所言自相矛盾矣。且夫天下曷尝有不计功谋利之人哉！若不是真实知其有利益于我，可以成吾之大功，则乌用正义明道为耶？”（《焚书·贾谊》）这是说，董仲舒并非不讲功利，他所推崇的“灾异谴告”论本身就是趋利避害的显著证明。所以，世间一切人和事，都是为了成就一定之功、获得一定之利，而所谓的“正义”、“明道”不过是实现“功利”的旗号，离开了功利，正义就变得毫无意义。“董仲舒有正义明道之训焉，张敬夫有圣学无所为而为之论焉。夫欲正义，是利之也。若不谋利，不正可矣。吾道苟明，则吾之功毕矣。若不计功，道又何时而可明也？”（《藏书·德业儒臣后论》）在这里，李贽把儒家“以义生利”的命题颠倒过来，认为义不是凭空存在，而是由利所产生的，仁义为其表，功利及其质。他进一步举例说明，“种种日用，皆为自己身家计虑，无一厘为人谋者。及乎开口谈学，便说尔为自己，我为他人；尔为自私，我欲利他”（《焚书·答耿司寇》），在利益面前，人首先自利，然后才能利他，进而得出结论，“财之与势，固英雄之所必资，而大圣人之所必用也，何可言无也？吾故曰，虽大圣人不能无势利之心。则知势利之心，亦吾人秉赋之‘自然’矣”（《明灯道古录》卷上）。可见，普天之下没有不追逐功名利禄之人，即使是圣人也不例外。从“谋利方可正义”的立场出发，李贽否认了仁义忠孝之类的纲常名教，他认为伦理道德的存在价值及其存在本身，都是为了一己之私利。“夫君犹龙也，下有逆鳞，犯者必死。然而以死谏者相踵，何也？死而博死谏之名，则志士亦愿为之，况未必死而遂有巨福耶！避害之心不足以胜其名利之心，以故犯害而不顾，况无其害而且有大利乎”（《焚书》卷一），“子之贤不肖虽各不同，然为父者未尝不亲之也，未尝有恶之之心也。何也？父既有子，则田宅财帛欲将有托，功名事业欲将有寄，种种自大父来者，今皆于子乎授之，安能不以子为念也”（《焚书·增补一》）。在李贽的认识中，礼义、忠孝、廉耻都是违背真心的谎言，而追求自然本性中的“私利”、摆脱一切伦理约束的率性而为，才是唯一值得称道的“善”。李贽肯定个人追求欲望满足的合理性，这无疑蕴含着市民主体意识觉醒的客观意义，从中所映射出的功利主义的价值观念，不仅突破了儒家经济伦理的理论框架，实现了中国传统义利观由“重义”向“重利”的转化，同时也为近代资产阶级价值哲学的确立提供了宝贵的思想资料。李贽之后，出现了以黄宗羲、顾炎武、王夫之、颜元等为代表的启蒙思想家，开创了一代实学新风。

黄宗羲是明清之际杰出的启蒙主义思想家，他从“人性自私”论出发，提出了新民本主义的经济伦理观，成为近代民主运动的思想先导。黄宗羲认为从有生之初，人就自私自利。他说：“有生之初，人各自私也，人各自利也。天下有公利而莫或兴之，有公害而莫或除之。”（《明夷待访录·原君》）就是说，每个人各自有各自的欲求和利益，这种欲求是与生俱来的、人人平等的。因此，人的欲求和利益应该获得承认与保护。在此基础上，黄宗羲大力为私欲辩护，他指出：“人心本无所谓天理，天性正从人欲中见，人欲恰好处，即天理也。向无人欲，则矣无天理之可言矣。”（《南雷集·与陈乾初论学书》）人天生具有同样的生理要求和物质欲望，这是人的本性，离开生理要求和物质欲望，就无所谓天理、道德。这种“理寓于欲”、“义理从人欲出”的观点，同李贽“穿衣吃饭即是人伦物理”的思想如出一辙。既然人欲与天理是一致的，那么君主理应尊重个体的欲求和利益。“天下虽大，万民虽众，只有‘欲’‘恶’而已。故为君者，所操甚约，所谓‘易简’而天下之理得矣。”（《孟子师说》卷四）可见，“人君”的职责就是满足天下万民的“自利”欲求，视万民之利为“利”。但是，人性都是自私的，君主也不例外，黄宗羲认为在封建君主专制制度下，“人君”必然会利用手中特权而谋取私利。他说：“后之为人君者不然，以为天下利害之权皆出于我，我以天下之利尽归于己，以天下之害尽归于人，亦无不可；使天下之人不敢自私，不敢自利，以我之大私为天下之大公。……视天下为莫大之产业，传之子孙，受享无穷，汉高帝所谓‘某业所就孰与仲多’者，其逐利之情不觉溢之于辞矣。”（《明夷待访录·原君》）君主以自己的“大私”取代天下人之私，以牺牲百姓之利来满足一己私利，这就是现实“人君”的品性。封建君主专制之所以是落后乃至罪恶的，正是因为它压抑、泯灭社会个体的独立性和自身利益，“敲天下之骨髓，离散天下之子女，以奉我一人之淫乐”（《明夷待访录·原君》）。黄宗羲的这些论断，把君主与万民联系起来考察，已经认识到君主个人大权独揽对社会所造成的危害，认识到封建专制体制所造成的社会弊端。为此，他将君主视为天下之大害，宣扬无君而利天下，“然则为天下之大害者，君而已矣。向使无君，人各得自私也，人各得自利也。呜呼，岂设君之道固如是乎”，“为天下，非为君也；为万民，非为一姓也”（《明夷待访录·原君》）。黄宗羲公开对天子的权威提出挑战，深刻揭露封建专制与提倡民众的私与利，这一主张已超越传统儒家“民贵君轻”的思想，深含民主气息，成为明清之际人文启蒙思潮的重要构成部分。从黄宗羲的以上论述可以看出，在人性自私的前提下，个人利益的满足与实现需要一定的政治环境或制度安排，对于人们的“自私”、“自利”追求，给予合理的引导及有效的保护。然而，封建君主专制制度显然是与“人各自私”的人性实现相背离的，从这个意义上说，黄宗羲的“非君”论代表了新兴市民阶层要求以人为本、反对君主专断的时代呼声，是从民本向民权过渡的重要思想环节。在当时的历史条件下，这种新民本主义的经济伦理观不仅是对理学去欲主义的反叛，也充分展现了社会生产关系中新的经济因素兴起时的意识形态要求，为萌芽中的资产阶级发展资本主义提供了有利的理论武器。

顾炎武是清初经世致用之学的倡导者，是开一代学术新风的大师，他的公私观念突出地反映了当时社会道德观念的新变化。顾炎武考虑政治、经济问题的出发点，与李贽、黄宗羲一样，也是人皆自私论。但他并不认为人自“有生之初”就是自私自利的，亦即自私是人的天性，而是把自私视为一定历史条件的产物。在《日知录》中，顾炎武对公、私的先后关系问题发表了自己的见解，他说：“‘雨我公田，遂及我私’，先公而后私也；‘言私其豵，献豣于公’，先私而后公也。自天下为家，各亲其亲，各子其子，而人之有私固情之所不能免矣。故先王弗为之禁，非惟弗禁，且从而恤之，……世之君子，必曰有公而无私，此后代之美言，非先王之至训矣。”（《日知录》卷三）这是说，“先公而后私”是大同世界生产资料公有的历史条件的产物，而人人有私、先私而后公则是大同世界已经消失、生产资料私有、“天下为家”的历史条件的产物，从而肯定了私有制的客观存在决定人们的私有观念。换言之，社会现实是人性特征存在的根本依据，这是顾炎武自私自利思想的独特之处。从一定意义上说，这一思想突破了本体论的思维模式，建立起了朴素唯物主义的经济伦理观，这也决定了他在公私、义利等问题上同程朱理学是背道而驰的。既然人的自私是历史条件的产物，在历史条件未发生变化的情况下，人追求私利的“自为”之“势”必然不可阻挡，因此，治国、治世就要处理好公与私的关系。在顾炎武看来，个人利益与他人利益、社会利益之间，并非是一种互相冲突而不能两全其美的绝对对立关系。利己未必就要害人，反之，益人也未必就要损己。他说，“有天下而欲厚民之生，正民之德，岂必自损以益人哉”（《日知录》卷一），“合天下之私以成天下之公，此所以为王政也”（《日知录》卷三）。这种观点与顾炎武批驳宋儒“必曰有公而无私”是完全一致的，他进一步阐述道：“天下之人各怀其家，各私其子，其常情也。为天子，为百姓之心必不如其自为！此在三代以上已然矣。圣人者因而用之，用天下之私以成一人之公，而天下治。”（《亭林文集》卷一）意思是说，“圣人”治天下，是利用了人们追求个人利益的“私心”来实现自己追求社会利益的“公心”，亦即常人的“私心”乃是“圣人”的“公心”得以实现的前提。所以，治国、治世的最好办法就是听任百姓“自为”，当天下之人都竭尽其能地谋取私利时，天下之公利也就得到维护和实现了，此所谓“为其私，所以为天子也。故天下之私，天子之公也”（《亭林文集》卷一）。这里所说的“私”与“公”，是利益关系意义上的“私”与“公”，也就是“利”（个人利益）与“义”（社会利益）。显而易见，顾炎武的公私观、义利观，可以概括为“公寓于私”、“义寓于利”。这种伦理价值观确认了“私利”优先的原则，否定了宋明理学所设定的“义”的本体地位，其实质在于反对封建集权主义，倡导个性解放。它的启蒙意义是十分明显的。

明末清初的启蒙思想家王夫之，是传统义利思想的总结者与开新者。他在继承历史上诸家义利学说的基础上予以批判性的超越，提出了“贵义重利”、“义利相互依存”的价值观，其中蕴含着与近代义利学说相契合的进步因素。王夫之在总结改造传统伦理思想的过程中，力求去其偏、扬其正。他首先从哲学原理出发，对理欲关系进行梳理与论证，提出了“理欲合一”的观点。他认为人的物质生活要求与“天理”并不是截然对立的，相反，“有欲斯有理”，“天理寓于人欲之中”（《读四书大全说》卷四），“故终不离人而别有天，终不离欲而别有理也”（《读四书大全说》卷八）。正是在人的物质欲望中，存在着天理与道义，人的生存和发展的基本需求，就是完善的天理。对于理学“存天理，灭人欲”的主张，王夫之坚决反对，他指出天理无形，不易被人把握，它只能寄寓于人欲之中，人们只有通过人欲这种有形的东西才能认识和把握天理。“天以其阴阳五行之气生人，理即寓焉而凝之为性。故有声色臭味以厚其生，有仁义礼智以正其德，莫非理之所宜。声色臭味顺其道，则与仁义礼智不相悖害，合两而互为体也。”（《张子正蒙注》卷三）可见，离开和禁绝人的物质生活，天理就不能存在。以此为基础，王夫之论述了性、情、欲、理之间的统一关系，他说，“唯性生情，情以显性”（《读四书大全说》卷二），“情者，性之端也，循情而可以定性也。”（《诗广传·齐风》）这是说，物欲为人情所生，情又出自人的天性，而性即是理，“情上受性，下受欲”（《诗广传》卷二），因此“理欲皆自然”（《张子正蒙注》卷三）。既然人欲是人生存和发展的前提条件，那么它不但不能废弃，而且不能任意惩戒。《易传》讲“惩忿窒欲”，对此，王夫之说，“忿非暴发，不可得而惩也”，“欲非已滥，不可得而窒也”（《周易外传》卷三）。意思是说，惩、窒要视情况而定，不能不作区分一概加以反对，比如“大勇浩然亢王侯而非忿”，“好乐无荒，思辗转而非欲”，如果“而尽用其惩，益摧其壮，竟加以窒，终绝其感”（《周易外传》卷三）。对于那种凛然批评王侯过错的“忿”和靠自己辛勤劳动而改善生活条件的“欲”，就不能加以惩处和禁止，否则会扼杀人的积极性，抑制人的发展。王夫之强调理欲统一，不仅把人的物质生活欲求看作伦理道德的基础，同时也指出礼义等道德原则是以人的物质欲求为内容的。他在《俟解》中说，“养其生理自然之文，而修饰之以成乎用者，礼也”，这是对道德起源和本质的有价值的探讨，它揭示了伦理道德和物质生活之间的内在关系，具有启蒙主义的进步性质。

“义利之辨”是“理欲之辨”的深化和扩展。王夫之在阐释他的义利观时，对义利之间的相互联系进行了全面剖析，指出二者是既对立又统一的辩证关系。王夫之从理欲合一的角度，批判了董仲舒和程朱理学的观点，他认为程朱理学用“正其义不谋其利，明其道不计其功”来注释《孟子》，“失之远矣”（《读四书大全说》卷八）。这是因为道德不能离开人的物质生活，后者作为道德的前提和基础，具有道德上的合理性，即利中有义。王夫之说：“食色者，礼之所丽也；利者，民之依也。”（《尚书引义》卷一）物质利益是满足人类生存的必要条件，舍此而谈道德只能是无源之水、无本之木。“其（指五行）为人治之大者何？以厚生也，以利用也，以正德也。夫人一日而生于天地之间，则未有能离五者以为养者也，具五者而后其生也可厚；亦未有舍五者而能有为者也，具五者而后其用也可利。此较然为人之所必用，而抑为人之所独用矣。”（《尚书引义》卷四）物质利益是人的生命存在不可或缺的条件，否定利的合理性，就是否定人的生命的积极意义，道德便失去了本源。所以，“去乎利，非以就乎害；而去乎利，则害心与之相迎”（《尚书引义》卷六），人们离开利的结果只是与害相迎，“既与害相迎，而德无可居”（《尚书引义》卷六），这样“去利”非但对人的道德无所帮助，反而有害。王夫之将道义拉回到现实的物质世界，使道义建筑在世俗利益的基础上，从而解决了程朱理学把道义与功利对立起来的矛盾或道德神圣化问题，显露出通向近代义利观的伦理价值因素。与此同时，王夫之又从动机与效果的关系出发，提出了“义之必利”和“离义而不得有利”的命题，认为只有讲求“义”才能带来真正的“利”，背离了“义”就不会有真正的“利”。他说：“出乎义而入乎害，而两者之外无有利也。《易》曰：利物和义。义足以用，则利足以和。和也者合也，言离义而不得有利也。”（《尚书引义》卷二）就是说，求利的动机不一定能达到实现功利的效果，只有不以功利而以道义作为行为准则和价值目标，才能收获真正意义的功利。“义者，正以利所行者也，事得其宜，则推之天下而可行，何不利之有哉”（《四书训义》卷八），亦即“仁义未尝不利”。因此，义是利益关系的调节、宰制与规约，其宗旨在于建立良善的利益关系，以确保各种正当利益的最大实现。这种主张含有在利益的协调与结合的层面来强调道义的功利性的因素。从以上分析可以看出，王夫之从利中有义、义中有利的角度论述了义利的一致性，但是，在历史的某些阶段和社会生活的某些时期，总是存在道义与功利的二律背反，出现“利而不义”和“义而不利”的现象。对此，王夫之指出道义除了有与功利相贯通的一面，也有矛盾或冲突的一面。他不同意管子的“利以生义论”和李贽的“穿衣吃饭即是人伦物理”的观点，认为这是“执末以求其本”（《诗广传》卷三）。他说：“衣食足而后廉耻兴，财物阜而后礼乐作，是执末以求其本也……待其足而后有廉耻，待其阜而有礼乐，则先乎此者无有矣。”（《诗广传》卷三）也就是说，如果人类必须“待其足而后有廉耻，待其阜而后有礼乐”，而“足”与“阜”又与欲望相关，欲望的满足是无止境的，“天地之大、山海之富”也难以满足其欲壑，那么礼义廉耻就永远无法产生。所以，礼乐廉耻这些道德精神的东西，应当先于“衣食足”和“财物阜”，在衣食未足、财物未阜之时，更需要有伦理道德规范。否则，一味地强调“衣食足而后教化可兴”，人们就会把物质利益的满足当作讲求道德的唯一条件，不择手段地追逐私利。“利在则仇亲，利去则亲仇”，势必导致“世愈降，道愈偷，生其间者愈蹩矣”（《张子正蒙注》卷一）。需要注意的是，王夫之强调“以理导欲”、“以义制利”是有前提的，“但在政教衰乱之世，则有义而不利者矣”（《四书训义》卷八），即是指，先义后利的前提是“政教衰乱之世”。政兴，就考虑如何满足人们的物质利益，先利后义；政衰，则先讲“义”，先义后利。王夫之甚至认为在政教衰落之时，真正的仁人志士可以舍生取义，“将贵其生，生非不可贵也；将舍其生，生非不可舍也……生以载义，生可贵；义以立生，生可舍”（《尚书引义》卷五）。应当说，王夫之的这个见解是对《管子》学说的重要修正，他看到了在衣食未足、财物未阜之时，以义制利的必要性。总的说来，王夫之的义利思想既批判了程朱理学的“存理灭欲”主张，亦不赞同管仲、李贽等人“以利为义”的观点。他将义与利辩证地统一起来，较好地论证了义与利的不可分割性，既不主张割裂义利关系，又不主张混同义利关系；既主张重义利之别，又主张重义利之合，从而建立起一种完全不同的新义利观，这是王夫之对中国伦理思想发展的一个重要贡献。

清初思想家颜元，在启蒙主义思想影响下，尖锐地批判了两宋理学的道义论，他继承并发挥了陈亮、叶适等人的功利主义思想，把“义”和“利”、“道”和“功”统一起来，强调事功的目的性和重要性，从而确立了“义利合一”、“义中有利”的义利观。针对程朱理学的“理欲”论，颜元从人性无善恶出发，肯定了个人利益的合理性。他说：“大旨明理气俱是天道，性形俱是天命，人之性命、气质虽各有差等而俱是此善；气质正性命之作用，而不可谓有恶，其所谓恶者，乃由‘隐蔽习染’四字为之祟也。期使人知为丝毫之恶，皆自玷其光莹之本体。极神圣之善，始自充其固有之形骸。”（《颜元集·颜习斋先生言行录》）这是说，世间万物都源自于“气”，由“气”分化成阴阳，由阴阳分化成四德。人性其实是一种气质之性，气质无所谓善恶，因此人性也无所谓善恶。在人性无善恶的基础上，颜元提出人应当有合理的利益追求，他用日常生活中最平常的例子来论证利益的合理性：“世有耕种，而不谋收获者乎？世有荷网持钩，而不计得鱼者乎？抑将恭而不望其不侮，宽而不计其得众乎？这‘不谋’、‘不计’两‘不’字，便是老无释空之根；惟吾夫子‘先难后获’、‘先事后得’、‘敬事后食’三‘后’字无弊。盖‘正谊’便谋利，‘明道’便计功。是欲速，是助长；全不谋利计功，是空寂、是腐儒。”（《颜元集·颜习斋先生言行录》）此处，颜元以耕种、钓鱼为例说明了“先事后得”的合理性，并且揭露了“不谋”、“不计”实质上源于佛老的空无思想。他进而指出：“宋儒正从此误，后人遂不谋生，不知后儒之道，全非孔门之道。孔门六艺，进可以获禄，退可以食力，如委吏之会计，简兮之伶官可见。故耕者犹有馁，学也必无饥。夫子申结不忧贫，以道信之也。若宋儒之学，不谋食，能无饥乎？”（《颜元集·颜习斋先生言行录》）可见，宋儒的不谋不计绝非周孔圣道，此种绝对不计功利的偏激之言甚至无法保证基本的生计问题，又何谈学问人生？立足于实用实功的事功思想，颜元纠正了程朱理学义利分离之偏，主张将实际效用作为衡量道义的标准。他说：“以义为利，圣贤平正道理也。……利者，义之和也。……义中之利，君子所贵也。后儒乃云‘正其谊，不谋其利’，过矣！宋人喜道之，以文其空疏无用之学。予尝矫其偏，改云：‘正其谊以谋其利，明其道而计其功’。”（《颜元集·四书正误》卷一）这里，颜元认为义利完全能够合而为一，并非如程朱所说的水火不容，“谋利”、“计功”对于“正谊”、“明道”有着推动和助长的功效。以义为利既是人类活动的基础，也是圣贤安邦定国的至理。因此，正义是谋利的准则，明道是计功的尺度，脱离功利谈正义没有意义，违背正义计功利没有价值。需要说明的是，颜元虽然主张个人利益的合理性，但他的义利观并没有局限在个人的领域内，而是通过对个体利益的认可和追求，来达到救世的目的，即“建经世济民之勋，成辅世长民之烈，扶世运，奠生民”（《颜元集·颜习斋先生言行录》），这一观点同当时明王朝衰败亡国的历史教训密不可分。从以上分析可以看到，颜元的“正其谊而谋其利”的义利观，将董仲舒所倡导的“义”和“道”落实到“利”和“功”上，充分体现了经世致用的事功精神，是中国古代义利思想从德性论向功利论转型的显著标志，在明末清初的变革时代，具有开启人们理性世界的价值。正如梁启超对他的评价：“举朱陆汉宋诸派所凭借者一切摧陷廓清之，对于二千年来思想界，为极猛烈极诚挚的大革命运动。”①

总而言之，两宋时期的义利之辨熔铸着理欲之争、公私之别，较先前有较高的哲理思辨性。由于程朱理学把义利之辨推到“存天理，灭人欲”的高度，并且成为封建文化专制的政策工具，从而为明末清初思想家的反思埋下了伏笔。明末清初义利问题的讨论主要是围绕对程朱理学的批判而

① 梁启超．中国近三百年学术史．北京：东方出版社，1996. 130.

展开的，“天理”与“人欲”的颠倒被伦理思潮的代表重新颠倒过来。他们从自然人性论的观点出发，主张物质欲望是人的本性，天理与人欲并不截然相对，而是相互依存、彼此契合的，离开人欲，就无所谓天理，天理寓于人欲中，人欲的合理性和正当性是不言而喻的。然而，启蒙思想家在探究理欲依存关系时并不满足于对人的本能的肯定，他们运用“欲遂其生”的观点，从肯定人的本能发展为倡导人性的自然，将人欲灾祸的罪感转化为“其完自然”的乐感，如李贽的“穿衣吃饭即是人伦物理”（《焚书·答邓石阳》），王夫之的“可欲，则谓之善也，人同此心也，心同此理也”（《读四书大全说》卷四）等思想。人欲在确定人的生存方式方面有重要作用，因而和天理一样获得了道德身份，不但未被视作洪水猛兽而遭唾弃，反而被理解为天理的包容者和寻求天理的前提。这样，就使明、清时期的功利观比两宋的事功之学有了新的推进。明清功利主义思想的另一个重要转变是宣扬私的合理性，公开为利己之私欲进行辩护。启蒙思想家从利欲之心出于自然的观念出发，提出“私”不仅是人的自然和先验的正常属性，而且还有其积极的现实意义和价值。“无私说”只是“画饼之谈”，“无益于事，只乱聪耳”（《藏书·德业儒臣后论》），如此，“私”自应受到肯定和维护。值得强调的是，明末清初的思想家对天下人之私与皇帝之大私作了明确区分。顾炎武揭穿了皇帝之“公”的虚伪，认为它不过是以“既成之公”的美名贩卖皇帝的一己之私。黄宗羲则直言不讳：“后之为君者……使天下之人不敢自私，不敢自利，以我之大私为天下之大公。”（《明夷待访录·原君》）正是由于君权的侵凌，才剥夺了天下人的私与利。因此，圣贤之君要承担起治国平天下的责任，必须各遂千万人之欲，推行“听民自为”的自由放任政策。这种新民本主义的经济伦理观不仅反映了新兴市民阶层要求摆脱封建礼教束缚、肯定个体价值的愿望，同时也透现了一种与商品经济相吻合的私有权意向。正如胡寄窗先生所言：“‘自私’与‘自利’固仅一字之差，而在体现财产权利这一问题上，‘私’的意义就更加深刻，更能表现市民社会的特质。”① 上述明清之际思想家的主张，显然殊异或有悖于传统的儒家信念，更是与程朱理学大相径庭，故而表现出强烈的异端色彩。他们对欲、对私的肯定，醒目地勾勒出一种新的思想走向，即从德性论转向功利论。这一新的思想走向的核心是肯定世俗的人生，而不再顶礼膜拜虚无缥缈的天理。换言之，这一思想走

---

① 胡寄窗．中国经济思想史（下卷）．上海：上海财经大学出版社，1998. 466.

向矫正了由于天理、人欲的对立所造成的人的价值形象的扭曲，拂去了已往理论所强加于人的概念上的任何非人性的宗教意味，确立了人的世俗本性。正是在此意义上，明清之际的批判思潮特别富有觉醒的启蒙意义，它作为一种自觉的道德意识，典型地反映出这一时期社会发展的伦理诉求，从而为中国早期资本主义生产方式的滋生和发展进行了初步的舆论准备。

第二节

市场经济伦理思想的崛起
——西方资本主义制度确立和自由发展时期

17 世纪至 18 世纪中叶，经过文艺复兴和宗教改革等启蒙运动所汇聚的社会变革成果，激发了西方资产阶级的政治革命和产业革命，社会生产力获得了显著发展，欧美各国相继走上资本主义道路。在资本主义经济发展的基础上，资产阶级意识形态开始在经济生活中占据统治地位。以霍布斯、孟德维尔、爱尔维修、斯密等为代表的一批思想家从人的自然需要出发，宣称人的本性是自私利己的，追求物质利益、满足感性欲望是人生的最大目的。18 世纪以后，资本主义生产方式日渐成熟，市场经济成为社会领域的主要内容。与之相应，以边沁、密尔为代表的功利主义者总结了自霍布斯以来的自由主义思想，提出了以“最大多数人的最大幸福”为功利原则来判断一切行为的善恶是非，建立起较为系统的功利主义价值学说。在经历一系列历史变革的洗礼后，功利主义思想成为 18 世纪中叶至 20 世纪初社会学术思潮的主流。

一、自由主义经济伦理思想的弘扬

自由主义是资本主义制度确立时期居主导地位的价值观念，它发端于文艺复兴和宗教改革运动，是作为中世纪宗教意识形态的对立面而出现的。自由主义具有两个基本特征：其一，宣扬人的幸福追求的正当性与合理性。这里所谓的幸福追求，不是超验的和彼岸的，而是现世的和感性的。其二，以个人为本位。个人之所以至高无上，因为它是现实生活中唯一具体、真实的存在，摆脱来自社会的种种不合理的束缚是自由的基本内涵。因此，自由主义伦理思想的弘扬，反映了资产阶级在上升时期反封建的进步要求，适应了资本主义经济发展的需要。以霍布斯、曼德维尔、爱尔维修、斯密等为代表的思想家，为自由主义经济伦理观确立了基本的分析框架和理论体系。

霍布斯是 17 世纪英国著名的唯物主义思想家，他反对基督教从神学中引申出道德的传统偏见，主张以人性为基础诠释伦理道德。霍布斯的人性论基础是个人主义的利己心，他从机械唯物主义观点出发，把人看作感官的实体，将人性还原成物性，提出趋利避害、自我保护是人的永恒不变的本性。他说："生活本身就是一种运动，不可能没有欲望、也不可能没有畏惧，正如同不可能没有感觉一样，……人生就是一场追求个人幸福的赛跑。"① 在这里，霍布斯把对欲望的满足，以及由欲望而起的行为看成人的自愿行为，并且由此推出："幸福就是欲望从一个目标到另一个目标不断发展，达到前一个不过是为后一个目标铺平道路。所以如此的原因在于，人类欲望的目的不是在一倾间享受一次完了，而是要永远确保达到未来欲望的道路。因此，所有人的自愿行为和倾向不但是要求得到满意生活，而且要保证这种生活。"② 可见，人生是一个无限追求个人欲望满足的历程，人的整个情感的和能力的性质就是相互贯穿的一整套利己之心。在此基础上，霍布斯把利己主义作为道德的内容和判断善恶的重要标准，正义就是对个人利益的满足和确认。他认为，"人类社会一切正义的法则均在自我保存中找到最终的根据"③，"没有自我，就没有财产，从而也就没有正义"④。道德标准从神下降到人的自然本性，善恶观念取决于人的主观感受，这就从根本上否定了宗教伦理所依赖的唯灵主义，从而为资本主义初期的经济、社会发展孕育了必要的伦理精神，体现了近代思想的重大转向。自利是人类的普遍倾向，在政治、国家产生之前的自然状态中，人们按照趋利避害的本性而生活，不择手段地占有一切，但最终结果常常事与愿违，不但不能实现利己的目的，反而导致人与人之间的战争。霍布斯指出，"任何两个人，如果想取得同一东西又不能同时享有时，彼此就会成为仇敌"，"由于人们这样互相疑惧，于是自保之道最合理的就是先发制人，也就是用武力或欺诈来控制一切他所能控制的人，直到他看到没有其他力量足以危害他为止"⑤。显然，为求自保，人与人之间像狼一样的争夺。"在没有一个共同权利能使大家慑服时，人们便处在所谓的战争状态

---

① ［英］霍布斯．利维坦．黎思复，黎廷弼译．北京：商务印书馆，1985. 45.

② ［英］霍布斯．利维坦．黎思复，黎廷弼译．北京：商务印书馆，1985. 72.

③ ［英］霍布斯．利维坦．黎思复，黎廷弼译．北京：商务印书馆，1985. 98.

④ ［美］伯纳德·施瓦茨．美国法律史．王军等译．北京：中国政法大学出版社，1990. 98.

⑤ ［英］霍布斯．利维坦．黎思复，黎廷弼译．北京：商务印书馆，1985. 93.

之下"，"这种战争是每一个人对每一个人的战争"①。霍布斯据此认为，一味追求自身的利益，不仅使人饱受苦难、丧失自身利益，而且人的安全和生命也没有保障。"最糟糕的是人们不断处于暴力死亡的恐惧和危险中，人的生活孤独、贫困、卑污、残忍而短寿。"② 究其实意，这种自然状态实际上指的是资本主义经济兴起，但其政权发展受到阻碍的原始积累阶段。为了摆脱不幸的自然状态，人们有必要互相达成协议、让出部分权利，形成契约关系以保证相互为安。在霍布斯看来，尽管趋利避害是人的本性，但人也具备另一天性即理性，理性之高明就在于判断和推理。人类从追求最大限度的暴力过渡到缔结契约，理性的冷静会超越欲望之火所带来的恶劣状况。他说："使人们产生倾向于和平的激情是对死亡的畏惧，对舒适生活所必须事物的欲望，以及通过自己勤劳取得这一切的希望。于是理智便提示出可以使人同意的方便易行的和平条件，这种和平条件在其他场合下也称为自然律。"③ 这是说，合理的自我保护本能促使人们对欲望和畏惧、希望和嫌恶进行理智斟酌，进而作出理性的选择。"因为人们所有出于意志的行为都是为了自己的利益，而最有助于达成其目的的行为则是最合理性的行为。"④ 这样，霍布斯从自我保存原则的合理性出发，推演出一个凌驾于个人之上的强大国家，来克制个人的自利天性，使之转换为社会状态中的人的自由，实现秩序和安全。"其方式就好像是人人都向每一个其他人说：我承认这个人或这个集体，并放弃我管理自己的权利，把它授予这人或这个集体，但条件是你也把自己的权利拿出来授予他并以同样的方式承认他的一切行为。这一点办到之后，像这样同意在一个人格之中的一群人就称为国家，在拉丁文中称为城邦。这就是伟大的利维坦的诞生。"⑤ 由此看来，国家的建立既不是上帝的旨意，更不是道德的实体，它只不过是每个人为保证各自的权利不被侵犯而组成的人造物，是人们实现各自利益的工具。因此国家作为理性产物、契约产物，也是功利主义的产物。"总之，每一种结合的形成都为了利益或荣誉，即为了对自己的爱，而不是对他人的爱。"⑥ 霍布斯的这一论述，确立了个人与整体、个人自由

---

① ［英］霍布斯．利维坦．黎思复，黎廷弼译．北京：商务印书馆，1985. 94.
② ［英］霍布斯．利维坦．黎思复，黎廷弼译．北京：商务印书馆，1985. 95.
③ ［英］霍布斯．利维坦．黎思复，黎廷弼译．北京：商务印书馆，1985. 104.
④ ［英］霍布斯．利维坦．黎思复，黎廷弼译．北京：商务印书馆，1985. 100.
⑤ ［英］霍布斯．利维坦．黎思复，黎廷弼译．北京：商务印书馆，1985. 121.
⑥ ［英］霍布斯．利维坦．黎思复，黎廷弼译．北京：商务印书馆，1985. 115.

与政府权力之间的关系等近代自由主义理论的核心问题。在他看来，个人的权利是第一位的，国家和社会次之。国家是原子式的个人让渡权利签订契约的结果，国家应具有权威，人民的赞同是国家权威的合法性基础。国家也应拥有权力，而一切国家权力都来自人民。霍布斯的社会契约论在解释国家起源问题上引领了一个长久不衰的潮流，成为自激进的宗教改革年代以至18世纪下半叶的主导思想。虽然它自身存在无法逾越的缺陷，但霍布斯对国家是人性的必然产物的强调，将国家从一个神造物，变成一个人造物，把君主从神的代理人变成一个普通人，否定了宗教神权对国家的支配和保护。实际上，霍布斯经济伦理观的推陈出新点就在于，他把利己视为一系列社会关系、社会规则、社会公德等的原动力，并在此基础上解释道德、国家和宗教。这不仅为反叛宗教神学提供了重要启蒙，也反映了资产阶级追求利益最大化的精神价值取向，为资本主义的最初发展开辟了道路。

曼德维尔是自由主义伦理思想的重要奠基者，他将霍布斯式的自利观在社会经济领域中进行了淋漓尽致的创造性发挥。曼德维尔认为人的一切行动、一切美德，都起源于利己之心，没有任何力量能够消灭人类的自利本性。他认为，“人生来就是一种自私、难以驾驭的动物”①，不论在自然状态下或在社会状态下，这种本性都是不变的。一切利他的或仁爱的德行，实际上只是想获得他人的赞美和避免受到谴责，因而不过是利己主义的伪装。“所有的人都感到自身存在着许多弱点并为此而羞愧，因此，他们相互间都力图掩盖自己，掩盖自己的丑陋原形；他们利用与人交往和关心公共福利的体面外衣来掩盖自己心中的真正动机，希望掩盖住自己的肮脏意图和丑恶愿望，而在他们的内心深处，……隐藏着他们内心非常珍视的对贪欲的追求，也隐藏着他们厚颜无耻地不肯走那条艰难而崎岖的德性之路”② 的心愿。每个人都力图得到他人的承认，正是这种社会性的需要产生了把人置身于其中的道德生活的规则。因此，人生来并不具有先天的道德品质，行为的道德形式是社会关系的结果。这样，曼德维尔就得出了他的道德学说，即道德既非出于上帝的命令，也不是人类本性所固有的，它是人的自私本性适应生存环境的产物。在曼德维尔看来，虽然道德的产生和维护有赖于人的利己心，但是现实社会正是在人性自私的基础上才得

---

①② 杨春学．个人利益，社会经济繁荣与制度之形成：客观确定的善．管理世界，2002（7）．

以维持和发展。他利用一个设想的蜜蜂社会来阐述其观点，他将人类社会比喻为一个巨大蜂巢，把人比喻成蜂巢中的蜜蜂。最初，蜜蜂们都不择手段地满足自己的私欲和虚荣，整个蜜蜂社会充满自私自利的败行和恶习。然而，整个社会却繁荣昌盛，“无数的人们都在努力满足彼此之间的虚荣与欲望，到处都充满邪恶，但整个社会却变成了天堂。在这种情况下，穷人们也过着好日子”①。恶行之所以得到善的结果，是因为在社会中每个人都通过自己的劳动和活动来满足私利的需要。后来，“蜜蜂们”要求改变自己的本性，去掉邪恶，做诚实的人，结果则出人意料。“随着傲慢与奢侈的减少，一切艺术与技巧都相继丧失”，“手工业者——不再有人订货；艺术家、木工、雕石工——全都没有工作而身无分文”②，整个社会一片萧条。曼德维尔借助这个寓言证明了国家的繁荣和人民的普遍幸福，只有顺应人的利己本性才能实现。换言之，如果没有人的利己之心和由此产生的各种行为，要想建成一个繁荣的社会，只能是一种乌托邦式的空想。所以，个人对自身利益和幸福的追求，“是使我们成为社会生物的伟大原则，是毫无例外的一切职业和事业的牢固基础、生命力和支柱；我们应当在这里寻找一切艺术和科学的真正源泉；一旦不再有恶，社会即使不完全毁灭，也一定要衰落”③。当然，曼德维尔所讲的产生公众利益的恶，并非一般意义的恶，而是从严肃主义的道德标准看来才是“恶”的那些行为，包括个人追求自己的快乐及利益的所有行为，如牟利、奢侈、爱慕虚荣等。曼德维尔并不赞同个人追求自身利益的“恶德”会无条件地转化为公众利益，他一再强调，要实现这两者之间的和谐，就需要政府适当地发挥作用。这种作用应该是双重的，既要激发个人追求自身利益的热情，又要防止这类行为转化为犯罪。只有形成一种既能促进又会合理引导利己冲动的法律和社会制度，才可能保证个人在经济生活中由追求自身利益的行为产生出促进公众利益的结果。“如果你想使一个人类社会变得强大，你就必须触发他们的激情，……借助于我所说的那些建议和良好的管理，政治家就可以使一个民族变得强大、声誉卓越和繁荣。”④ 可见，国家在利用法律制度调节人们的利益关系、维系社会秩序方面的作用是非常重要的。从以上分析可以看出，曼德维尔通过把自利行为视为社会文明和经济进步的源泉，第一次完整地揭示了有序的社会制度结构（包括法律和道德）自发生

---

①②③④ 杨春学．个人利益，社会经济繁荣与制度之形成：客观确定的善．管理世界，2002（7）．

长的经典模式。他拒绝用道德来解释人追求自身利益的经济行为及其与社会经济进步的关系，从而使经济的观点摆脱了传统的道德评判，这是向科学解释迈出的巨大进步。从这个意义上说，曼德维尔是近代自由主义发展的一个主要推动者。在他的影响下，爱尔维修、斯密等将商业社会所固有的自爱融合到道德世界中，提出了利己与利他、己利与公益相统一的道德原则，使自由主义伦理思想跃上了一个新的台阶。

爱尔维修是18世纪法国著名的启蒙思想家、唯物主义哲学家。他把认识论中的感觉主义引入伦理学范围，并以“肉体感受性”为中心发挥了利己主义的伦理思想，提出个人利益与公共利益相结合的功利主义原则，从而构建起新型的资产阶级道德哲学。爱尔维修认为，人是由物质的肉体组成的，肉体的普遍属性是感受性。基于肉体感觉所获得的感受性使人追求快乐、规避痛苦，因此，趋利避害是永恒不变的人类生活原则。他说：“自然从我们幼年起就铭刻在我们心里的唯一情感，是对我们自己的爱。这种以肉体的感受性为基础的爱，是人人共有的。不管人们的教育有多么不同，这种情感在他们身上永远一样：任何时代，任何国家，人们过去、现在和未来都是爱自己甚于爱别人的。”① 人的本性是自爱，自爱的实质归结为自利，即个人的利益。人追求个人利益，在任何历史阶段都是达到欲望的中介。“利益是我们的唯一动力。……河水是不向河源倒流的，人们也不会违抗他们的利益的激流”②，“如果自然界是服从运动的规律的，那么精神界就是不折不扣地服从利益的规律的。利益在世界上是一个强有力的巫师，它在一切生灵的眼前改变一切事物的形式”③。在爱尔维修看来，个人利益支配人的判断、影响人的认识并决定人的价值取向。这实质是把私有制基础上的利己主义，升华为整个社会生活的根本规律，肯定个人利益是判断美丑的根据和道德规范的准绳。他说，“如果爱美德没有利益可言，那就绝无美德”④，“人并不是爱荣誉、财富和爵位，而只是爱这种荣

---

① 北京大学哲学系外国哲学史教研室．十八世纪法国哲学．北京：商务印书馆，1979. 338.

② 北京大学哲学系外国哲学史教研室．十八世纪法国哲学．北京：商务印书馆，1979. 537.

③ 北京大学哲学系外国哲学史教研室．十八世纪法国哲学．北京：商务印书馆，1979. 460.

④ 北京大学哲学系外国哲学史教研室．十八世纪法国哲学．北京：商务印书馆，1979. 466.

誉、这些财富、这些爵位所代表的快乐”①。爱尔维修所推崇的“个人利益”是指现实的尘世生活的改善，而决非宗教僧侣所宣扬的来世幸福。他把研究经济伦理的视线从天国转向人间，这和神学伦理观相比，自然是一个很大的进步，为行将到来的法国大革命作了思想变革的先导。应该指出的是，爱尔维修虽然推崇个人利益，却不是单纯的利己主义者，他认为个人与社会不可分离，个人要满足自己的需要，就必须把个人利益同社会利益连接起来。如果“人人都能把自己的财产、生命和自由的所有权与某种小康状态结合起来，就会人人都有同等的幸福”②。理性和经验说明单独的、孤立的个人不可能获得幸福，只有同类幸福，个人才能幸福。爱尔维修把利益区分为个人利益、小集团利益和公共利益（或国家利益）。在他看来，人们追求个人利益，是不可避免的，具有普遍性和必然性，但这种追求要适度。如果不加限制地追求巨富，“处处燃烧起贪图巨富的欲火”③，就会走向生活奢侈而失掉幸福。小集团利益指的是封建贵族、高级僧侣等特权者的利益。贵族集团是封建社会中的统治阶级，他们的利益同一般人的利益相互对立。为了保持自己的利益，封建贵族和宗教僧侣利用种种特权贪得无厌地夺取物质利益，同时又鼓吹人们毁灭情欲，放弃现实利益。他们是公共利益的分裂者，不可能谋求各方利益的统一。“贵族集团是专制统治者。他们的目的是要使人民持续处于贫困状态，持续遭受可耻的、非人道的奴役。然而，为了博得他们的欢心，得到他们的保护和赢得他们的恩惠，怎么办呢？那就要赞同他们的谋划，推进他们的暴政，为了少数人的虚荣而永远牺牲大多数人的幸福。在这样的民族里，那就不可能使爱权力产生正直的人和良好的公民。”④ 爱尔维修对封建道德的欺骗性深恶痛绝，主张坚决铲除。对于公共利益，他非常重视并极力倡导。他认为，“要行为正直，就应当仅仅倾听和信任公共的利益”⑤，“这种利益是人类

---

① 北京大学哲学系外国哲学史教研室．十八世纪法国哲学．北京：商务印书馆，1979. 498.

②③ 北京大学哲学系外国哲学史教研室．十八世纪法国哲学．北京：商务印书馆，1979. 532.

④ 北京大学哲学系外国哲学史教研室．十八世纪法国哲学．北京：商务印书馆，1979. 237.

⑤ 北京大学哲学系外国哲学史教研室．十八世纪法国哲学．北京：商务印书馆，1979. 462.

一切美德的原则，也是一切法律的基础”①。为了公共利益而牺牲个人利益是高尚和正直的，“道德的人乃是使这种或那种行为合乎人道、符合公共利益的人”②。在社会生活中谋求个人利益和社会利益，即私利和公利的统一，是爱尔维修衷心怀抱的愿望，也是他终生追求的目标。为兼顾社会和个人利益，爱尔维修主张通过教育改革人们的意识。他指出教育可以使一个人的自爱之情升华，转化为爱荣誉，并由此受到公众的爱戴和尊敬，从而可以为国家的利益而献身。“人们在一种自由的统治下，是坦率的，忠诚的，勤奋的，人道的，在一种专制的统治之下则是卑鄙的，欺诈的，恶劣的，没有天才也没有勇气的，他们性格上的这种区别，乃是这两种统治下所受教育不同的结果。”③ 人的性格特征维系在教育的形式上，有什么样的教育，就有什么样的人的性格。爱尔维修所谓的教育含义广泛，涉及政策和立法，是个人的一切生活条件的总和。教育作为社会存在，可以改变、影响和决定人们的意识，使利己主义向利他主义转化，从而弥合二者之间的隙缝，使彼此紧密地结合起来。在18世纪法国历史的转折点上，爱尔维修的伦理思想是对资产阶级个人主义的理性论证。他“要证明无论在任何时候，任何地方，无论在道德问题上，还是在认识问题上，都是个人的利益支配着个人的判断”④；他要求彻底清除小集团利益的主张，表现了新兴资产阶级强烈的反封建专制的革命性；他倡导公共利益，是资产阶级夺取政权后以资产民主制度维护其统治的政治理想，在一定程度上反映了第三等级中其他阶级、阶层的利益。当然，由于时代和阶级的局限，爱尔维修没有也不可能正确地解决个人利益与公共利益的关系问题，他强调个人利益与社会利益的结合，最终还是为了个人利益。在爱尔维修的伦理体系中，人的一切活动，即使是为了公共利益的活动，其目的仍是为了个人。举凡公正无私、宽宏大度以及纯粹利他的同情心和自我牺牲等，名目

---

① 北京大学哲学系外国哲学史教研室．十八世纪法国哲学．北京：商务印书馆，1979. 463.

② 北京大学哲学系外国哲学史教研室．十八世纪法国哲学．北京：商务印书馆，1979. 532.

③ 北京大学哲学系外国哲学史教研室．十八世纪法国哲学．北京：商务印书馆，1979. 539.

④ 北京大学哲学系外国哲学史教研室．十八世纪法国哲学．北京：商务印书馆，1979. 458.

和形式虽然有所不同，归根到底，都是“正确理解的个人利益”①。因此，爱尔维修伦理思想的实质是以肉体感受性为核心、以个人利益为基础，公共利益是建筑在个人利益之上的。

英国古典经济学的奠基者亚当·斯密，开创了自由主义经济理论居西方世界主流地位的时代，他所提出的追求自身利益最大化的“经济人”假设，为资本主义市场经济奠定了全面的理论基础。斯密的市场伦理道德观以“原子论”的个人主义为前提，“利己心”是推动“经济人”参与市场活动的根本动力。在市场经济中，“经济人”完全清楚自己的利益所在，也了解市场的各种情况和信息，他们总是能够在既定条件下趋利避害。斯密指出，“我们每天所需的食物和饮料，不是出自屠夫、酿酒家或烙面师的恩惠，而是出于他们自利的打算”②，“我从来没有听说过，那些假装为公众幸福而经营贸易的人做了多少好事。事实上，这种装模作样的神态在商人中间并不普遍，用不着多费唇舌去劝阻他们”③。人的行为受到自我利益的驱使，因此人的本性是利己的，它构成了“经济人”的基础性的价值层面。在斯密看来，人的利己本性和动机是一种值得赞美的特性，这一特性不仅决定了“经济人”的行为和活动，也造成了市场经济的正常秩序。这是由于“经济人”追求个人利益最大化的自由行动会无意识地、卓有成效地增进社会公共利益，也就是说，主观追求自利的“经济人”，会达到客观有利于他人和社会的效果。斯密说，“人差不多总有机会去获得他的兄弟们的帮助，然而只是期望从他们的善意去获得这种帮助，那是徒劳的。但是他如果能激起他们的利己心，使之倾向于他，并向他们表明，正是为了他们本身的利益才去作他所求他们为他要作的事情，那他就很可能达到目的”④，“各个人都不断努力为他自己所能支配的资本找到最有利的用途。固然，他所考虑的不是社会的利益，而是他自身的利益，但他对自

---

① 北京大学哲学系外国哲学史教研室．十八世纪法国哲学．北京：商务印书馆，1979. 537.

② ［英］亚当·斯密．国民财富的性质和原因的研究（上卷）．郭大力，王亚南译．北京：商务印书馆，1983. 14.

③ ［英］亚当·斯密．国民财富的性质和原因的研究（下卷）．郭大力，王亚南译．北京：商务印书馆，1983. 27.

④ ［英］亚当·斯密．国民财富的性质和原因的研究（上卷）．郭大力，王亚南译．北京：商务印书馆，1983. 13.

身利益的研究自然会或者毋宁说必然会引导他选定最有利于社会的用途”①。在这里，“经济人”是利己的，又是有理性的。在市场交换中，每个为自己利益打算的“经济人”不能不顾及其他为自己打算的人的利益，从而就自然而然地产生了相互和共同的利益。因此，“利己”虽然是“经济人”从事经济活动的出发点和目的地，但只有通过互利的合作才能使每个人的自利追求得以实现。互利既是对自身的理性限制，又是实现自利的桥梁和纽带。以此为基础，斯密引出了“看不见的手”的理论。他说：“由于管理产业的方式目的在于使其生产物的价值达到最大程度，他所盘算的也只是他自己的利益。在这种场合，像在其他场合一样，他受着一只看不见的手的指导，去尽力达到一个并非他本意想要达到的目的。也并不因为事非出于本意，就对社会有害。他追求自己的利益，往往使他能够比在其真正出于本意的情况下更有效地促进社会的利益。”② 斯密借助“看不见的手”，将追求自我利益的“经济人”协调起来，共同构成一个利己和利他相统一的市场经济秩序。这种互利的结局是文艺复兴以来霍布斯、曼德维尔等古典经济学家所追求的理想境界，所以，利己与利他相统一的互利主义，是“经济人”更深层次的伦理内蕴。从以上分析可见，斯密的经济伦理观的根本特点，在于他处理“利己心”和“利他心”的方法。自我利益是个人行为所环绕的轴心。所谓社会利益不是先验地悬设于个人头顶的伦理标准，而是追逐自我利益的个人谋划所无意识地导致的自然结果。市场法则犹如一只“看不见的手”，受它的拨弄，个人追求自己的利益不仅不与社会利益相矛盾，而且是一致的。斯密所赞赏的“看不见的手”，其实就是指在商品经济社会，由于价值和竞争规律的作用所形成的市场机制对个人利益和社会利益的自发调节。这种自发的调节必然产生“自然秩序”，所以经济运行无需国家干预，应任其自由发展。换言之，“每个人改善自身境况的一致的、经常的、不断的努力是社会财富、国民财富及私人财富所赖以产生的重大因素”③。斯密的经济伦理思想揭示了在市场经济中，利己动机和行为可以造成实实在在的利他和利于公共福利的客观效

① ［英］亚当·斯密．国民财富的性质和原因的研究（下卷）．郭大力，王亚南译．北京：商务印书馆，1983. 25.

② ［英］亚当·斯密．国民财富的性质和原因的研究（上卷）．郭大力，王亚南译．北京：商务印书馆，1983. 27.

③ ［英］亚当·斯密．国民财富的性质和原因的研究（下卷）．郭大力，王亚南译．北京：商务印书馆，1983. 163.

果，找到了利己和利他、己利和公益融合统一的经济方式，从而克服了传统道德抑制人性发展的去利禁欲、贵公无己的道德特质，为资本主义市场经济奠定了人性和物质利益的双重基础。正如布隆克所言，斯密的“看不见的手隐喻自由市场能够自发地调节和平衡竞争的个体在追求自身利益时的要求。而在这个过程中，自我利益的行为可以自然地促进整个社会的经济利益”①。

从追求政治上的自由权力转向追求经济上的自由权利，是自由主义在17世纪末至18世纪初最主要的发展。从经济伦理思想的演变进程看，这一时期是资本主义市场经济伦理战胜封建自然经济观的阶段。作为资产阶级的学者，其根本任务是论证资本主义的进步性，论证市场经济的合理、合法性。以霍布斯、孟德维尔、爱尔维修、斯密等为代表的早期资产阶级学者，对市场经济中的伦理道德与经济秩序问题进行了深刻探讨。在他们的理论建构中，人的“自利”动机被提升为人的“自然本性”层面，成为人们经济活动合理性的基础，而在市场中人的理性决策以及理性决策指导下的行为是实现自利动机的必然条件。换言之，古典经济学家们在强调人的“自利”动机时，实际上是强调了这样的原则：人们既不必为他人而牺牲自己的利益，也不能为自己的利益而牺牲他人的利益，而整个社会可以在个人谋利行为的基础上自行组织起和谐的经济秩序。因此，人的利己本性的真实含义是每个人都有为自己谋利的权利，追求财富并不就是传统观点认为的那样本身就是恶，当人们把追求自己的利益与兼顾别人的利益结合起来时，自利心可以成为美德诞生的摇篮。斯密在《国富论》中所设计的“经济人”，就是主观上追求“自利”最大化和行为上采取与这种目标相适应的理性决策的市场行为人的“理想类型”。这个“理想类型”凸显了市场上人的经济行为的典型特征：自利和理性。参照这种理想类型，人类能够找到解决道德冲突的实际而有效的方式，并且使市场经济伦理理性最终形成并社会化。这是人类生存方式设计的一大创举，这一创举促进了市场主体的形成，提供了市场经济制度的合理性的依据，营造了有利于市场经济的人文环境，从而对市场经济模式的形成和发展产生了积极的影响。18世纪后期和整个19世纪，与斯密的经济伦理观念相一致，并且同样成为古典经济学的哲学基础的功利主义，也在一定程度上论述了市场经

---

① ［德］马克思，恩格斯．马克思恩格斯全集（第1卷）．中共中央马克思恩格斯列宁斯大林著作编译局．北京：人民出版社，1956. 611.

济的伦理道德观与人们经济行为的联系。以边沁、密尔为代表的古典功利主义者，明确提出了“功利主义”的概念，并对功利主义的规范原则，即“最大多数人的最大幸福”进行了详尽的阐述与广泛的应用。

二、功利主义思想体系的正式确立

功利主义是近代西方颇具影响的伦理学流派之一，它是资本主义大工业和商品经济的产物。18 世纪下半叶兴起的大工业化和产业革命以及与之相适应的商品经济结构，是功利主义产生的经济基础，其文化背景是以社会公正、民主和自由秩序为理想的个人主义道德精神。英国思想家杰罗米·边沁和约翰·密尔是功利主义的两个杰出代表。边沁是功利主义学说的创始人，他继承和总结了古希腊以来的快乐论，使功利主义伦理学形成一种系统的、有严格论证的理论体系。密尔作为功利主义的集大成者，批判地继承了边沁的思想，他依据 19 世纪中叶英国资本主义发展的新形势，对边沁的学说作了进一步的修正和发展，确立了功利主义在整个伦理学史上的地位。

边沁的功利主义思想是近代第一个成熟形态的功利主义学说。他通过对人性的考察和对经验事实的描述，指出趋乐避苦是人性的普遍规律，任何个人行为以及所有的社会现象无一例外地服从这一规律，这构成了功利主义理论大厦的基石。他说：“大自然将人类置于两个至高无上的统治者之下：即痛苦和快乐。只有它们才能向我们指出应当做什么，并决定了会做什么。紧系在它宝座之上一边是是非的标准，一边是因果的锁链。我们一切所做、所言、所思，均受它们支配，我们要摆脱这种屈从地位所做的一切努力，都恰恰表明与证实了它们的威权的存在而已。”① 在边沁看来，对快乐的追求与对痛苦的避免是人的行为的深层动机，也是人的行为的终极原因。马克思曾经指出，强调自然欲望对人的至高无上的统治，并不是边沁的发明，“他不过把爱尔维修和 18 世纪其他法国人的才气横溢的言论重复一下而已”②。边沁作为功利主义伦理学的创始人，并不在于首先确认了趋乐避苦的原则，而在于把这一原则作了无限制的推广。在这种快乐主

① ［英］杰罗米·边沁．道德与立法原理导论．时殷弘译．北京：商务印书馆，2002. 57.

② ［德］马克思．资本论（第 1 卷）．中共中央马克思恩格斯列宁斯大林著作编译局．北京：人民出版社，1976. 669.

义人生观的基础上，边沁提出了功利主义原则。他指出功利是“指任何客体的这么一个性质：它倾向于给利益有关者带来实惠、好处、快乐利益或幸福（所有这些在此含义相同）或者倾向于防止利益有关者遭受损害、痛苦、祸患或不幸（这些含义也相同）”①，“功利原则指的是：当我们对任何一种行为予以赞成或不赞成的时候，我们是看该行为是增多还是减少当事者的幸福”②。在这里，“功利”实际上是“快乐”、“幸福”和“利益”的代名词。当我们判断一种行为是否合理时，关键看它能否给行为相关者增加快乐或减少痛苦。从中可以看出功利主义逻辑的普适性。正如马克思所说：“我们第一次在边沁的学说里看到，一切现存的关系都完全从属于功利关系，而这种关系被无条件地推崇为其他一切关系的内容。”③ 为了衡量快乐和痛苦的程度，边沁以近代物理学为样板，提出了一套计算苦乐的方法。他认为正如自然科学必须进行定性分析和定量计算一样，对人类行为的认识也理应如此。不管人们的生活追求多么不同，都可以在趋乐避苦这一点上找到其质的同一性，而每一种苦乐追求都有一定的强度和绵延，这样就可以把同质的苦乐还原为确定的量值，然后推导出计算苦乐感受的通用公式。照边沁的看法，这一通用公式须考虑七大指标，即强度、持续性、确定性、远近性、繁殖性、纯洁性、广延性。依据这些指标，计算苦与乐的办法是：首先计算出一种行为最初产生的乐或苦的价值，然后“将全部快乐的总价值加在一方，痛苦的总价值加在另一方。顺差如在快乐一方，就那个人的利益而论，他的行为大体上会产生良好趋向；其顺差如在痛苦一方，大体上将会产生坏的趋向”④。由此可见，快乐和痛苦只有量的差异而没有质的区别。通过计算，如果快乐的价值量大于痛苦的量，“就将使该行为对于该个人的利益总的说来有好的趋势；如果痛苦的一边为重，该行为总的说来就有坏的趋势”⑤。这一结果将引导人们去追求那种强度大、持续时间长、确定性强、有最近感受、有继生性、纯度高且范围广

① ［英］杰罗米·边沁．道德与立法原理导论．时殷弘译．北京：商务印书馆，2002. 57.

② ［英］杰罗米·边沁．道德与立法原理导论．时殷弘译．北京：商务印书馆，2002. 58.

③ ［德］马克思，恩格斯．马克思恩格斯全集（第2卷）．中共中央马克思恩格斯列宁斯大林著作编译局．北京：人民出版社，1960. 483.

④ 周辅成．西方伦理学名著选辑（下卷）．北京：商务印书馆，1987. 211.

⑤ 周辅成．西方伦理学名著选辑（下卷）．北京：商务印书馆，1987. 208.

的最大化的快乐。边沁对苦乐的计算原理有一定可取之处，它至少为分析行为结果提供了客观可测的依据，在一定程度上也可运用于行为预测和行为选择。但是，毋庸置疑，单纯地从量上对苦乐进行数学处理，可能会导致庸俗的快乐观，因此遭到了许多道德哲学家的批评。值得注意的是，在边沁这里，个人的快乐通过个人苦乐量的计算来衡量，扩展到一群人的集体感受也是如此。如果大多数人都争得最大幸福，那么也就达到了“最大多数人的最大幸福”，这是由边沁首倡的功利主义的最高原则。他说，“假如这里的当事者是泛指整个社会，那么，幸福就是社会的幸福；假如是具体指某一个人，那么，幸福就是那个人的幸福”①，“凡有利益攸关的人们的最大幸福，……是人类行为的正确的适当的目标，并且是唯一正确的适当的并为人们普遍欲求的目标”②。在边沁看来，只要能有利于总体上增加社会幸福，个人即使受到一些痛苦，也应该是快乐的。不过，在边沁的体系中，个人功利始终处于突出的地位，人们之所以做出利他的举动，仅仅是出于利己的动机，“理性的人之所以善待他人乃是因为他认识到受惠者的回报对他有利。社会生活中的人类要彼此相助实现自己的需要，且开通的人觉悟到只有合作精神才能保全自我利益”③。显而易见，利他不过是利己的理性博弈的结果，个人利益才是真正现实的。边沁指出：“社会是一种虚构的团体，由被认作其成员的个人所组成。那么社会利益又是什么呢？它就是组成社会之所有单个成员的利益之总和。”④ 在这种思想的影响下，边沁极力反对个人应当为他人利益或社会幸福牺牲个人利益，他说：“如果承认为了增进他人的幸福而牺牲一个人的幸福是一件好事，那么，为此而牺牲第二个人、第三个人以至于无数人的幸福，那更是好事了……个人利益是唯一现实的利益。”⑤ 个人利益被看成是社会利益的基础，社会利益不过是个人利益的合成。从这种“利益合成说”可以看出，边沁的“最大幸福”原则虽然带有利他主义性质，但个人利益与社会利益相权，

---

① ［英］杰罗米·边沁．道德与立法原理导论．时殷弘译．北京：商务印书馆，2002. 58.

② ［英］杰罗米·边沁．政府片论．沈叔平等译．北京：商务印书馆，1987. 85.

③ 牟斌．功利主义：赞成与反对．北京：中国社会科学出版社，1992. 85.

④ ［英］杰罗米·边沁．道德与立法原理导论．时殷弘译．北京：商务印书馆，2002. 583.

⑤ ［德］马克思，恩格斯．马克思恩格斯选集（第2卷）．中共中央马克思恩格斯列宁斯大林著作编译局．北京：人民出版社，1957. 170.

其重心无疑落在前者。因此，边沁的功利主义思想的实质是一种资产阶级个人主义的道德观。当然，就边沁的思想体系而言，“可以说边沁是第一个以最大多数人的最大快乐为最高原则和最终目的的人生哲学家；也是第一个以最大多数人的最大幸福为基础，坚持‘幸福’的数量意义，‘大’的数学意义，而展开自己体系的伦理思想家；并且还是第一个试图把‘最大多数人的最大幸福’道德原则运用到政治、立法、行政、司法等各个实际领域之中去的改革家”①。边沁的伦理思想形成了一种广泛的社会运动与社会思潮流行于18世纪后期至19世纪中期的西方各国，“尽管他的思想显然有许多不足之处，在社会哲学上还没有哪个思想家像边沁那样影响那么大，起了那么有益的作用”②。

密尔在继承边沁理论的基础上，对功利主义进行了更全面和深入的反思，并将“功利原则”提升为“功利主义”的伦理体系。密尔用“功利主义”一词来概括他的学说，指出功利原则或获得最大幸福是任何生活行为的根本目的。他认为，幸福就是指快乐的获得和痛苦的免除，不幸福就是指痛苦的遭受和快乐的丧失，因此功利主义的“人生原理”或“人生观”就是“快乐和痛苦的免除乃是目的，因而是唯一可欲求者；并且一切可欲求的事物……其所以可欲求，乃因为其自身以内便具有快乐，或者因为是增进快乐防止痛苦的手段”③。以快乐为功利的核心思想是密尔对边沁立场的坚守，不过，密尔认为功利主义所指的快乐不仅有量的区别，还有质的不同，单纯从量上考察快乐的做法是荒谬的。他说：“承认某些种类的快乐比其他种类更惬意并更可贵这个事实是与功用主义十分相符合的。我们估计其他一切东西的价值的时候，都把品质与分量同加考虑，偏偏以为快乐只按分量估价，这就未免荒谬了。”④ 所谓快乐的质，概括来说包括两类：高级快乐和低级快乐，即肉体享乐和精神快乐。密尔主张人应当追求高质量的快乐，他说，“我们不得不承认，一般的功利主义著作家都说精神的快乐所以高于肉体的快乐，主要在于前者更永久、更安全、更不花钱等等——也就是不在它偶然的好处而在它的内在本质”⑤，“做一个不满

---

① 周辅成．西方伦理学名著选辑（上卷）．北京：商务印书馆，1957. 527

② ［美］乔治·霍兰·萨拜因．政治学说史（下册）．盛葵阳，崔妙因译．北京：商务印书馆，1986. 757.

③ ［英］约翰·密尔．功利主义．唐钺译．北京：商务印书馆，1962. 7.

④ ［英］约翰·密尔．功利主义．唐钺译．北京：商务印书馆，1962. 8.

⑤ ［英］约翰·密尔．功利主义．唐钺译．北京：商务印书馆，1962. 76.

足的人总比做一个满足的猪好些，做一个不满足的苏格拉底，总比做一个满足的傻子要好些”①。这说明密尔所强调的快乐是精神的快乐，而非肉体感官快乐等刺激的满足。这一观点与古希腊以来的快乐主义有明显不同，与边沁的快乐思想也划清了界限，具有一定的合理性。密尔基于快乐就是善的功利主义观点，从外延上对幸福进行了界定，提出德性幸福以及自我牺牲的论点。在密尔看来，幸福是一个具体的、包含成分众多、内涵广泛的整体概念，快乐之所以有价值是因为快乐是幸福的组成部分。追求幸福需要一定的手段和工具，当这些手段和工具与它们的目的幸福联系起来时，就成为幸福的一部分。据此，密尔进一步论证德性是人们追求幸福的手段，自然也就成了幸福的一部分。他说：“由于它有利于满足我们的原始欲望，要不就是与这种满足相关联，它自身就成为快乐的来源，而且不仅在永久性程度上，在它所能包括的人生范围上，甚至在强度上，都比原始的快乐为更可贵，否则生活就成了一个很缺少幸福来源的可怜的东西了。”② 对于德性，密尔认为除了有利于取得快乐、免除痛苦以外，人们本来没有要有德性的欲望与动机。但是，由于德性与苦乐这样相连，人们会觉得它自身就是一种善（利益），并且追求这种善与其他善一样热烈。“美德，按照功利主义理论，不是自然而然原有的一部分目的，但是可能成为如此，而且，其所以被欲求，被珍惜，不是由于幸福的手段，而是它们是幸福的一部分。”③ 在这里，德性从一种追求幸福的工具转变为幸福目的本身。密尔的德性幸福论表明，他在对边沁的快乐主义作出修正的同时，已渐渐地远离边沁而具有了自己的特点。实际上，密尔提出德性幸福论正是为他强调公共幸福提出的理论前提。在公共幸福和个人幸福的关系上，密尔倾向于公益论，他明确表示：“功利主义所认为行为上是非标准的幸福并不是行为者一己的幸福，乃是一切与这行为有关的人的幸福。例如，功利主义需要行为者对于自己与别人的幸福严格地看作平等，像一个与本事无关而仁慈的旁观者一样。……待人像期望人待你一样，爱你的邻人像爱你自己，做到这两件，那就是功用主义道德做到理想的完备了。”④ 功利主义的“最大幸福原则”指的是绝大多数人的幸福，而不是行为者的个人幸福。当公共幸福与个人幸福发生矛盾时应以公共幸福为重，必要时不惜牺

① ［英］约翰·密尔. 功利主义. 唐钺译. 北京：商务印书馆，1962. 245.
② ［英］约翰·密尔. 功利主义. 唐钺译. 北京：商务印书馆，1962. 132.
③④ ［英］约翰·密尔. 功利主义. 唐钺译. 北京：商务印书馆，1962. 18.

牲个人幸福。密尔指出了这种牺牲的合理性："只是在社会的组织很不完善的状况下，绝对牺牲自己的幸福才会是任何人促进别人幸福的最好方法；但是在这个世界还处在不完善状况的期间，我完全承认甘心作这种牺牲是人类的最高美德。"① 自我牺牲是一种高尚的美德，也是功利主义学说中的应有之义。密尔认为，功利主义并不否认德性牺牲的价值，但它有一个前提，要以最大幸福为原则，即自我牺牲一定要带来其他人或人类整体的利益。他说，"能够完全放弃自己的部分幸福或者放弃获得幸福的机会是很高贵的。但是不要忘记，自我牺牲一定是出于一些目的，牺牲自身不是目的。如果有人告诉我们说，它的目的不是幸福而是德性，我就会问，如果英雄和烈士不是为了使其他人免于类似的牺牲，他们还愿意牺牲自己吗？如果他认为他放弃了幸福并不会为自己亲近的人带来任何结果，只是让他们同他一样遭受损失，并把他们置于那些已经放弃了幸福的人同等的境地，你认为他们还会做出牺牲吗？光荣属于那些克己奉公的人；如果他如此做或者装作如此做是出于其他目的，他便同苦行僧把自己固定在柱子上一样，不值得人们崇拜"②，"一种牺牲如果不增加或不能有利于增加幸福的总量，功利主义则把它看成是浪费。只有这种自我舍弃是值得赞扬的：它是致力于其他人的幸福，或达到其他人的幸福的工具，或者是致力于人类集体的幸福，或者是在人类集体利益限度内的个人幸福"③。可见，任何没有功利目的、不能增加社会幸福的牺牲都是无益的。与纯道义主张相比，密尔的自我牺牲论不是从牺牲行为本身是否符合或服从道德原则的意义进行评价，而是从这种行为带来的后果进行评价，强调牺牲换来的是社会净福利的增长。为了将最大多数人的最大幸福付诸实践，密尔一方面肯定了外部制裁力的作用，认为外在的奖惩，无论是精神的还是肉体的，无论是出于我们对人类的同情、怜爱或出于对上帝的敬虔，都是促使我们抛开私利而遵循增加公共幸福的原则的推动力和约束力。因此，他律可以用来推行功利主义的道德。但是，仅仅依靠外部制裁是不够的，道德约束更需要内部制裁。密尔力图从人的心理要求和人的社会成长中寻找遵循功利原则的义务性的最终动力和根本来源，据此，他提出了"良心论"。所谓"良心"，就是内部制裁力，密尔认为："无论我们关于义务的标准是什

---

① ［英］约翰·密尔．功利主义．唐钺译．北京：商务印书馆，1962. 17.
② ［英］约翰·密尔．功利主义．唐钺译．北京：商务印书馆，1962. 25.
③ ［英］约翰·密尔．功利主义．唐钺译．北京：商务印书馆，1962. 18.

么，义务的内在约束力都是同一个——我们自己的心灵的一种感觉。它是一种违背义务引起的或强或弱的痛感，这种痛感出现在良好教育的道德本性中，在更严重的事件中，这种痛感迫使人们不可能做违背义务之事。当这种情感是大公无私之时，当它只关联着纯粹的义务概念之时，它与事件的形式无关、与事件所处的环境无关，这种情感就是良心的本质。"① 良心仿佛是阻碍人们做出违反伦理标准的行为的一道天然屏障，人们一旦冲破这道屏障，做出违反伦理标准的事情，这种感情就"变成了悔恨而重现于心上"，而且德性修养程度越高的人，违反良心所伴随的痛苦就越强烈。密尔承认良心的存在，但反对良心起源的先验论观点，他认为良心是后天的，是一种道德意识内化而生的道德习惯。究其根本，良心乃是环境和教育的产物，在良心生成过程中，联想是具有重要作用的心理因素。首先，由于外部制裁的存在，人们心中形成苦、乐与道德的因果联合观念，这种联合的不断重复和强化最终会形成心理惯性，即遵循道德便会快乐，反之则会痛苦。逐渐地，手段独立于目的，成为目的的一部分，道德感脱离了功利的权衡，成为人情感中的纯粹的内在之物。其次，人都处在一定的社会关系中，其生存和最终目的的实现都离不开他所属的社会。社会、家庭等的教育功能使人对个人利益与社会利益作出理性审视，并慢慢萌生出社会情感，这种社会情感会要求他按照一定的道德准则行事。所以，通过环境的影响和教育的作用可以触发联想心理，培养人的道德良知，使他律的人成为自律的人，从而在整个社会提升人的德性。密尔的道德自律论，从道德意识的内在化来解释良心的起源和实质，肯定了道德情感作为促使全社会每个人都能实现自己利益的约束性力量，这种观念可谓独树一帜，开创了经验主义良心论的先河。

综上所述，作为功利主义两个发展阶段的杰出代表，边沁和密尔同时又是继承和发展的关系，他们的伦理学有很多相似之处。他们都把功利视为道德的目的，认为人生的基本目的是趋乐避苦，也都坚守最大多数人的最大幸福原则等。然而，不同的社会时代衍生不同的社会关系，势必孕育出迥异的思想。边沁和密尔虽然同为近代英国功利主义的经典作家，其思想体系作为各自所处时代的伦理价值的折射而出现显著的差异乃是一种必然。边沁基本上只是开创了功利主义伦理学的先河，他的伦理学理论显得过于粗糙。例如，他提出了快乐论原则，但仅仅是从量的方面计量快乐；

① ［英］约翰·密尔．功利主义．唐钺译．北京：商务印书馆，1962. 29.

他提出了最大多数人的最大幸福原则，但如何从快乐推出这一原则则缺乏理论中介，等等。对于边沁的上述缺陷，密尔作了大量的修正与发展，他强调注重快乐的质、关注他人利益、重视良心的制裁等。英国哲学家索利曾对密尔的功利主义思想给予了恰如其分的评价："就它自己的本性而言，它的理论既不是利己的那一种，也不是重感官享受的那一种。它之所以不是利己的，是因为它把一切人的快乐看作是同等重要的；它之所以不是重感官享受的，是因为它承认理智、艺术和精神的快乐与感官快乐相较具有更高价值。"① 实际上，正是由于密尔对边沁思想的卓有成效的改造和创新，才使功利主义伦理学成为足以与其他同时代的伦理思想相抗衡的缜密的理论体系。在密尔的时代，英国工业革命进入高潮，工业资本主义蓬勃发展，资产阶级要求建立更符合自己利益的上层建筑和意识形态。密尔所倡导的功利原则，既否定了抹杀个人利益的禁欲主义，肯定了商品社会所必然存在的对私利的追求，又要求人们遵守社会公德，肯定人们对道德情操的追求。其功利主义体系中的自我牺牲因素，比之资本主义初期边沁的利己主义，不但在理论上有所进步，而且更适应19世纪下半期资本主义市场经济日趋完备的现实，符合稳定资本主义秩序的需要，应当说具有一定的历史进步性。因此，功利主义伦理学尽管面临一些困难和质疑，但以其在该时代思想史上的巨大影响和启蒙作用，不仅成为近代人文主义思潮发展脉络上的重要一环，而且也是西方走向现代化的精神支柱，"数世纪以来在公共政策思维方面"占有"强有力的支配地位"②。

---

① 龚群．论功利价值观念与现代化．中国人民大学学报，1995（5）．

② 赵修义．经济伦理研究对象和主要课题．复旦学报，1998（1）．

小　结

宋元明清（鸦片战争以前）与西方资本主义制度确立和自由发展时期，是中西方社会生活发生急剧变化的时期。这种变化既有经济的、社会的，也有伦理的和习俗观念的。中国封建主义生产方式由盛到衰，在地主经济成熟繁荣的背后隐藏着深刻的社会矛盾。在伦理观上，自汉唐以来，儒家义利思想逐步占据正统地位。至两宋，儒家重义轻利的思想已发展到最高阶段，“存天理、灭人欲”成为程朱理学的主旨。伴随着社会经济的发展，宋明时期，又形成了一股功利浪潮，启蒙思想家开始反思理学的局限性，反对空谈心性，由此形成一种经世致用的文化氛围。发展到明清时期，更演变为一代“实学”思潮，人文主义和利益至上的思想取代了日益衰落的封建道德。如果说传统儒家伦理的重义轻利是反映自然经济形态的价值观念的话，那么明清之际出现的反叛则体现了商品经济形态的价值信念。同一时期的西方，封建制度进入了瓦解时期，资本主义生产关系开始成长。资本主义经济伦理在人是天生自由和自私的启蒙精神指导下，奋起与神学整体主义、宗教禁欲主义斗争，系统地发展了古希腊以来的个性自由观念和个体主义原则，走上了以个体主义为轴心的自由资本主义道路。由此看来，在商品货币经济高度发展的基础上，中西方几乎同时迎来了义利思想的重新定位和全面反思，曾经占主导地位的统一性思想开始消失，取而代之的是反传统的义利观和资本原始积累过程中商业资本的意识形态。因此，这一时期，中西方义利思想既各具特色，又有不约而同的共性。具体而言，表现在以下几个方面：

一、反传统的功利主义价值观的张扬

宋元明清（鸦片战争以前）与西方资本主义制度确立和自由发展时期，是中西方由传统社会向近代社会过渡的重要转型期，必然引起社会制度安排以及思想观念的变化。中西方传统经济伦理思想的近代演变均确立了新的经济伦理原则，即利益或功利的原则，道德价值至高无上的地位适当下降而经济的物质的价值地位相应上升，它是传统经济伦理思想的理性

化、世俗化，标志着人从德性主体觉悟向感性主体觉悟的转变。

中国传统封建主义伦理思想发展到两宋时期，“正其谊不谋其利”的儒家思想不断膨胀，形成了以“理”为中心的一整套关于义与利、天理与人欲的程朱理学。理学把“人道”（义理）抽象为形而上的“天道”（太极、天理），然后再从“天理”推出“人道”，通过思辨的形式，论证了封建等级制度和道德纲常的永恒性及合理性，使儒家义利观具有了更精致、更完备的理论形态；同时将义与利、公与私、理与欲之间绝对对立起来，基本上是一种崇义理、灭私利的义利观。而宋、明、清初的事功派的主张与此相反，功利成为行为或道德评价的唯一标准。如李觏的“人非利不生，易不可言”（《李觏集·原文》），王安石的“理财乃所谓义也”（《王临川集》卷七十三），陈亮的“无利何以具器德”（《宋元学案》卷五十六）和叶适的“既无功利，则道义乃无用之虚语耳”（《习学记言序目》卷二十三）等。值得注意的是，两宋时期事功派所重视的“利”是指民利、公利，也就是国家社会整体的物质利益，而不是一己之私利。自明中叶以后，随着社会经济生活出现前所未有的商业化浪潮，城市中形成了市民阶层。这一新兴阶层在谋求经济利益的过程中，促进了上层建筑中思想体系的改变，世俗功利价值观得到充分的张扬和呈现。趋利谋财之风不仅流行于民间，而且得到启蒙思想家的积极论证和阐发。他们重视人的感性物质生活欲求，否认超验的理性原则，不同程度地肯定了功利的道德价值，力图消除感性和理性的对立，重新把道德植于现实生活中，在理和欲的关系上显示出一条从“存理”到“存欲”的转换轨迹，具有鲜明的启蒙气息。明清之际的批判思潮还涵括了以人为本的经济哲学，在经济伦理上出现了自由化的倾向。在理论上，不论是重义轻利，还是存理灭欲，其主旨不外是纯化和提扬人性。通过确立和强化贱利禁欲的伦理要求，抑制人心之“躁动”，贬抑人的感性存在，这在程朱理学那里表现为天命和气质之性的分裂与对立。理学虽然也承认人有基本的生存需求，但就其对立天理、人欲并竭力贬低人欲来看，其哲学的价值取向是否定人欲的。在这种理论框架中，人实际上已被异化，天理（天命）虽纯美，但与人的现实性（气质之性）实已无缘，而且在绝对又纯美的天理反衬下，更显得气质之性的污秽和低贱。故而存理灭欲的修养纯化功夫就在于荡涤气质之性的不洁，抹杀人的世俗存在的感性表现，其结果使人失去了自由思想，成为体现“天理”的一个客观符号。因此，程朱理学在扼杀人欲的同时，实质上也损害了现实人性的丰富感情和愿望，否定了人之为人的应有权益和价值。启蒙思想家从自然人性论出发，提出人天生具有同样的生理要求和物质欲望，这种生理要求和物质欲望是人的本性。诸如李贽的“童心”论、黄宗羲的“自私自利”论、顾炎武的“怀私常情”论等，这些思想主张都充分地展现个人欲望，追求个性解放，其实质就是“对人的发现——对人的尊严发现，对人的自由发现，对人的幸福发现”①。由这种新人性论而导致的平民伦理学，正是推进经济自由、平等、独立的动力和标志，它开启了传统经济思想向近代“经济自由主义”过渡的进程，为封建自然经济通往近代的商品经济架起了桥梁，对中国社会近代转型作出了重要的理论贡献。这与西方17、18世纪以来的将道德视为实现利益的手段、将谋求私利当作一切行为的最终目的的自由主义观念，在气质和精神上十分接近。自由主义是西方资本主义制度确立时期居统治地位的社会思潮，它的哲学基础是“功利主义”，即对个人感性欲望和幸福的渴求。以霍布斯、曼德维尔等为代表的一批思想家公然宣称人的本性是趋利避害，只有在人的利己本性中才能寻找道德的起源和基础。爱尔维修向宗教禁欲主义提出了抗辩，他说：“应当按照人的本来面目认识他，对人们的自私的结果大发脾气，就无异于抱怨春天的狂风，夏天的炎热，秋天的淫雨和冬天的严寒。”② 同样，亚当·斯密强调自我利益是个人行为赖以环绕的轴心，他的“经济人”理论就是对启蒙精神的世俗化趣味所作出的形象注解。以边沁、密尔为代表的功利主义者，从人的主观感受出发，提出追求快乐和避免痛苦是人类一切行为动机以及合理性的依据，道德原则的价值必须以其客观效果，即增进还是减少人们的利益和幸福为衡量标准，除此之外，别无其他价值标准。由此可见，自由主义经济伦理的一个重要特征，就在于把个人的功利欲求公开释放出来，不仅确认其正当合理，而且将世俗利益即功利视为至高标准。如果说任何占统治地位的思想都不过是占统治地位的物质关系在观念上的反映，那么，功利主义的“科学化”和广泛蔓延表明，资本对利益的渴求已经从旧体制的束缚下获得解放，并开始按照自己的尺度铸造全社会。因此，功利主义价值观的盛行，归根到底是资本主义生产方式的合乎逻辑的理论表达，这种价值取向是同商品经济的发展和自然经济体系的瓦解相伴随的。资本主义脱胎于以人身依附为特点的封建社会，

① 吴松．中国农商关系思想史刍议问题．昆明：云南人民出版社，2002. 142.

② ［苏］维·彼·沃尔金．十八世纪法国社会思想的发展．杨穆等译．北京：商务印书馆，1983.

是一个个人关系单一化、经济独立化、精神主体化的过程。它以个人主义为基础、以功利主义为特征，其基本的经济伦理原则是私有、营利和自由。很显然，功利主义价值观起到了将禁欲主义和封建等级经济伦理的桎梏打破，把人的经济活力、创造原动力从建立在等级身份制度之上的封建伦理束缚中解放出来，使之自由创造、充分发挥的思想启蒙作用。西方功利主义经济伦理是伴随机器大生产和市场经济而兴起的资产阶级价值体系，中国明清之际的功利主义思潮同样包含了这种现代精神，它为中国早期资本主义萌芽的滋生和发展做了初步的舆论准备，只是由于历史的偶发因素而中断。随着历史变迁，明清经济伦理的批判、变革精神得到应有的发挥，成为中国近代化的前奏和思想酵母。

二、利己、利他的“合理利己主义”的兴起

以道德为手段谋求物质利益的世俗功利价值观，落实到人我关系上，就是合理利己，以利他的方式去利己。因此，将利益所及“范围”由“为私”向“为公”推广，是中西方功利论的又一个共同特征。

宋明时期的所谓义利之辨、理欲之辨，其实讨论的是同一个问题——社会利益与个人私益的关系问题。程朱理学突出群体价值取向，人的价值取决于他是否能成功地完成其在宗法关系中的角色，维护既有的等级秩序，个性、个体自由与价值遭到否定。二程以私、欲相连称：“人心，私欲，故危殆；道心，天理，故精微。灭私欲，则天理明矣。”（《二程遗书》卷二十四）经此渲染，“私”成了道德上的贬义词。两宋事功派通过公利、私利的对比，提出君子不应只追求自身的利益，而应以天下利益为己任。这与儒家传统的以公利为义、公利重于私利的观念，并无根本矛盾。明清之际的功利主义者则明确打出“私”的旗号，他们以人性为依据，通过论证人性的合理，公开为私辩护。李贽指出人追求私利是一种不可抗拒的客观必然，只能加以顺应，而不能遏制。他说：“寒能折胶，而不能折朝市之人；热能伏金，而不能伏竞奔之子。何也？富贵利达所以厚吾天生之五官，其势然也。是故圣人顺之，顺之则安之矣。”（《焚书》卷一）黄宗羲认为利己是人的天性，人自私自利有其天然合理性，社会的理想状态就是给人们的自私自利以自由。顾炎武声称自私乃人之常情，并把在自利基础上个人利益的实现视为“公”的基本内涵，力图消除“公”对“私”的压抑和蔑视。明清之际思想家大力为私正名，不仅是不满程朱理学，实质

也是在矫正传统的大公无私观念。如果说传统义利观是小农经济、自然经济的投影，那么明末清初思想家们的矫枉，显然是要超越这种投影并建立体现新的经济因素的价值模式。在西方，论证利己、追求私利的合理性，同样是自由主义思想家人际观的主流。17、18世纪以来，个人利益至上的思想经过中世纪的压抑之后得到充分系统的发展，并随着资本主义生产方式的确立而成为社会道德规范的核心。霍布斯指出，人的本性是自私的，利己是人行为的命令，当一个人考虑是否要做什么时，他不是在想别的，而只是在考虑做或不做、怎样做对自己有利。爱尔维修认为自身利益原则在人类世界中所起的作用，就如同万有引力定律在物理世界中所起的作用。亚当·斯密宣称人的利己本性和动机是一种值得赞美的特性，这一特性决定了“经济人”的行为和活动，维持了市场经济的正常秩序。以边沁、密尔为代表的功利主义者，对个人趋利避害的本性作了进一步发挥，确立了苦乐在人的行为中的支配地位，这无疑将利己的内涵推向了深入。可以看到，世俗功利价值观的核心观念是利己、追求私利，这种价值取向在中西方各自的社会经济发展中都作出了积极的贡献，成为人类经济伦理思想的重要成果。中西方思想家虽然都强调人性利己的一面，把人看成是自私自利的，但并未走向极端利己主义。他们所提倡的是“合理利己主义”，即反对断义逐利、损人利己的行为，力图通过利他以利己，使个体性与整体性、个人与社会统一起来。李贽宣扬道德的功利目的，把道德作为实现个人功利的手段和途径。他说：“天下曷尝有不计功谋利之人哉！若不是真实知其有利益于我，可以成吾之大功，则乌用正义明道为耶?”（《焚书》（卷五））王夫之的“自谋自利”论，一方面强调个人利益是社会利益的源泉，另一方面又竭力将个人利益与社会利益统一起来。颜元推崇用道德的方式获取个人功利的价值观，他既反对损人利己，也不同意损己利人，明确把利己不损人作为一个正确的价值方针来阐扬。这些表明明清之际的启蒙学者所倡导的是自利、利他的合理利己主义，它为个人对自我利益的追求敞开了广阔的天地。从利己出发，主张爱他利他的思想，也是西方功利主义者积极倡导的观念。霍布斯以人性自私为前提，指出人们放弃或转让自己的某种权利，正是为了获取更多的或其他的权利和利益。爱尔维修认为正确理解的个人利益包含对他人利益的尊重，而利他又是更好地达到利己目的的手段。他说，公共利益“是人类一切美德的原则”，

"美德所支使的行为，乃是它用来达到这个目的（指利己）的手段"①。在斯密的市场经济秩序中，利己必须在形式上表现为利他，离开了利他的利己是难以实现的，"经济人"越是想要自己获利，就越是要为别人提供服务和帮助。边沁和密尔虽然把个人追求当作其理论的出发点，但他们未将这一原则绝对化，反而提倡人的行为善恶的标准不只是能否给个人带来幸福，还要看能否给社会上大多数人带来幸福。密尔明确地说："我必须再声明，功利主义所认为行为上是非标准的幸福并不是行为者一己的幸福，乃是一切与这行为有关的人的幸福。"② 马克思和恩格斯曾经指出功利论"一开始就带有公益论的性质"③。为了使人们按照上述道德原则行动，西方学者们主张建立行为的社会制约体系，除了政治、法律、宗教等制约外，道德制约同样具有重要作用。由以上分析可以看出，中西方思想家所倡导的合理利己主义，一方面要为个人的功利追求作道德上的辩护，同时又要对这种追求进行约束和限制，使其符合具有社会性的道德规范，以此从道德上为这种追求营造一种相对稳定的社会秩序。这意味着中西方思想家所认同的功利主义价值观，其理论前提都是求乐免苦的自然人性论，利己和利群是两个逻辑支点，但实质都是以利己为出发点和归属、以利他和利群为手段和工具。这种伦理道德观念反映了私有制下个人利益的要求，也反映了市场经济条件下个人利益和社会利益的连接与统一，对于资本主义市场经济秩序的维护，有其内在的客观合理性。当然，最大多数人的利益是否就等于个人利益的简单相加，从个人利益出发是否就必然"利天下"，这一点是值得怀疑的。从这一点分析来看，如何协调个人利益和社会利益的矛盾，是中西方功利主义者所共同面临的理论问题。

总而言之，中国宋元明清时期，在经济思想上出现了以人为本的经济哲学，在经济伦理上出现了自由化的倾向。在明清实学经济伦理中，功利主义是其经济特质，其核心价值的转位主要表现在：一是从超验的理性原则到现实的世俗生活的转换；二是从群体价值取向到个体和群体双向的蜕变；三是从家族本位到社会本位的演化；四是从传统民本到新民本的突破

---

① 北京大学哲学系外国哲学史教研室．十八世纪法国哲学．北京：商务印书馆，1979. 463.

② ［英］约翰·密尔．功利主义．唐钺译．北京：商务印书馆，1962. 18.

③ ［德］马克思，恩格斯．马克思恩格斯全集（第2卷）．中共中央马克思恩格斯列宁斯大林著作编译局．北京：人民出版社，1960. 484.

性尝试。具体说来，主要是从“贵义贱利”转位到“义利合一”，从“崇公黜私”转位到“公私兼顾”，从“富国”论转位到“富民”论。明清经济伦理核心价值的重大突破和诸多范畴的转位，充分反映了当时发展商品经济的客观要求，同时也促进了局部的社会近代化变迁。正如吴承明先生所总结的：“16、17 世纪是我国儒学思想大解放的时代，梁启超（1920）曾比之于欧洲的文艺复兴，侯外庐（1988）曾比之于战国诸子百家。”① 明清功利主义价值观是中国近代化的“内生源”、“催化剂”之一，它与近代社会是前后相承的。在此之后，近代一些先进、开明的思想家正是在接受明清实学经济观念的基础上，来推动中国民族资本主义的发展和迎接西方资本主义挑战的。如果没有这种新经济伦理，近代资本主义要在中国生根、发芽、发展是根本不可能的。从功利主义价值观的内涵看，宋元明清时期的思想家并没有把“功利”作为连称的术语直接提出来，也没有对“功利”下过确切的定义，他们的思想只是散见于言论著作中，缺乏科学性、系统性。相比之下，西方资产阶级思想家则建立了一个较为完备的逻辑体系，边沁、密尔从一开始就对功利下了明确的定义，并力图用科学的方法，将行为的评价建立在客观、普遍的标准之上，这是西方功利主义的独特之处。西方学者的伦理思想体系还囊括了关于个体道德、社会功用以及法律调节的理论，这些思想奠定了古典功利主义的基本框架。综上所述，中西方功利主义思想家虽然生活在不同国家、不同的社会背景之下，却同样认识到物质利益与伦理道德的分离是现世冲突的根源，他们都试图通过重新整合的方式实现社会秩序的合理化。二者伦理思想上的相似性，表明人类所面临的经济问题和解决方法自有较为普遍的共同性；二者思想取向和路径的差异，则反映了中西方各自的生产方式、社会组织形态以及经济伦理在思维方式和观念形态上的不同。

① 转引自吴松，黄海涛．明清实学经济伦理的近代性嬗变．贵州财经学院学报，2007（1）．

第四章

义利思想的嬗变与转型

——中国近现代与西方资本主义进入垄断阶段

中国近现代与西方资本主义进入垄断阶段的时期，是中西方义利思想的嬗变与转型阶段。1840 年鸦片战争之后，中国社会沦为半殖民地半封建社会。随着民族苦难序幕的拉开，整个近现代贯穿和回响着启蒙与救亡的双重变奏。与之相适应，义利思想的近现代演变兼具启蒙与救亡的双重意蕴。以近代西方伦理学说的输入为条件，以改造中国传统思想、促成中西伦理思想的融合为途径，近现代进步思想家在接触和吸取西方伦理思想过程中，力图建立起具有鲜明时代特色和民族特色的义利思想。这种义利思想在激励爱国主义道德情操、批判封建纲常伦理、推动资本主义自由发展等方面起了积极作用，奠定了中国社会近现代转型的伦理基础。当中国资产阶级举起改良和革命大旗的时候，西方资本主义已开始从自由竞争向垄断阶段过渡。19 世纪下半叶，随着经济危机及各种社会矛盾的激化，西方原有的以自由竞争为特征的资本主义秩序受到激烈冲击，传统资产阶级道德观发生了动摇。对功利主义思想的批判开启了现代西方伦理思想发展的新时代，其中道德和评价主体由个体本位趋向超越个体本位、道德和评价标准由个人主义趋向超越个人主义是诸多变更中最重要的方面。西方道德和价值观念在近现代的转向，在某种意义上正是通过对以个体本位和个人主义为特征的功利主义思想的超越而发生的。

第一节

传统义利思想的裂变——中国近现代

鸦片战争是中国历史发生重大转折的标志。外国资本主义的入侵，破坏了自给自足的农业自然经济和手工业经济的基础，促进了城乡资本主义工商业的发展。但是，中国社会也因此沦为一个半殖民地半封建社会，民族资本主义的发展受到外国资本主义和帝国主义的控制。随着社会结构和经济形态的变迁，中国近代伦理观念经历了一个变革的过程，从鸦片战争到“五四”运动，其总体趋向是资本主义化，即为接纳和移植新经济因素——资本主义生产方式寻求价值合理性。这一时期，出现了地主阶级改革派、洋务自强派、资产阶级改良派和革命派的义利思想，其主要形式是吸收和融入与西方资本主义商品经济及市场经济体制相适应的经济伦理思想，批判、继承、调适和改造中国传统义利理想。进入 20 世纪，文化革新、观念变革逐渐深入，社会变革被越来越多的新型知识分子所认同。随着马克思主义的传播和普及，经济伦理思想发生了质的变化，无产阶级伦理思想成为反帝反封建的理论武器，对中国社会思潮起指导作用的不再是西方资产阶级的伦理观念，而是马克思主义的义利观。

一、传统义利思想的资本主义化

中国传统义利思想的近代演变是外生与内生结合型的，进步思想家们一方面受到国内新经济因素和市民阶层愿望的影响，另一方面又积极向西方寻求真理，受到近代西方伦理思想的感染。他们使中国社会的意识形态发生了深刻变化，在伦理观念上也引起了重大变革。鸦片战争前后出现的第一批睁眼看世界的先进人士，是从地主阶级中分化出来的，他们的启蒙思想和爱国主义精神，是明清之际经世致用之学在新的历史时期的直接延续，反映了资本主义新经济因素。继之而起的洋务派从“求富”、“求强”的宗旨出发，试图通过嫁接的方式将中国传统道德与西方坚船利炮结合起来，从而形成了“中体西用”的思想模式。以此为基点，近代中国出现了借古变今、中西融合的维新潮流，并于 19 世纪末达到高潮，对传统义利观的诠释也出现了前所未有的新变化。

1. 明清功利主义思想的延续

鸦片战争使中华民族面临千古未有的变局，一些具有经世致用思想的封建士大夫，从维护地主阶级的长远利益出发，呼吁整肃道德和社会风尚，要求改革弊政，倡言经济改革。他们对传统义利思想的批判，在某种意义上是明清之际启蒙运动的延续，其中最杰出的代表人物是龚自珍和魏源。

龚自珍作为近代史开端的首位思想家，深感中国封建社会已经是一个“万马齐喑”、“无有生气”的“衰世”，明确主张“思变”、“更法”、“改革”。他认为要“救今日束缚之病”，就得打破程朱理学对人性和道德的束缚，实现个性解放。龚自珍继承明末清初思想家的“人性有私”说，在《论私》篇中表达了他的“人皆有私”和“私非恶”的伦理观点。他说：“天有闰月，以处赢缩之度，气盈朔虚，夏有凉风，冬有燠日，天有私也；地有畸零华离，为附庸闲田，地有私也；日月不照人床闼之内，日月有私也。圣帝哲后，明诏大号，劬劳于在原，咨嗟于在庙，史臣书之。究其所为之实，亦不过曰：庇我子孙，保我国家而已。何以不爱他人之国家，而爱其国家？何以不庇他人之子孙，而庇其子孙？”（《论私》）这就是说，天地万物、圣帝哲后皆有私，自私符合普遍的、永恒的自然之理。据此，龚自珍断言：“若人则必有孰薄孰厚之气谊，因有过从宴游，相援相引，牧曲燕私之事矣。今曰大公无私，则人耶？则禽耶？”（《论私》）“有私”是人性的自然流露，而人性既无善恶，“私”也就不属于善恶范畴，它只是人性的天然存在。龚自珍进而以“私”来论证宗法制度、伦理道德的起源。他说：“生民之故，上哉远矣，天穀没，地穀茁，始贵智贵力，有能以尺土出穀者，以为尺土主；有能以倍尺若十尺、伯尺出穀者，以为倍尺、十尺、伯尺主；号次主曰伯。帝若皇，其初尽农也，则周之主伯欤？古之辅相大臣尽农也，则周之庸次比耦之亚旅欤？土广而穀众，足以芘其子，力能有文质祭享报本之事，力能致其下之称名，名之曰礼，曰乐，曰刑法。”（《论私》）原始人靠其智力和体力在土地上耕作，君主非天生圣人，是从农民转化而来，君权也非神授，伦理道德是在以“私”为基础的宗法制度下产生的。“上古不讳私，百亩之主，必子其子”，在这种宗法关系下“父不私子则不慈，子不业父则不孝，余子不尊长子则不悌，长子不赡余子则不义……仁孝悌义之极，礼之备，智之所自出，宗之为也”（《论私》），于是产生了伦理道德。龚自珍从“私”谈到宗法制度、伦理道德的起源问题，是对自古以来圣人制礼作乐、君权神授的否定，也是对道德仁义出于天命论的驳斥。他力图从人类的社会关系、经济活动中来探求道德的起源，含有历史唯物主义思想的进步因素。龚自珍肯定“私”的普遍性和合理性，指出“私”并非等同于极端利己主义。在公私关系上，他赞同“先公后私”、“先私后公”、“公私并举”或“公私互举”，只是反对“大公无私”①。这些观点与理学家宣扬的“存天理灭人欲”的思想相对立，反映了资本主义萌芽时期新兴市民阶级的要求。以此为基础，对于义利关系的处理，龚自珍提出利是义的前提，只有基本的物质利益得到保证，人的道德自律才能建立。他指出，“圣人之道，本天人之际，胪幽明之序，始乎饮食”，“民饮食，则生其情矣，情则生其文矣”②。就是说，饮食生活，乃人之常情，先有经济生活，然后才有礼义制度。道德应与人们物质需求的满足相一致，并不排斥功利欲求。龚自珍的义利论打破了道义与功利的二律背反，强调物质利益追求是自我发展的内在向度，这一观点来自李贽的“穿衣吃饭，即是人伦物理”（《焚书·答邓石阳》）的命题。在充分肯定“利”的前提下，龚自珍也非常重视“义”的作用，反对人们为了求利而竞争倾轧。他说：“人心者，世俗之本也，世俗者，王运之本也。人心亡，则世俗坏；世俗坏，则王运中易。王者欲自为计，盍为人心世俗计矣。有如贫相轧，富相耀；贫者阽，富者安；贫者日愈倾，富者日愈壅。或以羡慕，或以愤怨，或以骄汰，或以吝啬，浇漓诡异之俗，百出不可止，至极不祥之气，郁于天地之间。”③ 他揭露当时道德堕落的现象：“历览近代之士，自其敷奏之日，始进之年，而耻已存者寡矣……窃窥今政要之官，知车马、服饰、言词捷给而已，外此非所知也。”④ 他担心如此将会导致国破家亡，因而提出要整肃道德，“非礼无以劝节，非礼非节无以全耻”⑤，主张以义为利的原则，求利的行为应该在符合道德规范的前提下展开。从以上可以看出，龚自珍的义利观充分肯定了人的地位、价值和尊严，肯定了人追求物质利益的道德意义。这是对程朱理学的公开挑战，为即将到来的资产阶级启蒙运动奠定了基础。对此，梁启超曾给予高度评

① 龚自珍．龚自珍全集．上海：上海古籍出版社，1975. 92.
② 龚自珍．龚自珍全集．上海：上海古籍出版社，1975. 41.
③ 龚自珍．龚自珍全集．上海：上海古籍出版社，1975. 78.
④ 龚自珍．龚自珍全集．上海：上海古籍出版社，1975. 31.
⑤ 龚自珍．龚自珍全集．上海：上海古籍出版社，1975. 32.

价："晚清思想解放，自珍确与有功焉，光绪间所谓新学家者，大率从皆经过崇拜龚氏之一时期。"① 但是，另一方面，由于摆脱不了阶级的局限性，龚自珍对义利问题的探索缺乏新的理论指导，没有达到应有的深度。他所开出的"医国"药方只是从帝王到平民进行全社会的道德提升，重建"道德之上"的"明耻"社会，因而没有从根本上触及封建伦理纲常，没有能够动摇传统道德价值观的基础。若依照他的方案实行，最终结果反而会导致传统道德更加巩固，以致变成神圣不可变易的教条而窒息民族理性。龚自珍思想的根本缺陷表明，他不可能完成确立近代伦理价值观的历史使命，这一任务将由后继的思想家来承担。

魏源是中国近代思想文化领域里"开风气"的人物。在鸦片战争时期，他继承和发展了明清之际启蒙思想家的经济伦理思想，提倡经世致用之学，希图改革，反抗西方资本主义的侵略。为了进行变革，魏源认为不仅要采取具体的经济、政治措施，而且要从"本心入手"，扫除人心之积患，改变社会腐朽的道德风尚。为此，他提出了"五帝不袭礼，三王不沿乐"的命题。他说："三代以上，天皆不同今日之天，地皆不同今日之地，人皆不同今日之人，物皆不同今日之物。……岂独封建之于郡县，井田之于阡陌哉？……是以忠、质、文异尚，子、丑、寅异建，五帝不袭礼，三王不沿乐。"（《默觚·治篇五》）这是说天、地、人、物在发生变化，社会的道德风尚，人们的道德观念也在发生变化。"天有老物，人有老物，事有老物。"（《默觚·治篇五》）自然界的发展、社会的发展以及人类文化思想的发展中，总有一些衰老过时的东西，三代并不是什么理想的状况，相反"后世之事胜于三代"（《默觚·治篇五》）。这种思想在一定程度上承认社会的变化是前进的，人们的道德水平、道德观念也要随之变化。它是 19 世纪地主阶级改革派御侮图强精神的反映，成为后世"器变道亦变"，中学有中学的体用、西学有西学的体用的先声。魏源还进一步指出，历史进化的必然趋势同"人情所群便"是一致的，他说："天下事，人情所不便者变可复，人情所群便者变则不可复。"（《默觚·治篇五》）所谓"便"就是方便、有利，任何事情如果与公众的利益相违背，都是行不通的；反之，如果对公众有利，为公众所拥护，那就不可能被推翻。"江河百源，一趋于海，反江河之水而复归之山，得乎？履不必同，期于适足，治不必同，期于利民"（《默觚·治篇五》），社会道德风尚、人们

① 梁启超．中国近三百年学术史．北京：东方出版社，1996. 29.

道德观念的变化，也要以“利民”为原则。正是从这一观点出发，魏源看到了道德和经济利益的关系，提出了“以实事程实功，以实功程实事”的功利主义思想，反对空谈道德心性。他指出，“曷谓道之资？曰‘食货’”（《默觚·学篇九》），并引证《诗经》中的“民之质矣，日用饮食”来说明人民的物质生活是道德借以发生作用的重要条件，道德同物质生活密不可分，二者对一国的存亡都是非常重要的。“使人不暇顾廉耻，则国必衰；使人不敢顾家业，则国必亡。”（《默觚·治篇十四》）在魏源看来，好利是一般人的本性，是其投身经济活动的根本动机，也是社会历史发展的根本动力。作为一种崇高的道德价值追求，“义”的建立、完善和普遍实施，应当以利益为驱动，在利益关系的满足中去构建“义”的价值取向。因此，道德的作用不是要否认人们的物质利益，治理国家不能“强人之所不能”，“禁人之所必犯”，而在于“以美利利天下之庶人”。他说：“治天下之具，其非势、利、名乎！……一人所聚势生焉，财所在而人聚焉，名义所禁遏而治乱生焉。圣人乘天下之势，犹蛟龙之乘云雾，不崇朝雨天下而莫知谁尸其权。大哉神器，亿万生灵之所托命也，而智可阖奸，而力可觊图乎？夫惟使势、利、名纯乎道德者，可以治天下矣。”（《默觚·治篇三》）可见，人有其自然本性，违背人之自然本性的强制禁欲难以“聚人”，是不能长久也不能成功的。所以，自古以来圣人们从未笼统地、不加区分地一概排斥利。“圣人以名教治天下之君子，以美利利天下之庶人。求田问舍，服贾牵牛，以卿大夫为细民之行则讥之，细民不责以卿大夫之行也；故《国风》刺淫者数十篇，而刺民好利者无一焉。……故于士大夫则开之于名而塞之于利，于百姓则开之于利而坊之于淫。”（《默觚·治篇三》）在这里，魏源将封建道德要求区分为不同的对象和层次，于士大夫则开之于名而塞之于利，于百姓则开之利而防之于淫，这既强调士大夫在其位需有其德，也承认百姓言利、求利的正当性。这样就把普通民众从禁欲的道德桎梏中解放出来，反映了商品经济发展和商业资本的逐利要求，具有思想启蒙作用。针对宋明理学“王道无近功”的论调，魏源指出富强与“王道”不仅不相对立，而且是王道的应有之义。他说：“自古有不王道之富强，无不富强之王道。……王道至纤至悉，井牧、徭役、兵赋，皆性命之精微流行其间。使其口心性，躬礼义，动言万物一体，而民瘼之不求，吏治之不习，国计边防之不问；一旦与人家国，上不足制国用，外不足靖疆圉，下不足苏民困，举平日胞与民物之空谈，至此无一事可效诸民物，天下亦安用此无用之王道哉！”（《默觚·治篇一》）王道不能离开实事实功，那种只知空谈礼义而不讲富强的“王道”是于国于民皆无用的“王道”，必须抛弃。在此基础上，魏源指出，一个有道德的人必须把立德和立功、立言、立节结合起来。他说：“立德、立功、立言、立节，谓之四不朽。自夫杂霸为功，意气为节，文词为言，而三者始不皆出于道德，而崇道德者又或不尽兼功、节、言，大道遂为天下裂。君子之言，有德之言也；君子之功，有体之用也；君子之节，仁者之勇也。故无功、节、言之德，于世为不曜之星，无德之功、节、言于身心为无原之雨，君子皆弗取焉。”（《默觚·学篇九》）这里，魏源将功利主义的道德论贯彻到道德评价上，抨击后世儒者讳言功利的迂腐态度，是有历史进步意义的。鸦片战争前后，中国社会危机与民族危机日趋严重，经济衰退、国弱民贫，面对西方侵略已难以招架，因而急需振兴经济、富国强兵。魏源对传统义利观的修正，正反映了这一时代需要。魏源承认人们物质欲望的合理性和逐利的正当性，但同时他也认为“利”有其局限性，必须用“义”来对“利”进行引导，只有“义”才能在利益的争夺中维护人类的本质并使其价值得到升华。依据魏源的理解，“义”的具体内涵就是利国、利天下。面对着亡国的忧患，魏源对“君子”应有的道义作出了新的解释，提出了“君子用世，随大随小，全力赴之”的道德要求。他说：“故君子用世，随大随小，皆全力赴之。为其事而无其功者，未之有也。彼穑而我飧之，彼织而我温之，彼狩而我狟之，彼驭而我轩之，彼匠构而我栟之，彼赋税商贾而我便之，彼干盾捍卫而我安之，彼与我何酬，我与彼何功？天与彼何啬？于我何丰？思及此而犹泄泄于民上者，非人心也。”（《默觚·治篇一》）这里，“君子”所应有的道德责任虽然没有完全超出封建道德观念的范畴，但魏源把那些麻木不仁、置国家民族危亡而不顾的“泄泄于民上者”，痛斥为没有人心的人，其中所包含的爱国主义内容是十分明显的，从而使他的功利主义升华为一种民族功利主义思想。为了把爱国主义的民族责任落到实处，魏源提出“师夷长技以制夷”，努力向西方学习，并把学习西方国家的“长技”，提高到维护民族独立的高度来认识。他认为当时中国在武器装备和“养兵练兵之法”等方面落后于西方国家，要想战胜西方资本主义侵略，就必须向西方学习。他说：“善师四夷者，能制四夷，不善师外夷者，外夷制之。”（《海国图志》卷三十七）他还提出了一套“师夷长技以制夷”的具体方案，包括官办军事工业、改进军队武器装备、发展民用工业、允许商民自由经营等主张。在中国的大门刚刚被西方资本主义侵略者打开的时候，魏源能够提出“师夷长技以制夷”的口号，向西方探寻救国救民的真理，这在当时的确是一种卓越的见解，它揭示了爱国主义的新的历史内涵，同时也表明那个沉浸在“天朝上国”梦呓中封闭没落的封建社会从内部萌蘖了新的因素，代表着整个社会伦理价值导向的转变。

从以上对龚自珍和魏源的经济伦理思想的分析中可以看到，他们不仅在一定程度上继承、修正和发展了中国古代丰富的经济伦理思想，而且为近代经济伦理思想的产生和发展开辟了一个的新方向，拉开了中国传统经济伦理思想近代变迁的序幕，具有承上启下的先导作用。他们所宣扬的“自私”的观念，此后不断得到重唱；他们的强国富民思想，对19世纪后半期洋务运动和资产阶级改良派产生了巨大影响。但是，作为开明的地主阶级思想家，龚自珍和魏源的经济伦理思想仍属于封建主义的思想体系，他们只是对传统义利学说的某些内容加以延伸或深化，还不可能对其进行深入的批判或扬弃。如他们都提倡改革，却又不主张触动封建制度。这种试图在不改变封建制度的基础上，通过“整肃道德”或学习西方先进技术使中国走向富强的想法，当然只能是一种幻想。

2.“中体西用”的义利观

第二次鸦片战争后，中国社会发生进一步的变化。首先是在清朝统治集团中出现了主张学习西方科技、“稍变”中国“成法”的洋务派。他们所发动的洋务运动使中国开始走向近代化的道路。洋务运动的两面旗帜是“求强”、“求富”，其实质就是求功利。19世纪70年代，随着洋务派兴办民用企业，一批民营工商业渐次兴起，经济变革的任务提上日程。为了发展商品经济，一些从洋务派中分化出来的早期改良主义者，批判洋务派把学习西方只局限于购舰艇、造枪械，结果非但不能制敌，反受其窃笑。究其原因，就在于没有意识到“利权”、“商战”的重要性。这一经济与经济观念的转型，势必促成、推动义利思想的变革。于是，在19世纪八九十年代，早期改良派思想家在民族危机日益深重的形势下，主张以工商立国，提出了更为翔实而具体的革新理念，并为近代价值观及伦理观的确立作了铺垫。

洋务运动时期，以李鸿章、曾国藩、左宗棠、张之洞等为代表的开明封建官僚，面对外强内弱、彼富我贫的历史变局，深感改变传统价值观念的重要性。他们要求顺应世变、大胆开放，并且根据对西方科学技术和伦理道德的考察，构建了“中体西用”的义利思想模式。洋务派对传统伦理观念的变革，首先表现在从世界发展的大趋势来审视中国所处的环境。曾国藩指出，“天下事穷则变，变则通”，“中国不能闭门不纳，束手而不向”（《曾纪泽遗集》卷一）。李鸿章认为“不变通则战守不足恃，而和亦不可久也”（《李文忠公全集·奏稿》卷二十四），只有“力排浮议，以成格为万不可泥，以风气为万不可不开”（《李文忠公全集·奏稿》卷十六），才能“转祸为福，变弱为强。不患彼西人之日来，而但患我中国之自域。无他，在一变而已矣”（《弢园文录》）。洋务派这种反对拘泥成格、力开风气的变易观，反映了鸦片战争后他们想顺应历史发展潮流、直面西方挑战的心理，为中国近代接受西方思想文化开辟了道路。在这种认识的基础上，洋务思想家们提出，中国在对外战争中几度失败的原因就在于“重义轻利”的传统义利观。左宗棠指出：“中国之睿知运于虚，外国之聪明寄于实。中国以义理为本，艺事为末。外国以艺事为重，义理为轻。”（《左宗棠全集·奏稿》）与西方重视实业相比，中国士大夫的聪明才智多寄托于空谈无用的经注疏解之上，空言义理。这样，“仅以忠信为甲胄，礼义为干橹，谓可折冲尊俎，足以制敌之命，臣等实为敢信”（《左宗棠全集·奏稿》）。为此，洋务派喊出了“必先富而后能强”（《李文忠公全集·奏稿》卷十六）的口号，公开提出要言利、求利的主张。左宗棠认为求利是合情合理之事，“夫恒情所谓求利者各有其具，农之畔、工之器、商贾之肆，此以其财与力易之者也……斯亦可矣”（《左宗棠全集·奏稿》）。李鸿章指出：“欲自强必先欲饷，欲浚饷源莫如振兴商务。中国积弱，由于患贫。西洋方千里数百里之国，岁入财赋动以数万万计，无非取资于煤铁五金之矿，铁路、电报、信局、丁口等税。酌度时势，若不早图变计，择其至要者，逐渐仿行，以贫交富，一弱敌强，未有不终受其弊者。”（《李文忠公全集·朋僚函稿·复丁稚璜宫保》）张之洞则通过引经据典，为兴利主张提供依据。他说：“谓圣人所创，可也；谓中土今日之工艺不胜于唐虞三代，不可也。”（《劝学篇·会通》）圣人所开创的兴利内容，不是一成不变的，所谓“万世之巧，圣人不能尽泄，万世之变，圣人不能预知”（《劝学篇·会通》）。在西方资本主义潮流冲击下，兴利、求利已经是大势所趋、人心之所向，“即如轮船、电线创设之始，訾议繁兴，此时若欲废之，有不攘臂而争者乎？”（《劝学篇·会通》）那些反对兴利的人，不过是“泥古之迂儒”、“苟安之俗吏”（《劝学篇·会通》）。在这一思想的支配下，洋务派引进西方的现代科学技术，兴办新式企业、学校，造轮船、修铁路，推进了中国物质文明的现代化进程。洋务思想家虽然力主学习西方先进技术、开办军用民用企业，在“兴利”方面做了许多工作，但在他们的义利观中，“义”的涵义没有什么变化。他们认为中国的政治教化、纲常伦理尽善尽美，文明程度远在西洋诸国之上，所不足者唯船舰枪炮而已。在义与利的关系中，义是首要、根本，求利的行为必须受制于义，既不能游离其外，也不能超越其上。曾国藩倡导“理学经世”，不反对人们求利的行为，但他强调经世之学应该包括在义理之学内，他所主张的“义”，仍然是传统的封建伦理道德。他说，“为学之术有四：曰义理，曰考据，曰辞章，曰经济。义理者，在孔门为德行之科，今世目为宋学者也……程朱诸子遗书具在，曷尝舍末而言本，遗新民而专事明德？……义理与经济初无两术之可分”（《诗文·劝戒浅语十六条》），“自唐虞三代以来，历世圣人扶持名教、敦叙人伦，君臣父子上下尊卑，秩序如冠履之不可倒置”（《讨粤匪檄》）。由此可见，曾国藩的义利思想虽然具有近代社会转型时期的某些特点，在不否定“义”的前提下肯定求利的行为，然而他所主张的“义”在整体上仍然是封建伦理道德的延续和发展。张之洞从界说中体西用的概念入手，将义利关系阐述得最为充分。他说，“新旧兼学，四书、五经、中国史事、政书、地图为旧学；西政、西艺、西史为新学。旧学为体，西学为用，不使偏废”，“中学为内学，西学为外学，中学治身心，西学应世事，不必尽索之于经文，而必无悖于经义”（《劝学篇·会通》）。在另外三处他也论述了体、用的问题，“均以忠孝节义为本，以中国经史之学为基，俾学生心术一归于纯正，而后以西学沦其智识，练其艺能，务期他日成材，各适实用，以仰副国家造就通才、慎防流弊之意”（《张文襄公文集·奏议》卷六十一），“圣经之纲常义理为本，以古今中外之经济才艺为用”（《张文襄公全集·公牍》卷一百零一），“大致以义理经史之学为体，以经济救时之学为用”（《张文公全集·书札》卷二百一十八）。显然，在中体西用的机制里包涵着伦理规范与经济行为的内容，尤其是伦理规范与经济行为的对应关系。伦理规范主要包涵于中学之中，经济行为主要包涵于西学之中，二者互为表里、彼此糅合。换言之，中国的封建伦理道德被推崇为“体”，占据主导地位，是不能改变的，西方的各种应用学说则是可以模仿、学习的。在此前提下，张之洞将义、利统一了起来，既要兴利，又要尊义。他说：“如其心圣人之心，行圣人之行，以孝弟忠信为德，以尊主庇民为政，虽朝运汽机、夕驰铁路，无害为圣人之徒也。”（《劝学篇·会通》）在他看来，“义”是目标，“利”是手段，要富国强民，维护封建纲常名教，就必须借助西方资本主义“利”的手段。但是，他没有认识到以追求利润为唯一目的的资本主义生产方式，

民族自尊心，洋务派和早期改良派在学习西方先进技术时，往往从中国传统文化中为其寻找结合点，力图将内在的道德修养与外在的功利追求结合起来，将经世纳入义理，实现义、利统一。于是，“中道西器”便成为这一时代思想的显著特征。因此，洋务派和早期改良派引进西方资本主义生产方式，并不是为了变革封建政治制度和伦理道德，而是为了挽救和巩固封建统治。这样，就使得洋务运动和早期改良运动本身成为一个矛盾的组合体，一面提倡重利、兴利，向往西方文明，一面又认为中国的纲常名教、伦理道德超出万国之上。这一思想上的矛盾纽结体现了传统与近代的深层关系与相互推引。它不仅证明了价值观一旦形成，便具有极大的稳定性，社会性质不改变，传统价值观念就不可能彻底更新；同时也说明渐进的、折中的思想模式是社会变革之初的必然选择，它虽然存在不足之处，但对于克服改革阻力并稳定思想发挥了一定的作用，成为传统观念向近代思想转变的根本契机。

3. 西方功利主义思想的引进

从19世纪70年代以来，中国民族资本主义开始有初步的发展，民族资产阶级逐步形成。伴随着民族资本主义经济的发展，中国民族资产阶级迫切希望取得政治上的地位，以资本主义制度代替封建制度，发展资本主义经济。中日甲午战争的失败宣告了洋务运动的破产，帝国主义列强在中国掀起瓜分狂潮，中国面临着亡国灭种的危险。与社会政治生活和经济状况的变动相适应，以严复、康有为、梁启超为代表的后期改良派，即资产阶级维新派，以西方功利主义思想为旗帜，推崇功利，强调趋乐避苦、趋利避害的道德性，在继承早期改良派思想的基础上，构造出兼采中西的道德伦理学说，使这一时期的义利观呈现出新的特点。

严复接受了西方自然主义人性论和快乐主义伦理观，在此基础上，对义利关系进行了深入分析。他指出，“夫背苦而向乐者，人情之大常也，好善而恶恶者，人性所同具也”①，趋乐避苦是人的天赋欲望和本能，人生目标不是追求抽象的善恶，而是追求具体的苦乐。据此，严复提出“乐者为善，苦者为恶”的道德标准。他说：“有叩于复者曰，人道以苦乐为究竟乎？以善恶为究竟乎？应之曰：以苦乐为究竟，而善恶则以苦乐之广狭为分，乐者为善，苦者为恶，苦乐者所视以定善恶者也。……然则人道所

① 王栻主编．严复集．北京：中华书局，1986. 1241.

为，皆背苦而趋乐。必有所乐，始名为善，彰彰明矣。”① 将人的“苦乐”感受作为善恶标准，肯定人的基本需求和情感，这就为严复倡导的功利主义提供了人性论基础。既然“以乐为善”、“以苦为恶”，那么基于人欲满足的求利行为当然是“善”的，执著于尚义轻利，非但不能促进社会发展，反而有害于善。严复力求为“功利”正名，他从天演进化的角度，指出社会发展进步绝对离不开对“利”的追求：“此用意（舍利取义）至美，然而于化于道皆浅，几率天下误仁义矣。自天演学兴，而后非谊不利，非道无功之理，洞若观火。……故天演之道，不以浅夫昏子之利为利矣，亦不以谿刻自敦滥施妄与者之义为义，以其无所利也。”② 这是说，“逐利”倾向是人的本性，也是人类社会发展的起点。人之逐利的自然属性是先于道德形成的，道德这一社会属性是在天择之后才出现的。重义轻利的价值取向致使道德失去了利益驱动力，造成道德提升的困境。严复指出，“盖人之由散入群，原为安利，其始正与禽兽下生等耳，初非由感通而立也”，“今之哲学言为善，所由与古之言为善殊者。古之言为善也，以为利人，而己无与也；今之言为善也，以不如是，且于己大不利也。知为善之所以利己，而去恶且不止于利人，庶几民乐从教，而不祸仁义也”③。严复认为当时中国之所以道德败坏、民风不良，一个重要原因就在于民众贫困到无法讲求道德的地步。他说：“吾国一切之弊，皆可自贫以求其因。其智之不沦，以贫故；其力之不奋，以贫故。问何以污秽而不蠲，贫也；问何作伪而售欺，贫也。……无他，举贫之为患而已矣”④，所以，“惟能疗贫，而后有强之可议也，而后于民力、民智、民德可徐及矣”⑤。在此基础上，严复借用斯密的功利原则，对中国讳言财利的传统价值观提出了批评。他说，“然而犹有以斯密氏此书为纯于功利之说者，以谓如计学家言，则人道计赢虑亏，将无往而不出于喻利。驯至其效，天理将亡，此其为言厉矣。独不知科学之事，主于所明之诚妄而已。其合于仁义与否，非所容心也。且其所言者计，固将非计不言，抑非曰人道止于为计，乃已足也”⑥，“中国士大夫，以言利为讳，又忕习于重农抑商之说，于是生财之

---

① 王栻主编．严复集．北京：中华书局，1986. 1359.
② 王栻主编．严复集．北京：中华书局，1986. 859.
③ 王栻主编．严复集．北京：中华书局，1986. 1022.
④ 王栻主编．严复集．北京：中华书局，1986. 148.
⑤ 王栻主编．严复集．北京：中华书局，1986. 149.
⑥ 王栻主编．严复集．北京：中华书局，1986. 100.

途常隘，用财之数常多，而财之业于天地之间，往往遗弃而不理。吾弃财而不理，则人之睨其旁者，势必攘臂而并争，于是财非其财。吾弃财不理而不给于用，用仍取给于隘生之途，途益隘而取益尽，于是上下瘁，而国非其国。财非其财，国非其国，则危败之形立见"①。可见，耻于言利是造成中国落后的重要原因，若不痛改讳言利之陋习，就不可能挽救国家危亡，实现富国裕民。为鼓励百姓积极从事求利活动，严复主张经济上的自由放任，反对国家干预经济生活。他说，"所谓富强云者，质而言之，不外利民云尔，然改欲利民，必自民各能自利始，民各能自利，又必自皆得自由始"②，"凡可以听民自为自由者，应一切听其自为自由，而后国民得各尽其天职，各自奋于义务，而民生始有进化之可期"③。他认为经济运动如同自然规律，"理有固然"，"势有必至，决非在上者所得强物从我，倒行逆施"④，如果"强物情，就己意，执不平以为平"，就会出现"大乱之道"⑤。这种经济自由主义思想显然受到英国经济学家斯密的影响，反映了民族资产阶级希望自由经营工商业、反对封建束缚的时代要求。严复虽然对中国传统义利观忽视物质利益而空谈道德的倾向进行了批判，但又不赞成西方极端利己主义价值观，认为两者都割裂了义利关系。他指出，"民之所以为仁若登，为不仁若崩，而治化之所难进者，分义利为二者害之也。孟子曰：'亦有仁义而已矣，何必曰利？'董生曰：'正谊不谋利，明道不计功。'泰东西之旧教，莫不分义利为二涂。此其用意至美，然而于化于道皆浅，几率天下祸仁义矣"⑥，"大抵东西古人之说，皆以功利为与道义相反，若薰莸之必不可同器"⑦。中西古代都将义、利分裂对立起来，认为义、利不能相提并论，这不利于"利益"的合理化，也不利于道德原则、道德行为本身的发展。为此，严复试图破除"利义两分"概念，提出了"义利合"的思想。他从亚当·斯密那里拿来"开明自营"的原理，认为这是"近世最有功生民之学"，要让芸芸众生，熙熙攘攘，皆为利而来

① 王栻主编．严复集．北京：中华书局，1986. 1552.
② 陈瑛，温克勤．中国伦理思想史．贵阳：贵州人民出版社，1985. 901.
③ 王栻主编．严复集．北京：中华书局，1986. 1118.
④ ［英］亚当·斯密．原富．严复译．北京：商务印书馆，1981. 83.
⑤ ［英］亚当·斯密．原富．严复译．北京：商务印书馆，1981. 636.
⑥ 王栻主编．严复集．北京：中华书局，1986. 858.
⑦ 王栻主编．严复集．北京：中华书局，1986. 859.

去。“开明自营”就是主张“明两利为利，独利必不利”①。在现实生活中“未有不自损而能损人者，亦未有徒益人而无益于己者，此人道绝大公例也”②，所以只有通过“开明”的手段，才能达到人我两利、义利统一的新境界。他说，“今人则谓生学之理，舍自营无以为存。但民智既开之后，则知非明道则无以计功，非正谊则无以谋利，功利何足病，问所以致之道何如耳，故西人谓此为开明自营，开明自营，于道义必不背也”③，“庶几义利合，民乐从善，而治化之进不远欤!”④ 在严复看来，“两利相利”就是义，“盖真利者公利，公私固不两立也”，就是说，一方面私利的实现能够促进公利，“积私以为公”⑤，由私利的价值合理性可以推论公利的价值合理性；另一方面，促进公利的或通过公利来实现的私利才是真实的、长远的私利，即“惟公乃有以私存，惟义乃可以为利”⑥。因此，义与利、公与私是相互统一、密不可分的，这实质上是西方合理利己主义的中国式表述。严复相信，奉行西方资产阶级的功利主义会给人民带来富裕，他说：“中国士大夫好讥空言为无补，言诚有无补者，然如斯密、穆勒诸家之言，利存民生衣食之际，盖无异慈母持婴儿而乳之矣，其功岂可量哉!”⑦ 总起来看，严复的经济伦理思想代表了中国近代义利观的新范式，他以中国社会现状为出发点，以西方近代资本主义伦理道德为参考坐标，充分汲取西方伦理价值的合理因素并与中国传统道德相互融合，力图构建具有民族特色的近代化伦理思想。不难看出，严复在对中国传统道德改铸的同时，也在对西方文化、伦理价值进行检讨，并能得出更有价值的思想成果。这是西方道德观念中国化产生积极意义的前提，也是建构一种有根基的伦理道德体系的理想途径。

康有为从“求乐避苦”的自然人性论出发，对传统义利观进行了批判，既批判了封建伦理道德对人的桎梏，也批判了传统的轻利思想。康有为根据进化论宣称人是自然界长期发展的产物，人的基本欲望是天生的自然属性，无师自通，不学自会。“人性之自然，食色也，是无待于学也；

---

① 王栻主编．严复集．北京：中华书局，1986.1359.
② 王栻主编．严复集．北京：中华书局，1986.892.
③ 王栻主编．严复集．北京：中华书局，1986.1395.
④ 王栻主编．严复集．北京：中华书局，1986.858.
⑤⑥ 王栻主编．严复集．北京：中华书局，1986.1395.
⑦ 沈善洪，王凤贤．中国伦理学说史．杭州：浙江人民出版社，1988.770

人情之自然，喜怒哀乐无节也，是不待学也。”① 当人的欲望得到满足时，“则益乐”；反之，“则以为苦”。康有为把这种“求乐免苦”的自然人性作为其理论的出发点和归宿，“日益思为乐免苦之际，是为进化”②。在此基础上，康有为强调人的物质欲望的合理性，他说，“凡为血气之伦必有欲，有欲则莫不纵之，若无欲则惟死耳”③，物质欲望和利益是人的生理的自然要求，“天不能使人皆圣贤，即使人皆圣贤，不能使无疾病贫夭，人之愿望无穷，则人之望治无已”，“况天之生善人少而恶人多，风雨寒暑之不时，山川物质之不齐，人之气质，受成于地，感生于山川物质，触遇于风露寒暑，争欲相炽”④。这是说，人为了自身的生存和发展，必然有物质欲望和物质利益的需要，人的欲望、利益是与生俱来、不可避免的，这无疑是对宋明理学所提倡的“存天理、灭人欲”的否定。康有为认为物质欲望作为人的自然心理现象，不但不是恶，反而是社会进步与文明发展的内在动力，它的满足本身就是一种“善”，“欲者爱之征也，……即所谓仁也”⑤ 因此，对人的物质欲望只能顺之而不能绝，应该“因而行之”，合理地给予满足。“夫天生人必有情欲，圣人只有顺之，而不绝之”⑥，“使民有欲，顺天性也；不得过节，成人理也”⑦。在肯定物质欲望的同时，康有为竭力反对义理，明确指出封建义理是对人欲的无情压抑，是一种有悖人性的恶行。他说：“立义隘狭，反乎公理，悖乎圣义，而世俗习而不知其非，宜仁义之日微，而中国之不振。”⑧ 中国传统的重义轻利思想讲究义理、排斥功利，违背了人的自然本性，致使国势日趋衰微，“宋儒不知，而轻鄙功利，致人才恭尔，中国不振，皆由于此”⑨。西方资本主义国家讲究功利，强调竞争，满足人的合理欲望，所以国势日益强盛，“中国之教，所谓亲亲而尚仁，故如鲁之秉礼而日弱。泰西之，我谓尊贤而尚功，故如齐之功利而能强”⑩。康有为通过对欧美和中国的比较指出，“观今欧美风

---

①② 汤志钧编．康有为政论集（上册）．北京：中华书局，1981. 12.

③ 汤志钧编．康有为政论集（上册）．北京：中华书局，1981. 14.

④ 汤志钧编．康有为政论集（上册）．北京：中华书局，1981. 6.

⑤ 汤志钧编．康有为政论集（上册）．北京：中华书局，1981. 9.

⑥ 谢遐龄编．变法以致升平：康有为文选．上海：上海远东出版社，1997. 195.

⑦ 康有为．康有为全集（第2集）．上海：上海古籍出版社，1990. 852.

⑧ 康有为．论语注．北京：中华书局，1984. 214.

⑨ 康有为．论语注．北京：中华书局，1984. 210.

⑩ 上海市文物保管委员会编．戊戌变法前后：康有为遗稿．上海：上海人民出版社，1986. 217.

俗，富者动舍财数千百万，为一学堂医院，或养狂病老之人。吾游其间，整洁壮丽，饮食衣服，坐起操作，优游皆法度，国无乞丐，皆由民富致然”，而“吾国人众奇穷，饥寒切肤，不顾廉耻，良由上无仁政，又无公权，富民无术而使之然”①。可见，欧洲与中国之强弱不在道德哲学，而在物质生产，“盖寻新地，新法，制新器，此物质之大效，而欧人之所以雄跨大地者也。凡主动力之创始者必先收其效，欧人已然矣，而英国者又欧人中物质学之主动力也，故英人又最先收其大效焉”②。如果不发展物质生产、不追求物质生产的功利，而空谈民主革命、平等自由等问题，是非常不现实的，“夫势者，力也；力者，物质之为多。故方今竞新之世，有物质学者生，无物质学者死，小国若缅甸、安南、高丽，无物质学者立死。文明大国若突厥、波斯、西班牙，无物质学者，少辽缓着死，然削弱危殆，而终归于亡”③。对此，康有为指出，只有转变传统的重义轻利观念、引进功利原则、发挥物质生产的功效，才能增强国家物力，使国家强盛。“以为救国至急之方者，则惟在物质一事而已”④，“物质者，至粗之形而下者也，吾国人能讲形而上者，而缺于形而下者，然则今而欲救国乎？专从事于物质足矣。于物质之中，先从事于其工艺兵炮之至粗者，亦可支持焉”⑤。政府应当放任与鼓励民众营利，保护他们投资兴办各种近代工商业，“民之欲富而恶贫，则为开其利源，原其生计，如农工商矿机器制造之门是也”⑥。从这种资产阶级的功利论出发，康有为提出，对于传统之“义”，应给予批判和改造。他说，“义者，人事之宜”⑦，“事宜者，其地与人合宜，其时与人合宜，则施之恰当”⑧。“义”作为一种规范人们行为的伦理道德，它的内涵将随着时代的进步而改变，“人道者，依人以为道，依人之道，苦乐而已”⑨。所以，道义与物质欲望一样，判断义与不义、善与恶的标准就在于能否满足和实现人们“求乐免苦”的欲望。“圣人之礼，

---

① 康有为．孟子微（卷四）．北京：中华书局，1987. 93.

② 康有为．物质救国论．台北宏业出版社，1980. 34.

③ 汤志钧编．康有为政论集（上册）．北京：中华书局，1981. 565

④ 康有为．孟子微（卷四）．北京：中华书局，1987. 73.

⑤ 汤志钧编．康有为政论集（上册）．北京：中华书局，1981. 569.

⑥ 康有为．孟子微（卷四）．北京：中华书局，1987，73.

⑦ 康有为．长兴学记．北京：中华书局，1988. 11.

⑧ 康有为．论语注．北京：中华书局，1981. 50.

⑨ 谢遐龄编．变法以致升平：康有为文选．上海：上海远东出版社，1997. 196.

无往非顺乎天地，顺乎人情，顺乎时宜”①，“普天之下，有生之德，皆以求乐免苦而已，无他道矣”②。伦理道德的作用，不是为了维护封建等级制度，“其术不过为人增益其乐而已”。③ 在这里，康有为强调，“义”要顺乎人情，人们求乐免苦的需求是判断一切伦理道德的标准。以此为基础，在义利关系上，康有为作了较为深刻的探讨，兼顾道德与利益的双向审视。他同意孟子“使有菽粟如水火，民无不仁”的看法，也赞同管子提出的“仓廪实则知礼节，衣食足则知荣辱”的观点，认为“礼始于饮食，故亦纬以饮食焉”④，个人的物质利益是道德行为的基础，“盖未富而言教，悖乎公理，紊乎行序也”，“治国之道，必先富民”⑤。在宣传功利主义、提倡重利的同时，康有为没有忽视义的作用，强调利的获取要合乎义，合乎一定的道德规范。他说：“利者，人所同好。……恐因自利而生贪夺，反以害人道。”⑥ 他指出背义取利的行为将导致严重的后果，给社会造成极大危害。“上自霸主，下至豪奸，皆好侵人之界以益己，在己身则为怨府，而悖人必至悖出；在天下则为乱源，而争始必以杀终”⑦，因此，“人甚有利而无大义，虽甚富则羞辱大恶。……夫人有义者，虽贫能自乐也。而无大义者，虽富莫能自存”⑧。只有重视“义”的建设、重视国民素质的提高，才能达到利益均衡、人人平等的目标。“庶而不富，则民生不遂；富而不教，则民德不育”，“富以养其生，教以养其性，二者备矣”⑨。总的说来，康有为的经济伦理思想，既承继了明清之际思想家关心民生的人文观念，同时也是对西方近代功利主义思想的直接回应。它为维新派发展资本主义工商业提供了道德基石，也使功利主义理论在传统价值观的近代化建构中，日渐成为一种主导的价值原则。

梁启超的经济伦理思想以边沁的功利主义为基石，同时结合墨子的“兴天下之利”论，将利己与利他、私德与公德统一起来，构筑了新的民

---

① 谢遐龄编．变法以致升平：康有为文选．上海：上海远东出版社，1997. 196.

②③ 石峻．中国近代思想史参考资料简编．北京：生活·读书·新知三联书店，1957. 300

④ 谢遐龄编．变法以致升平：康有为文选．上海：上海远东出版社，1997. 299.

⑤ 康有为．论语注．北京：中华书局，1984，194.

⑥ 康有为．论语注．北京：中华书局，1984，123.

⑦ 康有为．论语注．北京：中华书局，1984. 50.

⑧ 康有为．康有为全集（第 2 集）．上海：上海古籍出版社，1990. 937.

⑨ 康有为．论语注．北京：中华书局，1984. 194.

德理论。梁启超基于进化论的思想，指出道德是人类社会特有的现象，产生于一定的社会关系。每个人在社会生活中，必然要与他人发生各种关系，道德就是为调节人与人之间、个人与社会之间的关系而产生的。换言之，人类如果没有社会生活，没有结成一定的社会关系，就不可能产生道德。他举例说，“如《鲁宾逊漂流记》里所称以孑身独立于荒岛，则无所谓道德，亦无所谓不德”①，“夫一私人之所以自处，与一私人之对于他私人，其间必贵有道德者存”②，故而“且论者亦知道德所由起乎？道德之立，所以利群也”③。道德是人们在协调各种关系及矛盾冲突时共同制定并遵守的行为准则，它使每一个社会成员在社会生活中的正当利益获得公平合理的满足。既然道德产生于一定的社会关系，因人而设，因群而立，那么随着人类社会文明的发展变化，道德的内容也会发生变化。梁启超指出，“德也者，非一成而不变者也”，“至其道德之外形，则随其群之进步以为比例差，群之文野不同，则其所以为利益者不同，而其所以为道德者亦自不同”④。尽管道德内容受时代影响发生了深刻变化，但是道德的本原却是不变的。梁启超认为道德的本原就是“利群”，任何时代、任何民族都以“一群之公益”作为主导的道德评价标准。“道德之立，所以利群也。故因其群文野之差等，而其所适宜之道德亦往往不同，而要之以能固其群、善其群、进其群者为归”，“公德之大目的，既在利群，而万千条理即由是生焉”⑤。在他看来，是否利群是区别善恶、评判道德的根本标准，道德的具体内容正是从这一目的出发来制定的。“是故公德者，诸德之源也，有益于群者为善，无益于群者为恶”，“此理放诸四海而准，俟诸百世而不惑者也”⑥。“利群”就是利国、爱国，国家是最大的社会群体，一个民族公德之有无和盛衰，关系到这个民族的存亡盛衰。这样，梁启超就将道德建设与救亡图存联系起来。面对日益衰落的中国，他提出必须“急急斟酌古今中外，发明一种新道德而提倡之”⑦。他说：“然则吾辈生于此群，生于此群之今日，宜纵观宇内之大势，静察吾族之所宜，而发明一种新道德，以求所以固吾群、善吾群、进吾群之道；未可以前王先哲所罕言者，遂以自画而不敢进也。”⑧ 梁启超把“新民德”分为“公德”和“私德”，

① 葛懋春，蒋俊编．梁启超哲学思想论文选．北京：北京大学出版社，1984. 185.

② 张品兴编．梁启超全集．北京：北京出版社，1999. 661.

③④⑤⑥⑦⑧ 张品兴编．梁启超全集．北京：北京出版社，1999. 662.

所谓公德，指的是个人与社会、群体、国家之间的关系，即个人对于社会、群体、国家应尽的各种义务。梁启超称之为“泰西新伦理”，将其定义为“人群之所以为群，国家之所以为国”① 的道德。而私德，主要是指个人的道德修养、道德意识以及处理个人与个人之间关系的伦理准则，梁启超把它称为“中国旧伦理”，即“家族伦理”②。关于公德和私德之关系，梁启超认为两者并不冲突，是并行不悖的。他说，“道德之本体一而已，但其发表于外，则公私之名立焉。人人独善其身者谓之私德，人人相善其群者谓之公德，二者皆人生所不可缺之具也”，“无私德则不能立，合无量数卑污虚伪残忍愚懦之人，无以为国也；无公德则不能团，虽有无量数束身自好、廉谨良愿之人，仍无以为国也”③。公德和私德都是人生不可缺少的品德，二者处于同等重要的位置，私德是公德的基础，公德是私德的延续和发展，“一私人而无所私有之德性，则群此百千万亿之私人，而必不能成公有之德性”，因此“断无私德浊下，而公德可以袭取者”④。可见，公德、私德是一个事物的两个方面，缺一不可。“夫一私人之所以自处，与一私人之对于他私人，其间必贵有道德者存，此奚待言！虽然，此道德之一部分，而非其全体也。全体者，合公私而兼善之者也。私德公德，本并行不悖者也”⑤，唯有“合公私而兼善之”，民族才能兴旺，国家才能强盛。梁启超将中国旧伦理与西方新伦理作了比较，指出旧伦理之分类，曰君臣，曰父子，曰兄弟，曰夫妇，曰朋友；新伦理之分类，曰家族伦理，曰社会伦理，曰国家伦理。“旧伦理所重者，则一私人对于一私人之事也。新伦理所重者，则一私人对于一团体之事也”，重公德或重私德是新旧道德的分野，而“我国民所最缺者，公德其一端也”，“试观《论语》、《孟子》诸书，吾国民之木铎，而道德所从出者也。其中所教，私德居十之九，而公德不及其一焉”⑥。当时中国社会“私德”发达而公德观念却很淡薄，导致“提倡之者既有所偏，其末流或遂至相妨”⑦ 的结果。梁启超进一步指出造成国民缺乏群体观念、公德观念的原因在于，我国国民长期处于专制政体之下，习为奴隶，视国家为帝王之私产，“非吾济所与有”，所以爱国心非常薄弱，“于国家之盛衰兴败，如秦人视越人之肥

①②③　张品兴编．梁启超全集．北京：北京出版社，1999. 660

④　葛懋春，蒋俊编．梁启超哲学思想论文选．北京：北京大学出版社，1984. 185.

⑤⑥⑦　张品兴编．梁启超全集．北京：北京出版社，1999. 661.

瘠，漠然不少动于心，无智愚贤不肖，皆皇然为一家一身之计”①。如果长此下去，公德思想将不复存在，国将不国。梁启超从救亡图存的爱国心出发，强调要增进国民公德，就必须实行道德革命，用新道德代替旧道德，由重私德转变为重公德。他说，“吾人其有伟大国民之欲望乎？则亦培养公德，磨砺政才，剪劣下之根性，涵远大之思想，自克自修，以蕲合于人格。国民者个人之集合体也。人人有高尚之德操，合之即国民完粹之品格”，假使人人都具有良好的公德意识和群体观念，共同抵御外侮，那么中国将自立于世界民族之林，“有四万万之伟大民族，又乌见今日之轻侮我者，不反而尊敬我畏慑我耶？西哲有言，外侮之时，最易陶成健强之品格”②。从梁启超的以上论述中可以看到，道德的内容和本原都离不开“利”。新道德提倡“利群”，也就意味着必须促进一群之公益，对群体无益或对群体有害都不是道德的行为，即“利与不利”成为新道德的标准，新道德不再与利益相对立，而是具有了利益的内涵，“故道德，专以产生乐利，豫防苦害为目的”③。这样，“利”不再依赖于“义”而存在，相反“利”优先于“义”，成为“义”的基本准则，从而完成了义利之辨的逆转。梁启超基于边沁的“苦乐”原理，指出求利是人的本性，是合理的欲求。他说，“生而有一求乐求利之性质”，“人既生而有求乐求利之性质，则虽极力克之窒之，终不可得避”④。人类生存于物竞天择的世界，各谋利己，相互竞争，这是自然之势，无可非议。中国传统道德重义而轻利，把人对私利的追求贬为小人之末德，梁启超则大胆为利己正名，提出是否利己是国民的社会责任，“故人而无利己之思想者，则必放弃其权利，弛掷其责任，而终至于无以自立”⑤，由于中国人缺乏利己之德，导致“国不自强而望列国之为我保全，民不自治而望君相之为我兴革”⑥ 的严重后果。他赞扬西方功利主义的“为我”、“利己”思想，“实有足以助人群之发达，进国民之文明者”⑦。甚至认为发扬杨朱的“为我”之学足以救中国，“杨朱曰：‘人人不损一毫，人人不利天下，天下治矣。’吾畴昔最深恶痛恨其言，由今思之，盖亦有所见焉矣。其所谓人人不利天下，固公德之蟊

① 王德峰编．国性与民德——梁启超文选．上海：上海远东出版社，1995. 88.

② 王德峰编．国性与民德——梁启超文选．上海：上海远东出版社，1995. 91.

③ 张品兴编．梁启超全集．北京：北京出版社，1999. 662.

④ 张品兴编．梁启超全集．北京：北京出版社，1999. 1045.

⑤ 葛懋春，蒋俊编．梁启超哲学思想论文选．北京：北京大学出版社，1984. 53.

⑥⑦ 张品兴编．梁启超全集．北京：北京出版社，1999. 666.

贼，其所谓人人不损一毫，抑亦权利之保障也”①。关于个人利益和群体利益关系，梁启超接受了边沁的“最大多数人的最大幸福”观点，他指出功利主义的最终目的是“利己”和“最大多数最大幸福”的统一，是公益和私利的统一。② 梁启超还从传统文化中去寻找利己与利他的思想资源，他看到墨子的“兴天下之利”论，提倡“爱人者人亦从而爱之，利人者人亦从而利之”，既以利人为目的，又以利人为手段，这是对“利己才能利人、利人就等于利己”的更合理的诠释。梁启超在进化论思想的影响下，进一步引入日本学者加藤弘之的学说来巩固其观点。加藤认为利他的行为都是出于利己心，梁启超看到了其中合理性的一面，如果人们知道利他最终可以达到利己，那么就会尽量做出利他的行为。“欲利己不可不先利他以为卿等所谓利，非真利也。苟其真欲自利，则请求之于自利之外……利己何病之有？如果能够视一家亲如一体，一乡亲如一体，一国亲如一体，一乡一国天下众生皆为一体，思所以去其苦，而生其乐，又有何不可？”③ 把“利他心”看成是变相的“利己心”，能让人们在利他时找到依据。由于人有着“自利”的本性，单单提“利他”是不可取的，只有让人们把“利他”和“利己”相联系，才能给人的“利他”行为一定的动力。“利他心”有了依据，“利群”的新民德才不会化为空谈。在义利关系上，梁启超认为利决定义，经济决定道德，“生计之关系于民德，如是其切密也”④。他引用管子和孟子的名言：“管子曰：‘仓廪实而知礼节，衣食足而知荣辱。’孟子曰：‘民无恒产，斯无恒心。既无恒心，放僻邪侈，救死不赡，奚暇礼义？’”⑤ 梁启超认识到“义”即道德是适应社会生活的需要而形成的，一定的道德原则和道德规范是由一定的社会经济利益决定的，“道德所由起乎？道德之立，所以利群也。……道德之精神，未有不自一群之利益而生者”⑥。他还从更深层次上论述了义与利的关系，区分了“生利”与“分利”，“申而言之，则国之兴衰，一视其总资本总劳力之有所复无所而已，有所从者，资母孳子，大学谓之生之者，生计学家名之曰生利。无

---

① 张品兴编．梁启超全集．北京：北京出版社，1999. 666.

② 张品兴编．梁启超全集．北京：北京出版社，1999. 1045.

③ 张品兴编．梁启超全集．北京：北京出版社，1999. 390.

④⑤ 葛懋春，蒋俊编．梁启超哲学思想论文选．北京：北京大学出版社，1984. 190.

⑥ 张品兴编．梁启超全集．北京：北京出版社，1999. 662.

所复者，蚀母亡子，大学谓之食之者。生计学家，名之曰分利”①。他认为“生利之人有二种，一曰直接以生利者，若农若工之类是也。二曰间接以生利者，若商人若军人若政治家若教育家之类是也。而其生利之力亦有二种，一曰体力，二曰心力。心力复细别为二，一曰智力，二曰德力”②。在这里，梁启超将道德看作是获取利益的重要手段和支撑力量，离开了“义”，“利”的取得将无规可循，这种认识是难能可贵的。他认为当前首要之事是发展资本主义工商业、追求物质利益，从而使中国生利之人日多，人无不尽之力，地无不尽之利，“国富矣，而犹弱于人，吾未之闻也，若是乎，二十世纪生计竞争之世界，果让我执牛耳而莫与京也”③。总的来看，梁启超的义利观是以边沁的功利主义思想为基础，但并非是对边沁思想的简单移植，而是受到中国传统伦理思想的影响。他把这两种思想结合在一起，由私德推出公德、利己推出利群，不仅表达了日趋成熟的资产阶级的根本利益需求，而且赋予集体主义和爱国主义以新的理论依据，展露了近代中国资产阶级经济伦理思想的独有特色。

由上可见，以严复、康有为、梁启超为代表的资产阶级维新派，打破了洋务派和早期改良派传播西学的方式，扩展了西学的内容，第一次全面、系统地介绍了功利主义学说，并以他们自己的方式，探索着功利主义在中国的发展之路。在这条探索和试验的道路上，有对中国传统义利观的传承和扬弃，也有对西方功利主义的取舍。对传统义利观的传承和扬弃，使得个人主义始终无法成为中国的主流思想。虽然戊戌时期之后的诸多思想家都不同程度地发展了功利主义思想，却始终未能得出个人主义的功利主义，“群己和谐”的立场为更多的学者所接受。对西方功利主义的取舍，在一定程度上修正了功利主义不关注个体德性的弊端。维新派因袭了中国传统价值观中的利益优先原则、事功原则，这是西方功利主义与中国传统义利观的契合之处，这些思想大多是传统文化中的非正统甚至异端思想，一直到近代才有了向正统思想转化的可能。与之同时，维新派当然也受到了西方功利主义思想的影响，功利主义的合理利己主义和快乐主义的内核使他们对“利”与“私”有了新的认识，摆脱了“重义轻利”、“以公为先”的传统观念，使得“利”与“私”具有了独立、合理的地位。他们肯定“群己和谐”，并没有坚持完全的个人主义立场，为功利主义在中国

①② 张品兴编．梁启超全集．北京：北京出版社，1999. 696.

③ 张品兴编．梁启超全集．北京：北京出版社，1999. 702.

的进一步发展奠定了基础。维新派在对西方功利主义思想的取舍中，试图根据中国国情，完善其理论形态，这涉及道德与利益的关系、个人利益与群体利益的关系等问题。西方功利主义者往往将“功利”视为一种终极原则，任何的道德规范都以这个标准为唯一的衡量基础。维新思想家受传统义利观的影响，并未完全放弃德性论，始终为道德保留一定的空间。功利原则仅仅在说明道德起源的时候才有价值，一旦确立了利益对于道德的基础地位后，它就渐渐退化为包含在道德原则之中的一种原则。因此，维新思想家虽然肯定追求私利的合理性，肯定利益是道德的基础，肯定私利与公利的和谐统一，但却没有把功利原则作为衡量善恶的终极标准。在他们看来，利益追求可以成为感性驱动力和理性驱动力，“制度上对利益的肯定成为了民德形成的内在驱动力”①，但也只是驱动力而已，无法成为道德的全部。维新派的最终目标是培养具有“新民”意识的国民。所谓“新民”当然会有利益追求，但却远远不止于此，还要具备在救亡环境下的应有的各种品德。所以，“功利”可以解释道德的起源，却无法说明道德的本质。总起来看，戊戌时期维新派的义利思想，作为功利主义在中国发展的初始阶段，已经表现出现代性学说的某些特征，但又没有完全抛弃传统观念。这是对传统义利观的传承，更是一种转变，为中学与西学的互补、传统与现代的权衡提供了一种启示。

4. 对西方功利主义思想的全面批判

辛亥革命前后，功利主义在近代中国的发展经历了一个明显的转折，以章太炎和孙中山为代表的资产阶级革命派，运用整体主义和德性主义的理论武器，对功利主义学说进行了全面批判。

章太炎接受达尔文的进化论，在社会历史观方面提出了“俱分进化论”。所谓“俱分进化论”是指人类历史中善与恶、苦与乐，不是一方直进，而是双方同时并进，“进化之所以为进化者，非由一方直进，而必由双方并进，专举一方，惟言智识进化可尔。若以道德言，则善亦进化，恶亦进化；若以生计言，则乐亦进化，苦亦进化。双方并进，如影之随形，如罔两之逐影”②。善与恶、苦与乐是同时进化或退化的。就善恶而言，人与禽兽相比，“他物唯有小善，而人之为善稍大”，人为善的能力虽大，但人类为恶也甚于它物，例如，“虎豹虽食人，犹不自残其同类，而人有自

① 隋淑芬等．新制度生成新民德．思想教育研究，2007（3）．

② 章太炎．章太炎全集（四）．上海：上海人民出版社，1985. 386.

残其同类者"①。可见，善进恶亦进，人类社会愈发展，善愈进化，而恶也随之愈加进化。封建社会与资本主义社会相比较，前者等级森严，后者人人皆有平等观念，这是善的进化。但在"平等"的背后掩盖着因贫富悬殊而造成的极端不平等，所以随着善的进化，恶也有所发展。就苦乐而言，章太炎指出，"资具愈多，悉为己有，其得乐之处愈广，其得苦之处亦愈广"，"思想愈精，利害较著，其思未来之乐愈審，其虑未来之苦亦愈審"②。他举例说，"如火将焚栋，燕雀处堂，颜色不变；若在小儿，亦鲜危怖；其在成人，则望气而瞿然也"③，由此得出结论，"苦乐相资，必不得有乐无苦，善恶并进，犹云汎指全体；苦乐并进，则非特偏于全体，而亦局于一人。其并进之功能，盖较善恶为甚矣"④。从"俱分进化论"出发，章太炎反对现代化工业生产，他认为伴随着资本主义工业生产而来的是苦多于乐，"凡求幸福，无不得苦，今日阶级未平，苦者自苦，乐者自乐，诚不相谋，若阶级既平以后，当一人兼之矣。欲乘汽船，必先凿煤，乘轮之乐，不偿开坑之苦也。欲孳稼检，耕以机器，开坑之苦，更甚于力家矣。若使苦乐异人，其不均何异于今日耶？然则小艇可乘，何必轮舰？躬耕足食，安取引机？但损欲速务多之念，福亦犹人，必不因之致苦也。此则今日所有文明，尚当有裁损者，何得复求增进？至于文明野蛮之分，本是俗论，无足顾虑"⑤。章太炎之所以认为善恶、苦乐是并进的，在于他对进化论的理解与严复等人不同。达尔文的进化论是19世纪生物学的发现，但"达尔文生物进化理论运用于社会领域，并非必定意味着人类社会的运动朝向令人满意的目标。作为一种自然科学的概念，它同时与乐观主义和悲观主义相容。按照不同的估价，它既可以是社会逐渐完善理论的死亡判决书，也可以是社会进步的最好保证"⑥。严复在英国期间，英国正处于强盛的维多利亚时代，举国上下弥漫着乐观主义气氛，生物进化论获得乐观的阐述，成为人类社会进步的自然规律说明。因此，严复将进化论与乐观主义相结合，认为人类社会的发展就是去苦求乐的进化过程。与其相反，章太炎将进化论与悲观主义相容，对进化论作出了悲观的阐释，形成

---

① 章太炎．章太炎全集（四）．上海：上海人民出版社，1985. 387.

②③ 章太炎．章太炎全集（四）．上海：上海人民出版社，1985. 392.

④ 章太炎．章太炎全集（四）．上海：上海人民出版社，1985. 393.

⑤ 赵靖，易梦虹．中国近代经济思想资料选（下册）．北京：中华书局，1982. 171.

⑥ 姚军毅．论进步观念．北京：中国社会科学出版社，2000. 90.

“俱分进化论”。对进化论的理解不同，导致他们对善恶的看法、对人类社会发展的看法产生很大差异。严复、康有为等人接受了去苦求乐的功利主义思想，章太炎却极力反对，主张德性论。他认为功利主义的一大弊病就是以利禄驱使天下，从而造成过于趋向势利的国民性，“会功利说盛行，其义乃益自固，则成败之见，常足以扰是非”①。在他看来，维新派屡屡失败的原因，就在于他们“不能忘情于名利”，事事“为利欲所制”，“徒以萦情利禄，贪著赠馈，使人深知其隐，彼既非为国事，则谁肯为之效死者。戊戌之变，戊戌党人之不道德致之也”②，因此，“道德堕废者，革命不成之原，……亡国灭种之根极”③。为了消除功利主义思想对革命事业的危害，章太炎确立了以康德信仰主义伦理学为主体的道德论。他赞同康德的“意志自律”原则，认为道德力量的来源不只是社会的外在规范，更在于人心的内在要求。据此，章太炎提出“依自不依他”之说，强调道德行为要自己做主，不依赖于他人或鬼神，“盖以支那德教，虽各殊途，而根原所在，悉归于一，曰：‘依自不依他’耳。……虽虚实不同，拘通异状，而自贵其心，不以鬼神为奥主，一也”④。人生本来就是独立的，并不是为他人而生，“而造物无物，亦不得有其命令者。吾为他人尽力，利泽及彼，而不求圭撮之报酬，此自本吾隐爱之念以成，非有他律为之规定。吾与他人戮力，利泽相当，使人皆有余，而吾亦不忧乏匮，此自社会趋势迫胁以成，非先有自然法律为之规定”⑤。人履行道德责任，不是为求报酬，而是出于“隐爱之念”，出于自主的选择。人用道德规范来指导自己的行为，完全出于意志自由，任何道德行为都是人格独立、意志自由的活动。所以，可以得出结论，“然所以维持道德者，纯在依自，不在依他”⑥。章太炎将道德行为看作是出于自由选择，提倡“依自不依他”，并同内在的“隐爱之念”联系起来，强调要靠意志力坚持下去，才能培养出高尚的道德，这对于树立以献身精神为准则的“革命道德”具有积极意义。章太炎十分重视革命者的道德，他认为只有道德者，才能取得革命胜利，“人人

① 章太炎．章太炎全集（四）．上海：上海人民出版社，1985. 335.
② 章太炎．章太炎全集（四）．上海：上海人民出版社，1985. 280.
③ 章太炎．章太炎全集（四）．上海：上海人民出版社，1985. 284.
④ 章太炎．章太炎全集（四）．上海：上海人民出版社，1985. 369.
⑤ 章太炎．章太炎全集（四）．上海：上海人民出版社，1985. 445.
⑥ 章太炎．章太炎全集（四）．上海：上海人民出版社，1985. 374.

皆不道德，则惟有道德者可以获胜”①。为了加强革命者的修养，章太炎提出“道德者不必甚深言之，但使确固坚厉、重然诺、轻生死”②，即革命者应该有坚定的立场、崇高的信仰和自我牺牲的精神，应当对社会、对民族负起责任，而“若能则而行之，率履不越，则所谓确固坚厉，重然诺，轻死生者，于是乎在”③。革命者具备此种道德，革命便有成功的希望，“幸而时济，庶几比于铅刀一割”④。功利主义者认为，幸福是唯一的善，善恶必须以能否带来幸福作为衡量标准。对此，章太炎提出反幸福论的主张。他明确表示“幸福本无”，“求增进幸福者，特贪冒之异名”⑤，也就是说，道德与幸福势不两立，对幸福的追求和向往绝不是道德行为的出发点和内在动力。章太炎将“幸福”和“快乐”区别开来，认为人的本性是求“快乐”而不是求“幸福”，幸福指物质性的感官享受，快乐则指精神趣味。人们追求的应该是精神需要的满足，而不是物质利益的满足，只有自觉抵制对世俗幸福的向往，才能达到“重然诺，轻生死”的道德境界。章太炎的这一见解，实际上是发挥了康德的思想，即“道德律令”之所以有无上的价值，不是因为它带来任何世俗幸福，而是招来莫大的牺牲，真正的道德行为“只有在苦难中才最显示出它们的卓越来的”⑥。总而言之，章太炎的德性论，在推翻封建统治、缔造新型国家的前夜，对于砥砺革命志士的高尚人格，对于人们精神生活的趋于完善，具有一定的积极影响和作用。但是，他从批判对个人名利的追逐行为出发，彻底否定功利主义理论，显然是十分片面的。因为道德的直接根源是作为社会经济关系表现的利益关系，道德是人们利益关系的体现，所以任何道德无不体现着一定的功利主义倾向，“革命者为革命而提倡的道德，也具有一定的功利目的，因此不仅需要革命的道义，也需要革命的功利主义，不加分析地反对功利主义是不恰当的”⑦。

孙中山坚持达尔文的进化思想，认为人性是由“兽性”演化而来的。在人类形成初期，人既有“人性”，也有“兽性”——“斗争之性”，随着人类的不断进化，兽性越来越少，人性越来越多，“人类进化，非相匡

① 章太炎．章太炎全集（四）．上海：上海人民出版社，1985. 278.

② 章太炎．章太炎全集（四）．上海：上海人民出版社，1985. 227.

③④⑤ 章太炎．章太炎全集（四）．上海：上海人民出版社，1985. 287.

⑥ 章太炎．章太炎全集（四）．上海：上海人民出版社，1985. 393.

⑦ 张传开，汪传发．义利之间——中国传统文化中的义利观之演变．南京：南京大学出版社，1997. 193.

相助，无以自存”①。“互助”是人的“本能”，也是人的天性。动物演变成人，兽性消除，不再“竞争”，达到“完全人性”，人人“互助”。孙中山用“兽性”和“人性”之不同，来区别动物和人，以此说明动物的进化原则是竞争，人类的进化原则是互助。“物种以竞争为原则，人类则以互助为原则”，“人类顺此原则则昌，不顺此原则则亡”②。基于人类进化以互助为原则的观点，孙中山认为道德观念产生于“互助”的实践活动中，是服从于、服务于“互助”的。他说：“我们要人类进步，是在造就高尚人格。要人类有高尚人格，就在减少兽性，增多人性。没有兽性，自然不至于作恶。完全是人性，自然道德高尚。”③ 可见，“互助”是社会历史发展的动力，也是道德思想进化的根源，“社会国家者，互助之体也；道德仁义者，互助之用也”④。这里把“道德仁义”说成是“互助”的“用”，就表明“互助”比“道德仁义”更根本，决定“道德仁义”，“道德仁义”是由“互助”派生的。“互助”是孙中山道德思想的基础，也是其道德思想的主要准绳。在此基础上，他提出了“替众人来服务”的道德观。他说，“利于民则为是，不利于民则为非”，“利于国则为是，不利于国则为非”⑤。判断善恶的标准在于是否“利国”、“利民”，就是说，人们应以国家民族和人民利益为重，个人利益应服从国家民族和人民利益，必要时甚至要牺牲个人利益乃至生命，“当建设时代，还要牺牲个人，为大家谋幸福。譬如破坏时代，要牺牲生命。今日建设也要牺牲，且要比从前牺牲加倍。如不能牺牲性命，不能牺牲权利，则真正自由之幸福即万万不能达到”⑥。孙中山认为国家民族和人民的利益就是公利，人人都应该以公利为重，以私利为轻，“所有的利益都必须服从共同利益”⑦，“为求大家之利益，为大家之事业，不必计较私人之利害。究竟大家享幸福，大家得利益，则我一人之利益，自然包括其中”⑧。从天下为公的思想出发，孙中山阐发了一系列作为革命民主主义者应有的道德标准，他指出，“人人应该

① 孙中山．孙中山全集（第二卷）．北京：中华书局，1981. 360.
② 孙中山．孙中山选集．北京：人民出版社，1956. 156.
③ 孙中山．孙中山全集（第八卷）．北京：中华书局，1986. 316.
④ 孙中山．孙中山选集．北京：人民出版社，1956. 156.
⑤ 孙中山．孙中山全集（第三卷）．北京：中华书局，1981. 24.
⑥ 孙中山．孙中山全集（第二卷）．北京：中华书局，1981. 471.
⑦ 孙中山．孙中山集外集．上海：上海人民出版社，1990. 155.
⑧ 孙中山．孙中山全集（第三卷）．北京：中华书局，1981. 24.

以服务为目的，不当以夺取为目的”，应立“为国奋斗”的大志气，应“替主义去牺牲”①。树立这种共同的高尚的道德标准，对于整个社会的革命改造具有积极的促进作用。需要注意的是，孙中山的“替众人来服务”的道德观，也带有一定的功利主义色彩，这主要体现在他对革命目的的认识上。孙中山认为革命就是要为民众取得利益，解决人们的衣、食、住、行，乃至土地和资本等一系列问题，即“为四万万人谋幸福”②。他说，“人类社会，切莫不为生计所限制。故生计完备，始可以存，生计断绝终归于淘汰”③，“古今一切人类之所以要努力，就是因为要求生存”④，事实上“民生就是政治的中心，就是经济的中心和种种历史活动的中心，好像天空以内的重心一样”⑤。孙中山把政治、经济等一切社会问题都要归结到民生，归结到人类求生存的问题，显然他对“利”是非常重视的。他给“民生”下了一个定义，“民生就是人民的生活，社会的生存，国民的生计，群众的生命”⑥。在孙中山看来，只有实行民生主义才能在发展大机器工业的同时，避免像西方社会一样出现贫富分化悬殊。“民生主义之发达何以故？曰：以救正贫富不均，而图最大多数之幸福故。贫富不均何以故？曰：以物质发舒，生产宏大，而资本家之垄断居奇故”，“文明有善果，也有恶果，须要取那善果，避那恶果。欧美各国，善果被富人享尽，贫民反食恶果，总由少数人把持文明幸福，故成此不平等的世界。我们这回革命，不但要做国民的国家，而且要做社会的国家，这决不是欧美所能及的”⑦。民生主义包括平均地权和节制资本两个方面，孙中山主张土地国有和大资本国有，并将土地、大资本的国有说成是社会主义，“准国家社会主义，公有即为国家；国为民国，国有何异于民有；国家以所生之利，举便民之事，我民即共享其利”⑧。实际上，他所说的社会主义是资产阶级领导的国家社会主义。对这种国家社会主义，孙中山多有阐述，“如果由国家管理资本，发达资本，所得的利益归人民大家所有，照这样的办法，

---

① 孙中山．孙中山选集．北京：人民出版社，1956. 706.
② 孙中山．孙中山选集．北京：人民出版社，1956. 69.
③ 孙中山．孙中山全集（第二卷）．北京：中华书局，1981. 5.
④ 孙中山．孙中山选集．北京：人民出版社，1956. 817.
⑤ 孙中山．孙中山选集．北京：人民出版社，1956. 825.
⑥ 孙中山．孙中山选集．北京：人民出版社，1956. 810.
⑦ 孙中山．孙中山选集．北京：人民出版社，1956. 856.
⑧ 孙中山．孙中山全集（第二卷）．北京：中华书局，1981. 5.

和资本家不相冲突，是很容易做到的”，“中国不单是节制私人资本，还要发达国家资本……要解决民生问题，一定要发达资本，振兴实业”，“我们实行民生主义来解决中国的吃饭问题，对于资本制度只可以逐渐改良，不能够马上推翻”①。在道德建设方面，孙中山偏重于继承和改造传统道德。他看到中西方在物质文明与道德文明方面的差距，“持中国近代之文明以比欧美，在物质方面，不逮固甚远，其在心性方面，虽不如彼者亦多，而能与彼颉颃者正不少，即胜彼者，亦间有之”②。但是，孙中山并没有因此否定传统道德。他对传统道德歌颂备至，称赞“仁民爱物”、“爱民若子”是“仁慈的好道德”③，并进一步指出，“我们固有的东西，如果是好的，当然是要保存，不好的才可以放弃”④，“彼于中国文明一概抹杀者，殆未之思耳”⑤。正是本着这样的认识，孙中山对传统道德进行了改造，以资产阶级民主主义精神，赋予其新的革命的内涵和解释。从总体上看，孙中山的“天下为公”思想，试图用儒家的大同、民本观念修补西方功利主义思想的不足，这说明革命派的义利观已具有明显的整体主义和德性主义的价值导向，它不仅是传统义利观的延伸和深化，也是近代义利观的升华与转向。

辛亥革命前后，早期改良派和戊戌维新派展现给国人的资本主义制度的美丽面纱已经剥落，西方资本主义国家的实际发展情形，是贫富分化和阶级对立的日益增强，工人运动和社会主义风潮蓬勃发展。资产阶级革命派在向往资本主义政治制度和物质文明的同时，不得不考虑如何补救资本主义制度的弊病，如何预防与避免“贵贱革命”之后的“贫富革命”，预防和避免的出路就在资本主义的批判者和中国传统那里。章太炎非功利的革命道德论与孙中山的“天下为公”、“替众人来服务”的思想，正是与中西方德性论的紧密嵌合，从而形成或“回复”了一种新的社会价值导向。此外，孙中山所倡导的民生主义，倾向于公共利益的追求，主张节制资本、国家控制主要经济资源和活动。从近代资本主义市场经济的私有、个人营利、自由三大经济伦理原则来看，这已经开始了传统经济伦理思想近

① 孙中山．孙中山全集（第二卷）．北京：中华书局，1981. 21.
② 孙中山．孙中山选集．北京：人民出版社，1956. 126.
③ 孙中山．孙中山选集．北京：人民出版社，1956. 734.
④ 孙中山．孙中山选集．北京：人民出版社，1956. 649.
⑤ 孙中山．孙中山选集．北京：人民出版社，1956. 126.

代化的逆向运动，标志着经济伦理思想近代化的裂变与转向，当然这一转向到“五四”时期才最终完成。

二、马克思主义经济伦理思想的传播

“五四”新文化运动是对传统意识形态和伦理道德的一次总清算。在这场思想启蒙的浪潮中，陈独秀、李大钊等具有共产主义觉悟的知识分子，对马克思主义经济伦理思想的认同、确立和传播，构成了启蒙运动不可或缺的一个组成部分，标志着传统经济伦理思想的近代演变进入现代演进时期，即近代义利观的衰落与现代义利观的兴起。“五四”运动以后，中国的社会性质虽然未变，社会经济关系及所面临的主要经济问题未变，但经济伦理思想领域则发生了根本性的变化，无产阶级的经济伦理思想成了反帝反封建的主要理论武器。以毛泽东为代表的无产阶级革命领袖，从斗争实践出发，丰富和发展了马克思主义伦理学，从而将马克思主义道德学说推到了一个崭新的阶段。

陈独秀在“五四”时期，由一个激进的资产阶级启蒙思想家转变为马克思主义者，相应地，在伦理思想上也经历了一个转向，改变了割裂思想道德革命与经济政治革命的倾向，从个人主义走向集体主义，完成了一次伦理观的飞跃。陈独秀接受了唯物史观之后，提出经济制度变革是改造社会的先导，他说，“我认为唯物史观底要义是告诉我们：历史上一切制度底变化是随着经济制度底变化而变化的”，“我们改造社会应当首先从改造经济制度入手”①。他对唯物史观作了详细解释：“第一，唯物史观所谓客观的物质原因，在人类社会，自然以经济（即生产方法）为骨干。第二，唯物史观所谓客观的物质原因，是指物质的本因而言，由物而发生之心的现象，当然不包括在内。世界上无论如何彻底的唯物论者，断不能不承认有心的现象即精神现象这件事实；唯物史观的哲学者也并不是不重视思想、文化、宗教、道德、教育等心的现象之存在，惟只承认他们都是经济的基础上面之建筑，而非基础之本身。”② 在此基础上，陈独秀明确指出道德革命并不是改革社会的根本途径，他说：“我们应该觉悟，我们唯一的使命只有改造社会制度，否则什么个人的道德，新村运动，都必然是无效

---

① 陈独秀．陈独秀著作选（第三卷）．上海：上海人民出版社，1993. 544.

② 陈独秀．陈独秀书信集．北京：新华出版社，1993. 110.

果的。”① 这表明，陈独秀已经意识到经济基础是道德革命的前提与保障，没有经济制度的变革，思想革命难以深入，更难以使社会发生根本性的改变。在强调经济制度变革的同时，陈独秀没有忽视道德建设，在转变为马克思主义者以后，他的道德理想发生了重大变化。他把“最大多数人的最大幸福”这一资产阶级道德目标放置在阶级斗争和社会革命中，力图用集体主义替代个人主义。从1920年开始，陈独秀对个人主义进行了严厉批判，他指出个人是社会的产物，如果社会得不到根本的改造，个性自由就无从谈起。“我们常常有一种特别的见解和一时的嗜好，自以为是个性的，自以为是反社会的，其实都是直接、间接受了环境无数的命令才发出来的，……所谓‘不听命于人’之理想，当真是他个人的理想，绝对未曾听命于人吗?”② 从中可见社会环境、阶级关系对个人的影响，个人不可能脱离其生存的环境，“无论在何国家里，都只有阶级意、党派意，绝对没有全民意”③。在个人与社会的关系上，陈独秀以社会需要为本位，强调个人由社会支配，社会需要才是最终目的。他说，“我认为社会的力量大过个人远甚，社会能支配个人，个人不能支配社会”，“一切教育都建设在社会底需要上面，不建设在造成个人底伟大上面”④。就是说，教育的目的在于满足社会需要，而不在于造就个人本身。这一见解呈现出明显的集体主义特色，至此他已完成了个人主义向集体主义的超越。在当时的现实形势下，陈独秀强调少数服从多数，提倡个人自我牺牲，代表了近代中国道德革命的主流与趋势，具有一定的历史合理性。正是在集体主义、共产主义道德理想的鼓舞下，中国人民前赴后继，取得了新民主主义革命的伟大胜利。从这一意义上说，陈独秀等早期马克思主义者功不可没。但是，由于过于强烈的功用性目的，由于思想中的形式主义和独断论倾向，陈独秀并未科学、全面地阐述集体主义的道德理想。他所提出的“强制”、“压服”、“集权”，甚至“开明专制”等概念带有权威主义倾向，似乎如果集体要联合、团结、统一，个性就没有了个性自由发挥的余地。用这样的集体主义反对个人主义，实际上是将集体利益视为个人自由、个人利益的纯粹对立物，这一观点偏离了马克思主义的基本精神。1924年，陈独秀撰文《国民党之模范的改造》，赞扬国民党党员“在物质上到自身底生命，在精神上

---

① 陈独秀．陈独秀著作选（第三卷）．上海：上海人民出版社，1993. 545.
②③ 陈独秀．陈独秀著作选（第三卷）．上海：上海人民出版社，1993. 280.
④ 陈独秀．陈独秀著作选（第三卷）．上海：上海人民出版社，1993. 125.

到个人底自由，不复由个体自由支配”，“个人为党为国，只有牺牲，没有权利”①，从而将其理论错误推到了极端。陈独秀在诠释与发挥马克思主义伦理思想时出现了严重偏差，使他未能完成道德革命的伟大任务，这其中有着深刻的历史教训。

李大钊在“五四”新文化运动后期，逐渐转变为马克思主义者。他将马克思的唯物史观运用到对伦理道德的分析上，阐明了新道德之建立、旧道德之覆灭的必然趋势。在《物质变动与道德变动》一文中，李大钊运用唯物史观对“道德”的起源、本质、历史变迁等问题进行了详细的探讨和分析。关于道德的起源，他明确指出：“道德这个东西不是超自然的东西，不是超物质以上的东西，不是凭空从天上掉下来的东西。他的本原不在天神的宠赐，也不在圣贤的经传，实在我们人间的动物的地上的生活之中。他的基础就是自然，就是物质，就是生活的要求。”② 关于道德的本质，他认为“道德是精神现象的一种，精神现象是物质的反映”③。关于道德的历史变迁，李大钊比较准确地领会了马克思主义唯物史观的要旨，即“人类社会一切精神的构造都是表层的构造，只有物质的经济的构造是这些表层构造的基础构造。在物理上物质的分量和性质虽无增减变动，而在经济上物质的结合和位置则常常变动。物质既常有变动，精神的构造也就随着变动。所以思想、主义、哲学、宗教、道德、法制等等不能限制经济变化物质变化，而物质和经济可以决定思想、主义、哲学、宗教、道德、法制等等”④。这表明将道德及其变更与物质、经济等的变化联系起来的唯物史观，已为李大钊所接受。在此基础上，李大钊对社会风俗习惯的演变进行了考察和研究，他指出：“故就物质论，只有开新，断无复旧；就道德与物质的关系论，只有适应，断无背驰。道德是精神现象的一种，精神现象是物质的反映，物质既不复旧，道德断无单独复旧的道理，物质既须急于开新，道德亦必跟着开新，因为物质与精神是一体的，因为道德的要求是适应物质上社会的要求而成的。”⑤ 这样就从根本上否定了封建伦理纲常的“万事不变”论，肯定了道德是一种由物质生活条件决定的上层建筑，是

---

① 陈独秀．陈独秀著作选（第三卷）．上海：上海人民出版社，1993. 63.
② 李大钊．李大钊文集（第三卷）．北京：人民出版社，1999. 104.
③ 李大钊．李大钊文集（第三卷）．北京：人民出版社，1999. 111.
④ 李大钊．李大钊文集（第三卷）．北京：人民出版社，1999. 104.
⑤ 李大钊．李大钊文集（第三卷）．北京：人民出版社，1999. 111.

随着社会物质生活的变动而不断变更的。依据上述观点，李大钊指出孔学之所以能支配中国两千余年，“不是他的学说本身具有绝大的权威”，而是因为“他是适应中国二千余年来未曾变动的农业经济组织反映出来的产物，因他是中国大家族制度上的表层构造，因为经济上有他的基础”①，“中国的大家族制度，就是中国的农业经济组织，就是中国一千年来社会的基础构造。一切政治、法度、伦理、道德、学术、思想、风俗、习惯，都建筑在大家族制度上作他的表层构造”②。因此，随着中国农业经济的动摇、大家族制度的崩溃，孔学及以其为核心的封建伦理道德也必将面临分崩离析的命运，这是历史的必然规律。运用唯物史观对传统道德进行批判的同时，李大钊对未来社会的伦理观也进行了合理建构，这体现在他对“劳工神圣”和新“大同”理想的阐述方面。李大钊对传统道德贱视劳工的等级观念进行了批判，他认为孔门学派总是把劳动阶级放在被统治者的地位，作统治阶级的牺牲。两千余年来支配中国人的道德礼义，都是“与治者以绝对的权力责被治者以片面的义务的道德”③。随着资本主义经济的发展和无产阶级的成长，中国已经出现了崭新的伦理道德，这就是无产阶级的新道德。这种新道德，“不是神的道德、宗教的道德、古典的道德、阶级的道德、私营的道德、占据的道德”④，而是“适应人类一体的生活，世界一家的社会之道德”，是“大同的道德”⑤。李大钊指出：“中国的劳动运动也是打破孔子阶级主义的运动。……现代的经济组织，促起劳工阶级的自觉，应合社会的新要求，就发生了‘劳工神圣’的新伦理，这也是经济组织上必然发生的构造。”⑥ 在这里，他论证了新伦理产生的不可抗拒性，既具有科学的说服力，又充满着思想的战斗性。作为马克思主义思想的传播者，李大钊将社会主义、共产主义的理想世界称为“大同”，他认为未来社会是一个“大同团结”与“个性解放”相结合的新组织，世界进化的轨道就是达到世界大同的通衢。“现在人群进化的轨道，都是沿着一条线走，——这条线就是达到世界大同的通衢。……这条线的渊源，就是解放精神。可是这解放的精神断断不是单为求一个分裂就算了事，乃是为

① 李大钊．李大钊文集（第三卷）．北京：人民出版社，1999. 142.
② 李大钊．李大钊文集（第三卷）．北京：人民出版社，1999. 141.
③ 李大钊．李大钊文集（第三卷）．北京：人民出版社，1999. 142.
④⑤ 李大钊．李大钊文集（第三卷）．北京：人民出版社，1999. 116.
⑥ 李大钊．李大钊文集（第三卷）．北京：人民出版社，1999. 146.

完成一切个性，脱离了旧绊锁，重新改造一个普通广大的新组织。一方面是个性解放，一方面是大同团结。这个性解放的运动，同时伴着一个大同团结的运动。这两种运动，似乎是相反，实在是相成。"① 在这一设想中，李大钊论述了个性解放与大团结的对立统一、相反相成的关系，表明他真正把握了集体主义的精髓。对于大同理想的实现途径，李大钊认为，只有通过阶级斗争，并经过一个无产阶级专政的过渡期，消灭了阶级，才能真正实现大同理想。根据唯物史观的原理，他认为阶级斗争与"博爱"、"互助"，科学的社会主义与人道主义是可以统一的，他说，"这最后的阶级竞争，是改造社会组织的手段。这互助的原理，是改造人类精神的信条。我们主张物心两面的改造，灵肉一致的改造"②，"我们主张以人道主义改造人类精神，同时以社会改造经济组织"③。也就是说，不改造经济组织，单纯改造人类精神，自然没有结果；不改造人类精神，单纯改造经济组织，同样也不会成功。所以，通过阶级斗争来消灭阶级，是"必须经过的，必不能避免的"④，只有消灭剥削制度，才能创造一种劳工神圣的组织，实行"人人都须作工，作工的人都能吃饭"的原则。这样，原本受到限制的人道主义精神也将得到发扬，"人人都把'人'的面目拿出来对他的同胞"⑤，从而达到一个物心两面改造、灵肉一致的大同世界。以上表明，李大钊将唯物史观运用在对伦理道德的分析上，不仅提升了"五四"理想，也为中国经济伦理思想的发展作出了重要贡献。

在马克思主义传入之初，以李大钊、陈独秀为代表的知识分子已经开始从这一理论出发建构新型的义利关系。他们把物质生产力的发展和物质生活的富足视为社会发展的阶梯和个体自由的基础，反映出在"利"的基础上将"义"与"利"相统一的基本倾向。尽管这一理论没有得到系统的展开，但他们的相关思想为毛泽东的理论创造提供了良好基础。毛泽东从中国国情和中国共产党人的实际出发，提出了"革命的功利主义"思想，对义利之辨作出了新的回答，不仅深化了马克思主义伦理学的基本原理，也为之增添了新的内容。

---

① 李大钊．李大钊文集（第三卷）．北京：人民出版社，1999. 253.
② 李大钊．李大钊文集（第三卷）．北京：人民出版社，1999. 18.
③ 李大钊．李大钊文集（第三卷）．北京：人民出版社，1999. 35.
④ 李大钊．李大钊文集（第三卷）．北京：人民出版社，1999. 18.
⑤ 李大钊．李大钊文集（第三卷）．北京：人民出版社，1999. 13.

在新民主主义革命时期，为了回答革命斗争中的一系列问题，毛泽东站在马克思主义的高度，对义利关系进行了深入研究，提出了“无产阶级的革命的功利主义”理论。他指出：“世界上没有什么超功利主义……我们是无产阶级的革命的功利主义者，我们是以占全人口百分之九十以上的最广大人民的目前利益和将来利益的统一为出发点的，所以我们是以最广和最远为目标的革命的功利主义者，而不是只看到局部和目前的狭隘的功利主义者。”① 这段论述是毛泽东关于“革命的功利主义”的经典阐释，揭示了他的义利观和传统义利观以及资产阶级功利主义的根本分歧。这就是，坚持以对“功利主义”的认可为基础来探讨义利关系。但是，这样的功利主义不是粗陋的利己主义，而是建立在广大人民群众的根本利益的基础之上的，是和个体需要的满足与个性发展密切相关的，这是毛泽东的“革命的功利主义”对义利观进行变革的核心内容。毛泽东的“革命的功利主义”矛头直指传统的重义轻利观念，他说，“一切空话都是无用的，必须给人民以看得见的物质福利”，董仲舒们所谓“正其谊不谋其利，明其道不计其功”完全是唯心的骗人的腐话，“教育（或学习）是不能孤立地去进行的。我们不是处在‘学也，禄在其中’的时代，我们不能饿着肚子去‘正谊明道’，我们必须弄饭吃，我们必须注意经济工作。离开经济工作而谈教育或学习，不过是多余的空话”②。当生产力的发展和物质的丰富成为社会进步的衡量标准时，对利益原则的认可就有了稳固的历史观基石，人民群众的生产生活需要也就成为道德判断的重要尺度。在他看来，传统的义利观忽视物质利益而抽象地谈论“义”，是站在完全错误的哲学立场上的，“马克思主义者认为人类的生产活动是最基本的实践活动，是决定其他一切活动的东西”③，偏离这一点，就会陷入唯心主义。与此相联系，现实的时代要求也使传统义利观失去了立足的可能，马克思主义为现时代的革命者指明了实践创造新社会的历史使命，而传统义利观的说教没有任何实际效果，只能是“多余的空话”而已。毛泽东所提倡的“革命的功利主义”与资产阶级的功利主义也存在本质区别，其革命性的重要体现，就是它所追求的利益不是一己之私利：“共产党人的一切言论行动，必须以合乎最广大人民群众的最大利益，为最广大人民群众所拥护为最高

① 毛泽东．毛泽东选集（第三卷）．北京：人民出版社，1991. 865.
② 毛泽东．毛泽东著作选读（下册）．北京：人民出版社，1986. 565.
③ 毛泽东．毛泽东选集（第一卷）．北京：人民出版社，1991. 282.

标准"①，"任何一种东西，必须能使人民群众得到真实的利益，才是好的东西"②。可以看出，毛泽东所说的"利"是指最广大人民群众的最大利益，这是无产阶级功利主义思想的本质所在。需要指出的是，毛泽东认为共产党人所追求的利，虽然是最广大群众的利益，但这种利益并不是与具体的个人无关的。革命胜利的一个重要条件就是要动员千千万万的群众投身革命运动，告诉广大群众革命的道理，使他们切近地认识到革命和自身的关系，这是创立"革命的功利主义"理论的实践基点。在革命的不同历史时期，毛泽东一再强调不能抽象地谈论革命战争的"义"，而要告诉群众，投身革命战争，实际上是为他们自己的"利"而战。在第二次国内革命战争时期，他说："经过政治教育，红军士兵都有了阶级觉悟，都有了分配土地、建立政权和武装工农等项常识，都知道是为了自己和工农阶级而作战。因此，他们能在艰苦的斗争中不出怨言。"③ 在抗日战争时期，他指出："什么是政治动员呢？首先是把战争的政治目的告诉军队和人民。必须使每个士兵每个人民都明白为什么要打仗，打仗和他们有什么关系。"④ 这样，在凸现马克思主义利益原则所具有的崇高性的同时，其与个体生命切近的一面也被纳入理论的视野之中。至于革命功利主义的社会理想，毛泽东沿用了"大同"这一传统术语，实际上就是指共产主义这个"将来的、无限光明的、无限美妙的最高理想"⑤。他在建国前夕的《论人民民主专政》一文中写道："资产阶级的民主主义让位给工人阶级领导的人民民主主义，资产阶级共和国让位给人民共和国。这样就造成了一种可能性：经过人民共和国到达社会主义和共产主义，到达阶级的消灭和世界的大同。"⑥ 在"经过民主主义，到达社会主义"的革命道路设计中，就包含了大同社会的基本条件。他说："在中国，为民主主义奋斗的时间还是长期的。没有一个新民主主义的联合统一的国家，没有新民主主义的国家经济的发展，没有私人资本主义经济和合作社经济的发展，没有民族的科学的大众的文化即新民主主义文化的发展，没有几万万人民的个性的解放和个性的发展，一句话，没有一个由共产党领导的新式的资产阶级性质

---

① 毛泽东．毛泽东选集（第三卷）．北京：人民出版社，1991. 1096.
② 毛泽东．毛泽东选集（第三卷）．北京：人民出版社，1991. 864.
③ 毛泽东．毛泽东选集（第一卷）．北京：人民出版社，1991. 64.
④ 毛泽东．毛泽东选集（第二卷）．北京：人民出版社，1991. 481.
⑤ 毛泽东．毛泽东选集（第三卷）．北京：人民出版社，1991. 1059.
⑥ 毛泽东．毛泽东选集（第三卷）．北京：人民出版社，1991. 1471.

的彻底的民主革命，要想在殖民地半殖民地半封建的废墟上建立起社会主义社会来，那只是完全的空想。”① 新民主主义社会是大同世界的前提和中间站，从中可以看出大同世界的重要内涵就是物质生产的高度发展，是对人的物质利益欲求的充分满足。体现在个人身上，利益的追求不仅是个体需要的满足，也是个性的发展和人格的培养。在《论联合政府》一文中，毛泽东就将私人经济的发展看作是尊重个性发展的标志：“民族压迫和封建压迫残酷地束缚着中国人民的个性发展，束缚着私人资本主义的发展和破坏着广大人民的财产。我们主张的新民主主义制度的任务，则正是解除这些束缚和停止这种破坏，保障广大人民能够自由发展其在共同生活中的个性，能够自由发展那些不是‘操纵国民生计’而是有益于国民生计的私人资本主义经济，保障一切正当的私有财产。”② 也就是说，个性的发展是和经济活动联系在一起的。由此可见，在毛泽东这里，李大钊关于大同世界的构想得到了进一步的发展，具有了科学、现实的内容，内涵更为丰富。从以上分析可以看出，毛泽东的“革命的功利主义”思想具有重要的理论与实践意义，它不仅对义利之辨作出了新的回答，也是对资产阶级功利主义思想的超越。就实践效果而言，“革命的功利主义”也显现出了积极的作用：在革命战争时期，它有利于壮大革命队伍的力量；在社会主义建设时期，它有利于调动一切可以调动的力量，把广大群众凝聚在发展生产的任务上。值得探讨的是，毛泽东的“革命的功利主义”并未得到一贯的坚持，在他晚年的思想和实践中，又回到了重义轻利的传统义利观。而且愈到后期，他所强调的“义”就愈带有强烈的政治色彩，在重“义”的方法途径上，也愈来愈采取阶级斗争的形式。这样的结果非但不利于社会发展，反而会造成巨大的阻碍。

总体来看，“五四”时期是中国义利思想发展演进的重要阶段、是义利思想由传统走向现代的分水岭和转折点，它排除了资本主义经济制度的合理性、确立了社会主义经济制度的合理性，为中国接受社会主义经济制度构建了坚实的合理性平台。可以说，没有“五四”时期马克思主义的广泛传播，就没有社会主义经济伦理思想在当代中国的确立。

① 毛泽东．毛泽东选集（第三卷）．北京：人民出版社，1991. 1060.
② 毛泽东．毛泽东选集（第三卷）．北京：人民出版社，1991. 1058.

第二节

传统经济伦理思想的转变
——西方资本主义进入垄断阶段

18—19 世纪，在英法发生了政治革命并使功利原则成为占主导地位的道德原则的同时，德国发生了哲学革命和道德革命。以康德为代表的德国古典伦理学，针对英法功利主义者从人的自然本性和感官快乐中引申出道德律令的做法，进行了尖锐而深刻的批判。功利论和道义论之间的辩难与论争，构成西方传统伦理思想史的主要内容，并影响到现当代伦理思想的发展格局和趋向。19 世纪中叶，马克思和恩格斯以历史唯物主义为理论武器，对资产阶级功利主义进行了全面清算，在吸取功利论和道义论思想精华的基础上，成功实现了无产阶级革命功利主义和革命道义主义的有机结合。19 世纪下半叶以来，西方资本主义开始从自由竞争阶段向垄断阶段过渡，经济危机及社会矛盾的进一步激化，引发了人们对传统伦理的观念、方法到内容的反思与叛逆。传统伦理观由于内在的理论困境及社会历史条件的作用而转变为现代形态的伦理理论及思想。

一、对功利主义思想的批判和改造

近代以来，功利主义思想在反封建、反宗教的资产阶级革命中，发挥了重要的启蒙作用。它将人的现实世界作为理论基点，强调人在道德面前的主体地位，把个人的幸福、快乐提到十分重要的高度来认识，并赋予功利、幸福、效用以美德和善的意义，由此彰显了道德的现实性和功利性，对于唤起人的功利意识和价值自觉具有一定的积极意义。但是功利论只是意识到了功利和幸福的道德性，没有看到道德与功利、幸福之间的差异性或不一致性，从而导致了事实与价值不分的错误。极端的功利主义者常常不遗余力地为个人私利辩护，赋予个人私利以美德的价值，在实践上总是陷入“有用乃是道德”的实用主义或非道德主义。边沁和密尔虽然提出了“最大多数人的最大幸福”的命题，但他们把个人利益视作真实的，把社会利益视为虚幻的，强调在个人利益的基础上实现利己与利他的结合，所以在根本上与利己主义形异而神通。对功利论的批判，既来自以康德为代表的道义论，又来自马克思主义伦理学，它们的批判使功利论陷入危机，当然也为功利论的新发展提供了契机。

康德将人置于哲学的核心地位。他认为人是一种双重存在者，作为感性存在者，人属于经验世界，受自己欲望支配，有追求快乐和幸福的自然要求；作为理性存在者，人属于本体世界，超越了经验世界，有超出自然要求而追求道德完善的目的。人由此具有双重本性，即"自然人性"和"道德人性"①。自然人性是人作为个体存在的本性，道德人性则超越了人的个体存在的界限而成为其族类存在的本性。康德的道义论所涉及的人正是作为族类存在的人，即追求道德完善、具有"道德人性"的人。在他看来，作为族类存在的人的道德人性高于作为个体存在的人的自然人性。他甚至提出，人的个体存在应为族类道德理想的实现作出牺牲。从这种意义上说，康德的道义论显然超越了功利论所主张的个体本位和个人主义。理性是人类存在的根本特征。如果把道德学变成一种感受"痛苦"与"快乐"的肉体感受学，那么这种以感官感受为准则的道德学实际上把人降低到动物的水平，按照这种学说，禽兽也能成为伦理学家。康德指出人虽然因其是自然的一部分而不得不从属于经验世界的必然规律，但人又因其具有理性而从属于超验的世界，从而具有禽兽所不能具有的自由意志，"自由概念对于一切经验论者都是绊脚石，但对于批判的道德学家也是开启最崇高的实践原理的钥匙"②。因此，他认为功利主义的根本谬误就在于它的感觉主义，在于它把人的道德行为从精神层面下降到肉体感受的层面，把"功利"这一外在目的作为道德目的来追求，使人失去了作为自由主动者的资格。道德活动本身有其自足性，也就是说它应该排斥任何外在的目的性且仅以自身的目的为目的。在实践理性的应用上，道德的行为应该是主观上出自对"道德律"的尊重、客观上符合道德律或绝对命令，否则这种行为就不能称之为道德的行为。换言之，一个人的行为是否具有道德价值，不在于是否符合道德律的要求，而在于他是否具有善良意志，是否为义务而义务。讲道德如果强调肉体的感受性和功利，不但不能说是道德的，而且是破坏道德的，"德性之所以有那样大的价值，只是因为它招来那么大的牺牲，不是因为它带来任何利益。全部仰慕之心，甚至效法这种

---

① ［德］康德．历史理性批判文集．何兆武译．北京：商务印书馆，1990. 70.

② ［德］康德．实践理性批判．邓晓芒译．北京：人民出版社，2003. 7.

人品的企图，都完全依据在道德原理的纯粹性上，而只有当我们把人们视作幸福成分的一切都排除于行为动机以外的时候，这种纯粹性才能被确凿无疑地呈现出来”①。可以说，只有道义论的伦理学说才能使人的道德行为完全摆脱自然的必然性的束缚，才能使人的行为动机和行为准则完全处于超验的世界之中。所以，康德批判功利主义的目的在于净化道德行为的动机，反对把道德活动变成谋取功利的手段。从强调道德的主体性和内在价值出发，康德把功利论视为一种他律主义的伦理学，认为这种伦理学没有一点真正伦理学的意味，没有建立起道德的价值和人格的尊严。“个人幸福原理，不论其中蕴涵着多少知性和理性的成分，它除了把决定意志的原则归诸于那些低级欲求以外，无法容纳下其他原理”②，“一旦我们把个人幸福原理当作决定意志的原理来运用，那么它将直接否定道德原理成立的合法性”③。遵循个人幸福这一主观必然性的原则，只会使人们关注经验的幸福而忽视作为实践法则的道德，产生非道德主义甚或是反道德主义。真正的道德必然立于具有普遍必然性的实践法则的基础之上，是对法则形式而不是对法则内容的遵守，因此它必定要求人们为义务而义务、为道德而道德。总之，康德的道义论崇尚道德的内在价值，强调道德动机的纯洁性、道德法则的绝对性和道德价值的崇高性，这无疑有助于道德作用的发挥和道德功能的实现，造就了一种理想的道德精神和道德风尚。但道义论也有不可克服的弱点，它可能忽视人的需要、目标和所尊重的价值，把道德价值与功利价值及其他价值对立起来，无助于道德价值的真正实现，为义务而义务的观念完全有可能使道德成为枯燥、空洞和生硬的东西。正如马克思所指出的：“康德只谈善良意志，哪怕这个善良意志毫无效果他也心安理得，他把这个善良意志的实现以及它与个人的需要和欲望之间的协调都推到彼岸世界。康德的这个善良意志完全符合德国市民的软弱、受压迫和贫乏的情况。”④ 康德的义务论抽掉了德国资产阶级革命的物质动机和实践要求，因而是一种软弱无力、空洞抽象的概念体系。

19 世纪中叶，资本主义已经形成了稳定的社会政治和经济制度，自由

---

① ［德］康德．实践理性批判．邓晓芒译．北京：人民出版社，2003. 158.

② ［德］康德．历史理性批判文集．何兆武译．北京：商务印书馆，1990. 152.

③ ［德］康德．历史理性批判文集．何兆武译．北京：商务印书馆，1990. 157.

④ ［德］马克思，恩格斯．马克思恩格斯全集（第 3 卷）．中共中央马克思恩格斯列宁斯大林著作编译局．北京：人民出版社，1960. 211.

竞争的资本主义经济已经达到鼎盛时期，资本主义制度的固有矛盾已充分暴露，无产阶级作为独立的政治力量登上了历史舞台。马克思和恩格斯以历史唯物主义为理论武器，成功超越了功利论与道义论的对立，提出了包含无产阶级道义精神的崭新的功利主义思想。

马克思、恩格斯的伦理思想与康德“人是目的不是手段”的绝对命令在逻辑上是相通的，但在人性问题上，他们认为人性是感性和理性的统一。人的自然的感性需要，要求人们必须获得最基本的物质满足，这是人性中不可否认的内容。人的理性是指人所具有的对自己的行为进行必要的约束和调节以维持人类进步与发展的特性，个人的生活需要理性，整个人类社会进步和发展也离不开理性。功利论的“经济人”和道义论的“道德人”，都不是完整意义上的人性的反映，完整的人性应该是感性和理性的统一。从现实角度来说，一个人生活在各种社会关系和生产关系中，他以何种方式满足自己的需要，是由种种社会关系的总和对他的影响和制约决定的，由此也就决定了人的本质。所以，人生来无所谓善恶，其思想品德是在后天各种社会关系的制约和影响下形成的。马克思指出：“人的本质并不是单个人所固有的抽象物。在其现实性上，它是一切社会关系的总和。”① 就是说，人不可能有什么孤立的不变的人性，在具体的历史联系中，人的本质不在于它的自然属性，而在于它的社会属性。从这种历史唯物主义的人性论出发，马克思既反对将道德与利益割裂开来，片面强调道德作用的道义论倾向，又反对简单地把道德还原为个人私利的功利主义倾向。马克思、恩格斯首先批判了康德的道义论，认为它割裂了功利与道义的关系，片面地强调善良意志和绝对命令，陷入了道德与利益的二律背反之中，没有看到道德与利益之间的内在联系，从而把道德变成了毫无实际内容的空想。马克思、恩格斯指出道德作为独特的社会意识形态，本质上是由社会经济关系及利益关系所决定的，反映了人们在一定经济基础上的利益关系。他们说，“思想一旦离开利益，就一定会使自己出丑”②，正是由于“人们自觉地或不自觉地，归根到底总是从他们阶级所依据的实际关

① ［德］马克思，恩格斯．马克思恩格斯选集（第1卷）．中共中央马克思恩格斯列宁斯大林著作编译局．北京：人民出版社，1995. 294.

② ［德］马克思，恩格斯．马克思恩格斯全集（第2卷）．中共中央马克思恩格斯列宁斯大林著作编译局．北京：人民出版社，1957. 157.

系中，从他们进行生产和交换的经济关系中，吸取自己的道德观念”①。由经济基础所产生的人们之间的利益关系，构成社会道德生活的本质。在历史上，与不同的经济基础相适应，道德具有不同的类型并反映着不同时代、不同范围内的人们的利益。现代社会的三个阶级即封建贵族、资产阶级和无产阶级都有自己的道德，而每一种道德又总是为特定的阶级利益辩护，“人们自觉地或不自觉地，归根到底总是从他们阶级地位所依据的实际关系中，从他们进行生产和交换的经济关系中，吸取自己的道德观念”②。也就是说，道德是经济关系的反映和表现，经济关系决定道德的本质、基础和内容，没有脱离经济关系的抽象道德。经济关系不仅是道德的基础、本质和主要内容，也决定着道德的发展变化。当旧的社会经济关系日益腐朽、新的社会经济关系日益形成的时候，旧的社会道德关系必然随之衰败，新的社会道德关系随之兴起。一旦经济利益关系发生了变化，人们的道德观念和道德生活总要产生相应的变化。总之，利益是道德的直接根源和基础，利益关系的变化必将导致道德关系的变化，这是马克思主义伦理观的一个基本原理，这一原理与唯物史观是完全一致的。马克思、恩格斯在批判道义论的同时，对功利主义也进行了深刻反思。他们认为功利主义者把道德建立在个人利益的基础上，只是代表了资产阶级的利益和愿望。人作为社会动物，在追求个人利益的行为中，必须考虑他人的需要及其他社会因素。利益虽然是道德的基础，但作为道德基础的利益绝不可仅仅归结为个人欲望或个人利益。马克思、恩格斯指出：“既然正确理解的利益是整个道德的基础，那就必须使个别人的私人利益符合全人类的利益……既然人天生就是社会的生物，那他就只有在社会中才能发展自己的真正的天性，而对于他的天性的力量的判断，也不应当以单个人的力量为准绳，而应当以整个社会的力量为准绳。”③ 也就是说，道德的基础并不是对个人利益的追求，而是对社会公共利益的追求。只有使私人利益符合全人类的利益，亦即将个人利益与社会共同利益有机地统一起来，才能真正导向道德或产生道德。基于对功利主义的批判，马克思、恩格斯提出并阐

---

① ［德］马克思，恩格斯．马克思恩格斯全集（第3卷）．中共中央马克思恩格斯列宁斯大林著作编译局．北京：人民出版社，1960. 133.

② ［德］马克思，恩格斯．马克思恩格斯全集（第3卷）．中共中央马克思恩格斯列宁斯大林著作编译局．北京：人民出版社，1960. 114.

③ ［德］马克思，恩格斯．马克思恩格斯全集（第2卷）．中共中央马克思恩格斯列宁斯大林著作编译局．北京：人民出版社，1957. 166.

述了无产阶级的革命的功利主义。无产阶级革命的功利主义消除了阶级社会里人和人之间利益关系的背离和紧张，实现了个人利益和整体利益的有机统一。马克思主义认为，只有无产阶级“才发现了共同利益在历史上任何时候都是由作为私人的个人造成的。他们知道，这种对立只是表面的，因为这种对立的一面即所谓普遍的一面总是不断地由另一面即私人利益的一面产生的，它决不是作为一种具有独立历史的独立力量而与私人利益相对抗”①。每一个人的利益、福利和幸福同其他人的利益有着不可分割的联系，共同利益取决于也离不开社会成员的个人利益。另一方面，“私人利益本身已经是社会所决定的利益，而且只有在社会所创造的条件下并使用社会所提供的手段，才能达到；也就是说，私人利益是与这些条件和手段的再生产相联系的。这是私人利益，但它的内容以及实现的形式和手段则是由不以任何人为转移的社会条件决定的”②。社会的共同利益是由作为私人的个人所造成的，私人利益又是在社会所创造的条件下并使用社会所提供的手段而实现的，这说明个人利益与社会共同利益本质上是统一的，无产阶级应当把个人利益与社会集体利益结合起来。从总的趋向和特征上考察，马克思、恩格斯的经济伦理思想，既强调利益对道德的决定作用，主张革命的功利主义，又重视弘扬革命的道义精神，反对资产阶级狭隘的利己主义，提倡个人利益和社会利益的有机结合。它本质上是一种强调无产阶级的整体利益和长远利益的革命的功利主义，是一种包容着无产阶级道义精神的崭新的功利主义。这不仅使其有别于以往的各种义利学说，而且昭示了一条义利关系发展的新路径，具有十分深远的理论意义和现实意义。

二、传统经济伦理思想的现代转变

19 世纪中后期，西方社会发生了深刻变化，从经济、科学的进步，政治格局的演变，乃至两次世界大战引发的对传统伦理观念的巨大反叛，导致现代伦理思想应运而生，它以科学主义和非理性主义思潮的兴起为标志。传统经济伦理思想的现代转变，一方面以对传统观念的批判为起点，

---

① ［德］马克思，恩格斯．马克思恩格斯全集（第 3 卷）．中共中央马克思恩格斯列宁斯大林著作编译局．北京：人民出版社，1960. 275.

② ［德］马克思，恩格斯．马克思恩格斯全集（第 3 卷）．中共中央马克思恩格斯列宁斯大林著作编译局．北京：人民出版社，1960. 276.

另一方面又是在新的社会历史条件下对传统观念的继承与发展。

19 世纪后半叶西方自然科学的新发展，尤其是数理逻辑的变革，动摇了功利主义的方法论基础。在人们把理论兴趣从对感觉的归纳综合转向逻辑分析的同时，伦理思想也开始有了新的方法论的转向，这就是西季威克和摩尔的直觉主义伦理观念的出现。西季威克抽掉功利主义赖以产生的快乐主义和经验主义，将其立于直觉主义的基础之上，进而消解了功利主义的真精神。西季威克认为，功利主义与直觉主义之间的对立纯粹由于误解，“边沁和穆勒（即密尔）的功利主义，缺少一个基础，那基础只能由一个基本的直觉供给”①。也就是说功利主义必须建立在直觉主义的基础上才能得以成立，边沁和密尔将功利主义建立在快乐主义和经验主义的基础上是不足取的。经验最多可以告诉我们，人们总是趋乐避苦、趋利避害的，但它不可能告诉我们，每个人都应该追求快乐、幸福。换言之，经验主义所依据的事实判断并不能告诉我们此事实是值得追求的，从心理学上的快乐主义不能推出伦理学的快乐主义。西季威克以直觉主义来修正功利主义，宣告了功利主义方法论的终结，正是从他开始，传统伦理观念从经验主义的归纳综合转向抽象的逻辑思维。英国哲学家摩尔接过西季威克的批判大旗，在其所著的《伦理学原理》中对功利主义的方法论进行了系统驳斥，取而代之的是一种对伦理概念及语言进行分析和逻辑判断的全新方法，开创了现代元伦理学的先河。摩尔指出功利主义以最大多数人的最大幸福来规定伦理道德的善性，而它所赖以产生的快乐主义则把欲求等同于善本身，因此功利主义犯了从“存在”中求“应当”、把单纯的善性质混同于自然物或某种具有善性的东西的“自然主义谬误”。在摩尔看来，作为伦理学的核心概念，善是一个最单纯的不能给予明确定义的概念，它本身是自明的，无须借助其他任何事物或性质来证明。善与善的东西或者善性质与善事物是截然不同的，不能把具有善性质的事物等同为善。边沁、密尔的功利主义在理论上的最大失误在于把经验事实和伦理价值、现有与应有混为一谈，没有区分善与善的东西，没有将善区分为内在善与外在善、目的善与手段善，因而导致把快乐幸福作为唯一的目的善，结果把伦理学混同于心理学，消除了伦理学的道德价值意蕴。他认为，功利主义者把公共幸福作为手段善无疑具有一定的合理性，但把快乐幸福作为“唯一的目的善则大错特错了。假如我们承认穆勒所谓快乐本身有质的优劣之分

① 周辅成．西方伦理学名著选辑（下卷）．北京：商务印书馆，1987. 600.

的话，那么就会很自然地否认快乐是唯一的目的善，快乐有质的优劣之分的说法就无法存在，因为这意味着把低级的快乐与高级的快乐都当作唯一目的善”①。摩尔还依据直觉主义理论批判了功利主义的利己倾向，他指出：“利己主义不可避免地要把‘他一己的幸福对他自己来说是合理的究极目的’一语，解释为‘他一己的幸福是绝对善的’，除此不可能有任何其他合理的解释。”② 利己主义既然把每个人的幸福视为唯一的善，那么无数个人的幸福则是无数的唯一的善，这种“无数的唯一的善”真是利己主义“那恶名昭彰的矛盾”。如果我的个人利益是唯一的善的，那么他人的个人利益又怎么能是唯一的善呢？岂不是属于不善的范畴？可见利己主义必然导致人我群己利益的对抗，造成“一切人反对一切人的战争”的可怕后果。为此，摩尔要求超越单纯的现实功利而转向对具有普遍和绝对意义的善的追求。他将逻辑分析方法引入伦理道德研究的领域，把伦理道德划分为关于知识的科学（元伦理学）和关于实践的科学（规范伦理学），这成为现代元伦理学兴起的标志。摩尔以逻辑实证主义原则为基础，其根本性的指向是把伦理道德改造成一种立足于对伦理概念、判断、命题等进行逻辑分析的科学伦理学。从他的立场看，传统伦理观念（属于规范伦理学）一开始就建立在一个错误的前提下，即它从根本上混淆了自然事实与伦理价值，把所有好（善）的东西与自然属性相关联，把伦理价值的陈述看成是经验事实的陈述，从而变成了“自然主义谬误”。因此，伦理观念的科学化倾向，就是主张用非自然主义的方法来研究道德价值的问题，反对以自然属性（进化、快乐、欲望等）来规定伦理概念。科学伦理观的根本宗旨不在于解释事实真理，而在于研究道德语言、逻辑、句法、语词等表达形式、功能、结构，分析道德概念彼此间的联系、规则以及道德价值判断与科学事实描述的区别等。伦理道德分析的目的只有一个，就是对于道德术语给予确切的说明，而把对任何实质性的道德原则的提倡排除在伦理目标之外。道德术语的运用、对于逻辑探求的分析和对实质性道德判断的“综合”表达，都是中性的。所以，伦理道德研究的任务就在于对伦理术语进行形式主义的、抽象的逻辑分析，而把实践中的行为问题放在一边。由此可见，摩尔直觉主义的一个重要理论前提是事实与价值的区分，即“是”与“应当”的区分，他认为从事实判断中不可能提出“应当”

① ［英］摩尔．伦理学原理．长河译．北京：商务印书馆，1983. 108.
② ［英］摩尔．伦理学原理．长河译．北京：商务印书馆，1983. 109.

的道德命令，因而应当把事实领域与伦理价值领域进行划界。将事实与价值严格区分开来，不仅意味着从逻辑判断、推理等理性思维不可能推论出道德原则，而且意味着道德的“应当”只是主观性的命令，个人的道德原则仅是个人主观选择的结果。这是由于对价值术语的运用已经成了一种纯粹离开人们的经验事实的理性活动，与当事人行为发生的社会背景及其文化背景无关，所以人们的道德判断与道德命令仅仅是一种出自个人情感的主观表达。从以上分析可以看到，以西季威克和摩尔为代表的直觉主义，以批判功利主义和重建科学性为己任，扭转了西方传统伦理思想的发展方向，开始把伦理道德的研究放在科学性和知识性的层面上，对道德概念、伦理判断进行逻辑分析，以图建立起科学的伦理观念，克服传统伦理思想的片面性，为现代元伦理学的发展提供了有益的启迪。然而，把伦理概念和批判的逻辑分析以及道德直觉当作伦理研究的基本方法，最终只能把道德的基本概念设定为不证自明的本体，直觉主义由此确立的伦理道德体系实际上是从伦理思想中抽出了科学的内容，而只剩下道德词语这一空洞的形式，直觉主义避免了自然主义的谬误，却又与形而上学一样犯了形式主义的错误。20 世纪 30 年代，由于逻辑实证主义哲学的兴起，元伦理学的情感主义以其更加严格的语言逻辑分析取代了直觉主义的地位。情感主义者认为，道德判断作为价值判断只能表达人的心灵状态和情感，是处于语言所表达的“事实”范围之外的，是缺乏逻辑性和可证实性的，因而价值问题的争论既没有必要，也没有真假之分。情感主义的逻辑实证原则，最终将伦理道德看作是不能满足严格逻辑分析的需要而将其排斥于知识和科学的大门之外。如果说，直觉主义的逻辑分析方法虽然没有指明“善”等价值词的确切含义，但还承认伦理道德的科学性质的话，那么到了情感主义那里，则更加不注重对社会道德生活的关注，而只是对道德语言的意义及伦理判断的日常用法进行逻辑分析，最终伦理道德的科学性由于事实与价值、价值与科学的分离而丧失殆尽。毋庸置疑，元伦理学对伦理道德自身科学性质的反思，对价值与知识关系的深入探讨，对道德语言明晰性、道德语言真理性等问题的关注，极大地拓展了现代西方伦理道德研究的领域和视野，促使伦理研究的理论化和科学化的深入。然而，情感主义和直觉主义一样，过于强调逻辑分析与价值判断之间的对立，在失去了传统伦理观念的现实性品格、将其发展成为没有实际内容的道德哲学的同时，又使伦理研究的真理性和科学性受到挑战。因此从 20 世纪 60 年代以来，元伦理学在对传统伦理观念进行诘难的同时，也受到了当代规范伦理学的挑战而失去了应有的地位。

19世纪末20世纪初，西方自由资本主义阶段过渡到垄断资本主义阶段，传统资产阶级道德观和价值观发生了动摇，带来了人们精神家园的失落。与元伦理学代表的科学主义倾向相对立，关心人的现状和现实道德问题的非理性主义思潮日益兴起。存在主义、弗洛伊德主义、实用主义等流派，并不关心伦理道德本身是否能成为一门严格的科学学科，而是开始关注并力图解决人自身的道德问题。

从本体论意义上去理解伦理现象和人的存在问题是存在主义的独到之处。胡塞尔和梅洛—庞蒂都明确摒弃功利主义的个体主体，要求代之以交互主体，以主体间性来取代主体性。所谓交互主体，指的是自我与他人以及客体处于共在关系中的主体。他们都认为主体不能是孤立的、原子式的、不受约束的自我存在，而只能是一定社会环境中的存在。对主体（自我）的肯定意味着同时对他人和环境（客体）的肯定。海德格尔进一步奠定了存在主义的本体论基石，指出只有人的存在是最根本的，伦理道德首先应当对"存在"进行本体论分析，把人提高到存在论上来认识才能真正理解人是什么。他肯定"此在"的基本存在结构是"在世"，也就是说，个人不是孤立、单独地存在着，而总是处于世界中，与他人及事物不可分割，同时出现、同时存在。他后期对"在的真理"的谈论，特别是建立所谓"始源性伦理学"的主旨也正在超越"此在"作为个体主体存在的意义，而确立人与世界浑然一体的生存关系，并由此达到主客融合以至"天人合一"的境界，这就从根本上排除了道德和价值观上的个体本位和个人主义。萨特的"存在先于本质"的判断，目的也在于确定"存在"在本体论意义上的优先地位，并提出自由是人的存在的最高价值的体现。存在主义从传统的客体化道德转向对人的主体存在的论证，将道德的思考提高到本体论层次，对克服传统理性主义的超验性和抽象性有一定的积极意义。但是，存在主义过于夸大人的自由和责任，否认道德标准和价值的合理性，导致了道德相对主义和道德虚无主义倾向的泛滥。

用非理性因素的心理分析来解决人的道德问题始于弗洛伊德，形成了西方现代伦理思想中的弗洛伊德主义。弗洛伊德从个体内在心理结构出发揭示道德的根源，他说："满足我们的自我不可扼制的、野蛮的本能冲动而出现的幸福感，比满足那扼制的本能而产生的情感，更加强烈得多。"①人生的目的和行动的动机，最终还是由无意识的本能起决定作用。弗洛伊德从无意识本能与道德关系上揭示道德的主体性特征，从心理学的角度为伦理学发展提供了丰富的研究资料。新弗洛伊德主义代表人物弗洛姆一方面继续用精神分析的方法来分析现代社会人性和自由的根源，另一方面又接受了马克思主义的社会历史学说，强调社会因素对人和道德的作用。因而弗洛姆对现代西方社会道德现状的批判、对符合人本性道德标准的寻找，都有其深刻的见解，从心理学的方法和内容上为伦理道德的研究提供了更为广阔的视野。但是，将心理学的心理精神分析方法作为主要手段来解释和解决个人及社会道德问题，将非理性的无意识、个体情感等夸大为人类道德生活的全部，必将忽视社会因素、理性因素等对道德生活的影响而走向片面化。

20 世纪初产生于美国的实用主义，主要从价值论分析方面将伦理道德工具化。杜威从生物进化论和彻底经验论出发，认为任何道德判断和科学判断一样，都来自于经验，只不过是应付环境的工具。詹姆士把实用原则运用于道德领域，将伦理道德变成了实用或获得成功的一种便利方法。实用主义一方面强调道德价值必须按照人的实践愿望来重新规定，另一方面又强调道德价值与社会环境之间的内在联系，既承认社会环境对道德价值的作用，同时也承认道德价值对社会进步的作用。据此，实用主义对功利论的个人主义采取了批判态度。杜威反对利己主义和享乐主义意义上的个人主义，认为功利论的主要缺陷在于未能摆脱这种含义下的个人主义，因为它肯定的不是追求快乐和幸福的行为本身，而是作为这种行为的结果的快乐和幸福之物。这就使快乐和幸福成了可以占有和享用的东西，追求快乐和幸福不是去进行创造，而是获取创造的结果。"它为如下倾向作了理智的确认：'实业'不是充当社会服务的手段和个人创造力发展的机会，而是积累私人享乐资料的途径"②，杜威指责功利论在这一点上与旧式的"粗鄙的个人主义"如出一辙。至于功利论者有时也要求把谋求社会和多数人的快乐和幸福放在首位，杜威是肯定的，并认为这是它的最值得赞扬

---

① ［奥］弗洛伊德．弗洛伊德心理哲学．杨韶刚等译．北京：九州出版社，2003. 74.

② ［美］约翰·杜威．杜威全集（中期著作 1899—1924 第 5 卷）．魏洪钟等译．上海：华东师范大学出版社，2012. 184.

之处，功利论的“最大功绩是把社会福利作为最高标准而引入人的思想里”①。杜威没有因为反对利己主义和享乐主义意义上的个人主义而否定任何形式的个人主义。他认为个人主义不是一个固定不变的概念，它在不同历史时期可以有不同的表现形式。以利己主义、享乐主义为特征的旧式个人主义不符合现代的历史潮流，现在应当建立一种不以获取个人私利，而以服务社会为宗旨的新型个人主义，“我们也需要有一种个人自由，但这种个人自由不同于那种为个人无限制的经济自由所由产生并为它作辩护的个人自由，我们所需要的这种个人自由是具有普遍性的和为大家所分享的，而且它是在社会上有组织的明智控制的支持与指导下的”②。杜威还提出，为了克服旧式个人主义、建立新型个人主义，单单把少数人对私利的追逐扩大为多数人的追逐，或者倡导慷慨、善意和利他主义，都无济于事，重要的是要“改造社会，促进造就新型的个人”③。杜威没有、也不可能进一步说明在资本主义社会条件下怎样造就新型的个人，没有、也不可能说明在这种社会制度下的个人怎么能在撇开个人得失的前提下把自己的创造活动当作道德行为的标准，他的新型个人主义有很大抽象性。总起来看，实用主义强调伦理道德要注重人的现实利益需要和伦理价值规范的重要性，这无疑是有现实意义的。但过于夸大道德的工具价值，否定道德的目的价值，忽视道德与科学的本质区别，又容易偏向道德相对主义和主观主义。

从西方现代伦理思想的发展线索中可以看到，一方面是科学主义的逻辑分析方法代替了传统的经验感受归纳，另一方面是非理性主义代替了传统的理性主义，从不同的方面表现了对传统伦理观念的超越和叛逆。与此同时，各种现代伦理思潮之间虽然存在很大差异，但在坚持还是批判功利主义的个体本位和个人主义上，往往能得出大体类似的结论，可谓殊途同归。可见在道德和价值观念上对个体本位和个人主义的批判和超越，已汇成了一种具有时代特征意义的广泛潮流。当然，就合理性、科学性和彻底性来说，传统伦理观念中的这种变化远逊于马克思主义的变革。许多现代

---

① ［美］约翰·杜威．杜威全集（中期著作 1899—1924 第 5 卷）．魏洪钟等译．上海：华东师范大学出版社，2012. 181.

② ［美］约翰·杜威．人的问题．傅统先等译．上海：上海译文出版社，1965. 80.

③ ［美］约翰·杜威．人的问题．傅统先等译．上海：上海译文出版社，1965. 615.

思想家对功利主义的个体本位和个人主义原则作了不少批判，但是他们并没有、也不可能完全否定这些原则。西方现代社会如同近代一样是以资本主义的市场经济体制为基础，而这种经济体制与个体本位和个人主义原则之间存在着必然联系。所以，西方现代伦理观念从根本上说，仍然无法摆脱个体本位和个人主义的影响。但是，由于市场经济体制和整个西方社会毕竟在这一时期发生了重大变化，与之相应的伦理道德观念在表现形态上也必然要发生变化。个体本位的个体往往被扩大了，在一定意义上可以说成了与群体、集团相统一的个体，个人主义也主要被解释为充分发挥人的能动性、保障人的自由和尊严，以实现个人的价值。它要求维护个人的合法权益，但这不仅不会损害、反而可能增进集体和社会利益。这种新形式的个人主义是对传统思想的批判和超越，尽管它受到一定限制，仍然应当看作是道德和价值观念上的重大变化。总之，19 世纪中叶以来，西方伦理观念从方法到内容都有了长足发展，开创了现代伦理思想发展的新局面。然而，必须指出的是，现代伦理思想自身也存在无法克服的缺点，如科学主义使伦理道德游离于现实生活之外，而非理性主义对道德价值的否定又带来了道德相对主义和道德虚无主义的泛滥，因此，两种思潮都无法解决现实的道德问题。第二次世界大战之后，特别是 20 世纪 60 年代以来，人们开始从对科学的盲目崇拜转向对人类自身问题的关注，从对个体的非理性的泛化转向对道德价值的理性自省。在此基础上，当代西方伦理道德力图不断超越科学主义与非理性主义的对立，创造和重构了以复归规范伦理学为主流的多层次、多元化的发展局面。

小 结

中国近现代与西方资本主义进入垄断阶段时期，中西方的义利思想均发生了新的变化。从总体趋向和特征上考察，都体现为传统义利观的衰落和现代义利思想的兴起。现代义利思想的发展都基于对传统义利观的批判、调适和改造而推进的，现代义利思想的价值导向都表现为德性主义和整体主义的明朗化。但是，由于历史传统和社会形态的差异，中西方传统义利思想变迁的进程又存在诸多相异之处，具体而言，包括以下几个方面：

一、传统义利思想变迁的原因不同

19 世纪末、20 世纪初，西方社会从自由资本主义阶段过渡到垄断资本主义阶段，各主要资本主义国家的经济关系和政治关系发生了重大变化，严重影响到人们的道德观念和价值观念。一方面，由于垄断资本主义地位的确立，垄断势力几乎控制了社会生活的一切领域，金钱的巨大魔力威慑到每一个人，金钱拜物教控制了整个西方社会。另一方面，现代科学技术在各个领域飞速发展，不仅改变了人与自然的关系，也改变了人自身，改变了人的创造能力和需求，改变了人的物质生活条件和人际关系，甚至变成了给人类生存、发展带来威胁和破坏的一种异己力量。正是在这种情况下，现代西方社会出现了一系列矛盾的现象：物质财富趋向丰富，人的内在精神反而空虚；科学趋向进步，社会道德反而堕落；技术趋向不断发展，人的精神生活反而贫乏。社会生态、自然资源、心理生理等方面的社会危机日益加深，物质文明与精神文明的发展陷入了严重的失衡状态。不仅如此，传统经济伦理观中的利己主义思潮也受到现代科学技术发展的挑战。20 世纪以来，西方的科学技术发展突飞猛进，达尔文的生物学、弗洛伊德的心理学、马克思的社会历史分析以及马克斯·舍勒创立的人类学等，都为探索人的奥秘提供了广阔的认识领域。人们希望利用新的科学手段、方法及理论，深入研究从事认识活动的主体，研究感觉着、行动着的人。正是在这种历史条件下，思想家们受到发达工业化社会的时代影响，纷纷把注意力转向科学方法论、科学发展规律以及人与社会的关系等问题，并力图从各自的立场出发，采用各种方法分析、总结新产生的种种道德现象和社会问题。于是，在诸多伦理思想的聚汇中，出现了科学主义和非理性主义的思潮，它们从不同侧面反映了资本主义世界的社会存在，以及随着新技术革命浪潮的到来，现代西方社会在阶级关系、道德观念、意识形态等方面发生的显著变化。因此，现代西方经济伦理思想的产生有其历史的必然性，它是资本主义社会的思想产物和时代表征，也是对工业化发达社会的一种“理论反思”。

与此不同，近代中国处于一个动荡的大变革时代，而直接触发近代思想变动的契机，是国际国内的特殊历史环境，亦即中西文化的“两极相逢”、猛烈撞击。中国从16世纪末到17世纪初，由于封建社会内部商品经济的发展，已经孕育着资本主义的萌芽。1840年以后，外国资本主义的入侵打断了中国从封建社会过渡到资本主义社会的自然进程，资本主义的发展受到外国资本主义和帝国主义的控制。因此，中国社会走向近代的外部因素来自世界资本主义潮流的裹挟，是被坚船利炮和廉价商品强制卷入到世界资本主义近代化的轨道的。外国资本主义“在中国进行的战争给古老的中国以致命的打击。闭关自守已经不可能了；即使是为了军事防御的目的，也必须铺设铁路，使用蒸汽机和电力以及创办大工业。这样一来，旧有的小农经济制度，以及可以容纳比较稠密的人口的整个陈旧的社会制度也都在逐渐瓦解”①。随着外国资本主义的入侵程度不断加深，一方面是中国半殖民地半封建社会演变与形成的被动过程，另一方面是“独立的资本主义近代化”的自为过程。两者之间的冲突构成了近代中国社会的主要矛盾——西方资本主义（帝国主义）与中华民族、封建主义与人民大众的矛盾，这两个主要矛盾也就是殖民化、封建顽固化与独立自强的资本主义近代化的矛盾，以独立自强为目的的资本主义近代化是中国近代史的基本线索和走向。从洋务运动到戊戌变法，从辛亥革命到“五四”运动，伴随着资本主义入侵的步步进逼和民族危机的日日加重，救亡自强运动和近代化思想意识亦不断深入和深化，从民众到封建开明官僚、从志士仁人到一般知识分子、从师夷长技到改良、从变法到革命、从物质层面到制度层面再到文化意识形态层面，可谓风起云涌、波澜壮阔。救亡自强运动的发展及

---

① ［德］马克思，恩格斯．马克思恩格斯选集（第4卷）．中共中央马克思恩格斯列宁斯大林著作编译局．北京：人民出版社，1972. 511.

其所伴随的思想意识的发展，直接或间接推动了中国传统义利思想的变迁。从鸦片战争到“五四”新文化运动，是具有资本主义性质的近代义利思想对传统义利观的调适和批判，传统义利思想的近代演变确立了新的伦理原则，即利益或功利的原则，标志着人从德性主体觉悟向感性主体觉悟的转变。它起到了将人的经济活力、创造原动力从封建制度的束缚中解放出来，使之自由创造、充分发挥的思想启蒙作用。辛亥革命前后，在救亡图存的重压下，传统义利思想的近代演变出现裂变和转向，埋下了现代义利思想发展的种子。其标志是资产阶级革命派在经济伦理原则上，重新将“义”提升到第一性的基础价值地位，并将“公”超越“私”，公或公利重新成为道德价值判断的标准。这一新的思想变化是近代义利思想的升华，它排除了资本主义制度的伦理价值合理性，为马克思主义的进一步传播提供了思想上的准备，也标志着现代经济伦理思想的兴起。由以上分析可见，中国传统义利思想变迁的原因，与西方各国迥然有别。它主要不是传统思想及传统观念形态按自然发展轨迹在新条件下的扬弃与再创造，而是处处摆脱不了外在冲击这一历史机缘的影响，经常表现为基于救亡图存的现实需要而提供一个“经世致用”的答案。启蒙思想家对传统义利观的改造，是针对中国特有的政局和社会面貌，始终洋溢着强烈的爱国主义色彩，没有也不可能脱离追求富强的救亡主线。

二、传统义利思想变迁的途径不同

近代以来，西方伦理思想领域里的义利观斗争愈趋激烈，英法功利论和德国道义论的相互辩难论争，将义利之辨推向高潮，并影响到现代伦理思想的发展格局和趋向。19 世纪中后期，传统经济伦理观念由于内在的理论困境及新的社会历史条件的作用而转变为现代形态的伦理理论及思想。一般而言，传统功利主义大多主张用观察和归纳的方法从实际经验中引申出道德公理；道义论则强调理性的绝对权威，可以给人类提供可行的伦理原则。随着西方自然科学的新发展，尤其是数理逻辑的变革对功利主义的归纳方法产生了诘难，动摇了功利主义的方法论基础。以西季威克和摩尔为代表的直觉主义，对功利主义进行了全面的清算，宣告了传统伦理观念与现代伦理思想的分野，取而代之的是一种对伦理道德的概念及语言进行分析和逻辑判断的全新方法。非理性主义伦理思想与直觉主义所代表的科学化倾向相对立，它不承认道德价值的普遍合理性，把道德判断与道德的立足点放在个人的主观选择与决断上，关注人的现状和现实道德问题的解决。从西方现代伦理思想的发展进程中可以看出，无论是科学主义的逻辑分析，还是非理性主义思潮的兴起，都是随着西方社会经济发展的自然轨道而出现的，它们在不断克服传统理论的矛盾中发展自身，从不同的方面表现了对传统观念的超越和叛逆。

与之相比，中国传统义利思想变迁最显著的特征，无疑是西方资产阶级伦理思想的排空而入，以及由此汇成的对传统义利观反思浪潮的屡踣屡起。在内因与外缘的双重作用下，中国传统义利思想的转换，一方面凸显了西化的倾向，另一方面又没有完全抛弃传统观念，仍表现出与传统的相承关系。这一时期自西东渐的各种伦理学说，如功利主义、合理利己主义、进化伦理学以及康德的道义论、马克思主义的义利观等都对中国产生了重要影响。启蒙思想家不仅将功利主义、合理利己主义等思想引入道德领域，而且以之为标准来改造传统的价值体系。由此可见，传统义利观在鸦片战争后的转换，是将其价值之维奠定在西方伦理观念的坐标之上，凸显了中国传统义利观在转换过程中的西化倾向。可以说，没有西方思想的冲击、没有西方伦理价值观作为比照的话，中国传统义利思想在当时的变迁可能不会发生，或者至少可以说不会表现得那样的剧烈与迅猛。在梳理中国传统义利思想的转换时，忽视西方的参与作用自然是错误的。然而，将中国传统义利观的转换仅仅理解为西方思想冲击的结果，也是有失偏颇的，因为它忽视了中国传统观念内在的历史衍续。中国传统义利观是一个复杂庞大的体系，里面既有正统思想，也有非正统思想。利益优先原则、事功原则即是其中的非正统甚至异端的思想，它是中国传统观念本身所具有的“潜在力”，直到近代才有了向正统思想转化的可能。这种“潜在力”一旦被外在机缘的冲击“唤醒”，就可以转化为思想变迁的内在张力。余英时在评价近代知识分子时指出：“我们与其说他们接受了西方的影响，毋宁说他们扩大了儒学系统，赋予儒学以现代的意义。如果用‘新瓶旧酒’这个老譬喻，我们可以说，不通过‘旧瓶’，他们是喝不到‘新酒’的。”① 这一评价揭示了传统观念在思想转换中的参与作用。潜藏于传统义利观中的非正统思想，在正统思想濒临危机、僵死的历史背景下，“被唤醒而得以复活”。这既是传统义利思想变迁的基础，也是中国近代思想家在重铸价值观念时，汲取传统思想精华的桥梁。因此，中国传统义利思想

① 余英时．现代儒学论．上海：上海人民出版社，1998. 36.

的变迁，实际上是奠基于“西学”与“中学”的双向之维上，表现为“西学”与“中学”不同程度、不同方式的交汇和融合。明确中国传统义利思想变迁的途径，所给予我们的启示就是如何在“西学”与“中学”之间、传统与现代之间作出权衡。

三、传统义利思想变迁的结果不同

19 世纪以来，随着西方资本主义社会各种矛盾的进一步发展和激化，发达资本主义国家在政治生活和人与人之间的关系上都发生了很大变化，资产阶级传统的社会理想与道德理想出现了动摇和危机。为了克服传统经济伦理观念内在的理论困境，现代伦理思想应运而生。现代伦理思想的发展可谓异彩纷呈、学派林立，科学主义和非理性主义堪称其中的典型代表。以西季威克和摩尔为代表的直觉主义，采用逻辑分析的方法，对功利主义的经验归纳法进行了彻底的批判。20 世纪 30 年代，情感主义以其更加严格的语言逻辑分析取代了直觉主义的地位，促使伦理道德的研究进一步理论化和科学化。与直觉主义和情感主义的科学化倾向相对立，以存在主义、弗洛伊德主义、实用主义等为代表的非理性主义思潮，并不关心伦理道德本身能否成为一门严格的科学学科，而是开始关注并力图解决人自身的道德问题。从总体上看，现代伦理思想的诸多流派，均以探讨人的本性和价值为宗旨，以研究个人与他人及社会的关系为目标，以变动化、多样化的理论格局为特点，力主将人自身作为理论研究的出发点和归宿，希望在现代西方社会中建立起新的伦理道德原则。因此，19 世纪中后期以来的西方现代伦理思想，无论是在理论层面还是在实践层面，都取得了明显进步，并为 21 世纪伦理观念的发展提供了理论准备和基本路向。

相对而言，中国传统义利思想的变迁与现实经济发展之间，呈现的是一种弱相关性。近代中国是半殖民地半封建社会，资本主义生产方式受到外来侵略势力和国内封建势力的双重压制和排挤，发展速度比较缓慢，基础也相当薄弱。当时中国的“商品经济、独立的手工业虽有相当的水平，封建土地制度和自然经济的势力却更加强大得多。封建经济是一株参天老树，资本主义因素则还只是大树覆盖下的一棵幼苗”①，社会利益关系仍然是建立在封建主义的基础上。在这种条件下，启蒙思想家倡导西方市场经

① 刘大年．中国近代史诸问题．北京：人民出版社，1965. 193.

济的功利主义和合理利己主义，显然与现实生活有一定的差距，其义利观也具有一定的超前性和先行性，“作为观念形态的伦理文化，它虽然和其他社会意识一样，要受到社会政治经济的制约，要求与政治上层建筑和社会经济基础相适应，但它又具有明显区别于其他社会意识的特点，这就是它的强烈的理想趋向性。社会伦理思想往往具有超越现有的社会政治及经济基础的因素，以引导社会先进成员去追求理想目标，塑造理想人格”①。然而，新思想能否成为一种社会心理，能否世俗化、制度化，与社会基础和经济基础密切相关。因为伦理思想的转型，如果缺乏经济的、政治的、法律的支持，就只能化为泡影。从鸦片战争到“五四”运动期间，资产阶级改良派和革命派的思想，虽然是指导戊戌变法和辛亥运动的进步思潮，但大多限于改良主义者、革命人士和部分开明官员，尚未形成广泛的社会共识。特别是政策和制度层次上的建设，大多因变法失败或革命成果的旁落而未及落实，所发挥的直接作用尚属有限。这是由于资产阶级一直未能成为中国社会的统治阶级，在当时的社会历史条件下，他们的义利思想没有完全落到实践的层面，也缺乏付诸实践的可能性。辛亥革命后，中国并没有真正走上资本主义顺利发展的道路，与反帝反封建的民族民主革命相联系，却较早地掀起了社会主义运动。“五四”知识分子迎来了马克思主义，确立了社会主义制度的伦理价值合理性，社会主义经济伦理在中国取得压倒性的优势。其原因大致有四个方面，“社会主义与传统的‘均贫富’价值取向、大同理想和‘天下主义’情愫的奇妙耦合；资本主义头上的经济伦理神圣光环已经消失，资本主义经济制度不具备伦理价值的终极合理性；一而再地探索富强之路的挫折和困顿，映衬出俄国十月革命成功的巨大召唤力；对资本主义列强和帝国主义的敌意和仇恨，产生民族情感的共振同流作用，这一作用促使中华民族的精英们尽可能选择资本主义或帝国主义的对立面——社会主义”②，这中间的根本原因即在于近代中国民族危机的严重性，使知识分子围绕着救亡图存的现实需要来选择伦理价值工具，从而反映出中国传统义利思想转换的实用性。正是片面追求致用，使政治斗争压倒了对伦理思想的深入思考，致使马克思主义的传播同样具有浮光掠影的特征，未能形成比较系统、完整、深刻的思想体系。马克思主

---

① 陈兴锐．中国传统伦理思想的构架与社会主义伦理体系的建立．探索，1999（4）．

② 王玉生．言强必先富：中国传统经济伦理思想的近代演变．北京：中国社会出版社，2007. 14.

义伦理思想的中国化，有赖于一定的主客观条件，否则，马克思主义的义利观只是传入中国，而不是中国化。传入中国与中国化是截然不同的。传入中国，是指它为一个民族所理解、所接受，也许停留在纸上，也许在口头。而中国化则不同，是指它同中国具体实际相结合，为中国的民族传统和民族心理所同化，并成为中国人民行为方式和实践的理论指导原则。马克思主义的义利观传入中国近百年，但中国化的只有两种形式，一是毛泽东的新民主主义革命的理论，二是邓小平建设有中国特色的社会主义理论。

综上所述，鸦片战争以后，中国传统社会开始经历时代的裂变，与之相适应，传统义利思想的转变凸现了复杂性与艰难性的特征。与西方相比，在政治上，中国有更多的救亡图存压力；在经济上，匮乏工业革命和市场经济的社会历史背景，资本主义经济的发展远不充分；在文化上，中国缺乏像文艺复兴和宗教改革那样的长期有效的思想启蒙运动，社会变革尚未充分展开。所以，西方的功利论、道义论以及马克思主义变成了救国救民的伦理工具，启蒙思想家对其缺乏深透了解，对于封建伦理观念也没有作出系统的批判性总结，他们对义利关系的理论探讨和阐释远未深入，亦未能建构起一种理论完备且为多数社会成员所认同的新型义利观。因此，在中国近现代，义利观的变革虽已展开，但并未圆满解决。

总论

经济伦理思想的变化是社会经济结构变化的一个重要表征，也是社会伦理道德变迁的前沿。在中西方经济伦理思想发展的历史过程中，义利之辨是无法忽视的核心问题，由此所引发的诸多问题大都具有跨文化的特征。中国传统义利思想的产生有其特殊的社会经济基础和伦理文化背景，它以儒家思想为基础，融合了法家、道家等各家的观点，构成了比较完整的思想体系。西方传统义利观与西方社会的历史条件、文明路径密切相关，它也是紧紧地围绕着道德与利益、美德与幸福、利己与利他等问题而展开的。西方伦理思想史上的诸多流派或学者都曾涉及义利之辨，并形成了各具特色的伦理价值学说。

一、中国义利思想演变的总考察

中国传统义利思想是关于古代社会经济发展和经济生活的道德规范，它与中国传统文化相契合，并与中国古代的经济实践相统一，形成了具有丰富内涵的思想体系。先秦时期，义利之辨是诸子百家相互交错影响而形成的综合体，义利问题上的不同观点构成了传统伦理思想的基本框架。随着秦汉之际中国走向统一，以及“罢黜百家，独尊儒术”的统治方针，儒家思想逐渐融合百家观点，成为中国传统义利观的正统，受到历代统治者的推崇，被制度化为具有强大影响力的意识形态。这是中国古代虽历经变革、朝代更迭，而伦理思想却相对稳定的重要原因之一。儒家义利观是封建自然经济的产物，必然以服务封建社会为宗旨，它在总体上呈现以下特征：

1. 重义轻利

道德至上是中国传统义利观的基本特点。从先秦到明清的宏阔时空中，“重义”是一条贯穿始终的思想主线。从先秦孔、孟、荀诸子对“义”进行规定开始，到两汉儒家建构神学目的论的道德体系，经魏晋至隋唐，儒、道、释三家兼容互补，最终在南宋理学的理论体系中，“义”的超然地位得以确立。从此“正其义不谋其利，明其道不计其功”成为中国传统义利思想的主流，在它统摄之下，构建了体系严谨、逻辑缜密的经济伦理框架。由于我国封建社会以自然经济为基础，在生产中占支配地位的是使用价值而不是交换营利，不言利或讳言财利遂成为社会生活的重要准则。“重义轻利”对于人们形成统一的价值意识、稳定社会秩序起到了一定的积极作用。因此，“重义轻利”作为中国古代社会的主流价值观，是有其社会历史根源的。但是，将“义”视为社会生活中至高无上的价值，使道德规范成为衡量社会活动和个人行为的最高标准，就从根本上扭曲了人的自然属性，势必忽视或否定人们改善生活的物质追求，从而阻碍社会经济的发展。

2. 重公贬私

中国传统义利观提倡“公利”，反对追求一己之私利。儒家重“公利”是与其对人的本质认识分不开的，在儒家看来，人是以社会关系为存在基础的，换言之，社会关系是人之所以为人的特殊本质。这就决定了个体（个人）只能从属于群体（社会），体现在利益关系上，就是公利重于私利。秦汉时期，儒家重“公利”的原则逐渐与墨家的“兴天下之利”、法家的“废私”等主张相融合，并不断得到强化。秦汉至宋明的义利之辨，意见虽然纷杂，但大致不出“利天下为义”的框架。理学家认为“义与利，只是个公与私也”，这就意味着义利之辨、公私之辨，其实讨论的都是一个问题，即社会利益与个人私益的关系。在明清至近现代义利思想的反传统演变中，启蒙思想家仍然无法摆脱公与私、群与己的紧张关系，既要肯定“私”和“私利”，又要防范它们损害公共利益；既要否定“公”和“公利”，又要维护国家、民族的利益，最终还是回归了强国富民的主题。由此可见，中国传统义利观始终把“公利”作为思考问题的出发点和落脚点，“公利”即“义”，它是衡量人们行为道德与否的唯一标准。在阶级社会里，将“公利”转化为“义”后，虽然解决了“义”无所表现的问题，但以“义”所称谓的公利，实际上只是统治阶级的私利，这种利益与广大民众的利益是对立的。所以，没有建立起私利与公利真正统一的社会制度，而强调以公利为义，或个人利益服从集体利益的思想，都是对个人利益的侵蚀和扼制。

3. 重等级平均

中国传统的社会结构是以血缘关系为纽带、政治与伦理高度统一的集权社会。在氏族的解体过程中，氏族首领转化为奴隶主贵族，氏族社会的血缘关系并未被打破，家庭奴隶制发展成为宗族奴隶制。西周建国之初，以血缘关系来确定内部的等级秩序，从周天子到大夫都实行嫡长子继承制，其他诸子分封为次一等级的统治者，而等级最高的家长就是天子。这样，整个国家就形成了一个以血缘关系为纽带的统治体系，伦理思想与宗法制度的密切关系得以建立。先秦儒家把这种阶梯式等级制度移植到义利关系中，在获取财富时将生产关系的各个方面渗进封建伦理因素，宣扬“公食贡，大夫食邑，庶人食力，工商食官，皂隶食职，官宰有加”（《左传·成公五年》），并进一步提出了“均无贫”的分配思想。“丘也闻有国有家者，不患寡而患不均，不患贫而患不安。盖均无贫，和无寡，安无倾”（《论语·颜渊》），这是说，无论诸侯或大夫都不必担心财富少而应担忧财富分配不平均；不用担心人民太少，而应该担忧境内不安定。若是财富平均，就无所谓贫穷；若境内和睦，就不觉得人口少，社会安定国家就不会倾覆。值得注意的是，“均无贫”绝不是在各阶级之间实行平均分配，而是按封建等级实行物质财富的差等分配。这里既有同一等级之内的均等，又有不同等级之间的差别。在同一等级内由于均富，人与人之间的相对富裕程度基本一样，就不会因贫富不齐而不安，由不安而产生变乱。所以，“均无贫”是一种相对富裕观，均的结果是缩小富裕程度的差别，而不存在贫困化问题。同时，为缓和社会矛盾，不同等级之间的贫富差距又要有一定的限度。从总体上看，处于封建等级上层的人尽管富裕程度有差别，但相对而言要比下等阶层富有，“卿大夫以序守之。民是以能尊其贵，贵是以能守其业，贵贱不愆，所谓度也”（《左传·成公五年》）。可以说，先秦儒家的财富分配观是等级占有、贫富有差，这与礼的名分规定相一致，与政治上的等级统治相合拍。自秦统一后，实行中央集权的郡县制，宗法结构逐渐被宗族结构所取代。在宗族制度下，统治者遵循“尊尊”、“亲亲”的“礼治”原则，以规范人们的行为。“尊尊”即要求小宗服从大宗、下级服从上级，“亲亲”要求父慈、子孝、兄友、弟恭。在“家国同构”观念的裹挟下，中国传统经济伦理以家长制作风来配置社会资源，它通过等级秩序、依附关系来指导、约束人们在经济活动中的行为，致使人的主动性和积极性受到压抑，法律正义的观念发展迟滞。

总起来看，自然经济是传统义利思想滋生和繁衍的土壤，自然经济讲求群体和谐有序，重视家庭内部的紧密团结。因此，道德是一种最重要的制约力量，个体只有对自己应当承担的道德义务主动践行，才能增强群体凝聚力，这就产生了对“义”的强烈需求。另外，自然经济条件下的社会结构是家国一体，血缘情感、宗法关系在社会整合和政治统治中具有决定性意义。对于利益特别是个人利益的追求因危及到血缘、人情，便自然而然地受到抑制乃至排斥，在国家、集体与个人利益的关系上只能是封建国家、皇帝或宗族的利益至上。与之对应，在财富分配方面就是等级占有、贫富有差。如此表明，传统义利思想的实质是把经济关系归结为道德关系，把经济生活归结为道德生活，这与自然经济条件下的宗法社会结构高度一致。

鸦片战争后，中国社会陷入半殖民地半封建社会。小农经济在西方列强的入侵下渐趋瓦解，传统社会被纳入世界资本主义近代一体化的进程。一个价值多元、观念重组的历史过程也随之展开。在救亡图存和西方伦理思想的冲击下，中国传统义利思想的近代演变确立了新的伦理原则，即利益或功利的原则，标志着人从德性主体觉悟向感性主体觉悟的转变。它起到了将人的经济活力、创造原动力从封建制度的束缚中解放出来，使之自由创造、充分发挥的思想启蒙作用。辛亥革命前后，在救亡图存的重压下，传统义利思想的近代演变出现裂变和转向，埋下了现代义利思想发展的种子。其标志是资产阶级革命派在经济伦理原则上，重新将“义”提升到第一性的基础价值地位，并使“公”超越“私”，公或公利重新成为道德价值判断的标准。这一新的思想变化，是近代义利思想的升华，它排除了资本主义制度的伦理价值合理性，为马克思主义的进一步传播提供了思想上的准备，也标志着现代经济伦理思想的兴起。

“五四”运动之后，马克思主义传入中国。但是，由于缺少相应的主客观条件，对马克思主义的理解和运用难免存在一般化、肤浅、粗疏等缺陷。马克思主义的义利观传入中国近百年，中国化的表现只有两种形式，一是毛泽东的新民主主义革命理论，二是邓小平建设有中国特色的社会主义理论。值得探讨的是，毛泽东的“革命的功利主义”并未得到一贯的坚持，在他晚年的思想和实践中，又回到了重义轻利的传统义利观。而且愈到后期，他所强调的“义”就带有愈强烈的政治色彩，在重“义”的方法途径上，也愈来愈采取阶级斗争的形式。这样造成的结果非但不利于社会发展，反而造成了巨大的阻碍。邓小平从社会主义现代化建设的实践出发，继承、发展了马克思主义的义利观。他充分肯定物质利益的基础作用，提出只有稳定的经济利益，才能达到政治工作的目的。他认为，“革命是在物质利益的基础上产生的，如果只讲牺牲精神，不讲物质利益，那就是唯心论"①，"不重视物质利益，对少数先进分子可以，对广大人民群众不行"②。邓小平立足于中国经济建设的实际，明确指出在社会主义历史时期，国家要讲物质利益，追求国富；人民群众要讲物质利益，追求民富。在肯定物质利益的同时，为防止和纠正利益至上的片面观点，他提出"两手抓，两手都要硬"的战略思想，促进物质文明和精神文明建设的有机结合。他说："每个人都应该有他的一定的物质利益，但是这决不是提倡各人抛开国家、集体和别人，专门为自己的物质利益奋斗，决不是提倡各人都向'钱'看。要是那样，社会主义和资本主义还有什么区别?"③他多次强调建设有中国特色社会主义，"最重要的是人的团结，要团结就要有共同的理想和坚定的信念"④。在个人利益与集体利益的关系上，邓小平主张统筹兼顾，实现二者的辩证统一。他指出，"在社会主义制度之下，归根结底，个人利益和集体利益是统一的，局部利益和整体利益是统一的，暂时利益和长远利益是统一的。我们必须按照统筹兼顾的原则来调节各种利益的相互关系。如果相反，违反集体利益而追求个人利益，违反整体利益而追求局部利益，违反长远利益而追求暂时利益，那么，结果势必两头都受损失"⑤，"在社会主义制度之下，个人利益要服从集体利益，局部利益要服从整体利益，暂时利益要服从长远利益，……我们提倡和实行这些原则，决不是说可以不注意个人利益，不注意局部利益，不注意暂时利益"⑥。这种对于集体主义原则所作的新阐述，克服了抹杀个人利益的"左"的倾向，恢复了社会主义的集体主义原则的科学含义。它既要求尊重国家、集体利益，强调个人利益只有在国家、集体利益得到保证的前提下才能实现，又要求保护、关怀和增进个人利益。对于效率与公平的问题，邓小平提倡效率优先、兼顾公平，并把它看成是社会主义市场经济发展的基本原则。他坚持认为，改革就是要破除平均主义的束缚，不打破平均主义，就不能解放生产力，调动起人们生产的积极性、主动性和创造性。他说："过去搞平均主义，吃'大锅饭'，实际上是共同落后，共同贫

---

① 邓小平．建设有中国特色的社会主义（增订本）．北京：中央党史出版社，1993. 136.

② 邓小平．邓小平文选（第3卷）．北京：人民出版社，1993. 297.

③ 邓小平．邓小平文选（第2卷）．北京：人民出版社，1994. 27.

④ 邓小平．邓小平文选（第3卷）．北京：人民出版社，1993. 190.

⑤ 邓小平．邓小平文选（第2卷）．北京：人民出版社，1994. 146.

⑥ 邓小平．邓小平文选（第3卷）．北京：人民出版社，1993. 175.

穷，我们就是吃了这个亏。改革首先要打破平均主义，打破‘大锅饭’，现在看来这个路子是对的。”① 为了打破平均主义，邓小平明确指出，“要允许一部分地区、一部分企业、一部分工人农民先富起来”②，并积极鼓励“先富”的人和“先富”的地区帮助、带动“后富”的人和“后富”的地区，最终达到“全国人民共同富裕”。他说：“社会主义的本质，是解放生产力，发展生产力。消灭剥削，消除两极分化，最终达到共同富裕。”③ 三十年的实践已经证明，邓小平的先富、共富思想，消除了人们的依赖思想和懒惰思想，充分调动了广大群众生产劳动的积极性和创业精神，发展了社会生产力，使人民生活发生了翻天覆地的变化。邓小平在总结社会主义建设和改革开放的经验的基础上，提出了“三个有利于”的社会主义功利观。在他看来，社会主义的功利主义要兼顾全中国人民的物质利益，着眼于绝大多数人的最大幸福，正确认识和处理好社会整体利益与个人利益的关系。为此，他强调判断改革的标准“应该主要看是否有利于发展社会主义的生产力，是否有利于增强社会主义国家的综合国力，是否有利于提高人民的生活水平”④，凡是与此相关或为其服务的行为或现象就是善的，反之则为恶。“三个有利于”的标准，使国家利益、人民利益占据了支配一切的地位，成为评价改革、评价社会主义的价值尺度，这是马克思主义所提倡的无产阶级的革命功利主义思想在新时期的重要发展。在这一价值评判标准的指导下，人民群众统一了对深化改革的认识，加快了改革开放的步伐。同时，这三个价值评判标准，对于我们从更深层次上揭示道德的本质与发展规律，更科学地构建适应时代需要的社会主义伦理道德体系，具有现实的指导意义。邓小平的经济伦理思想开启了中国道德转型、道德变革的运动，是继毛泽东伦理思想之后，马克思主义伦理思想发展史上的又一座丰碑。在社会主义市场经济体制正在逐步建立和完善的今天，如何沿着“革命的功利主义”和邓小平理论的思路，直面社会主义市场经济进程中的具体问题，重建和发展马克思主义的义利观，是新时代亟须解决的若干难题之一。

---

① 邓小平．邓小平文选（第3卷）．北京：人民出版社，1993.155.

② 邓小平．建设有中国特色的社会主义（增订本）．北京：中央党史出版社，1993.142.

③ 邓小平．邓小平文选（第3卷）．北京：人民出版社，1993.373.

④ 邓小平．邓小平文选（第3卷）．北京：人民出版社，1993.372.

中国的改革和发展需要理论创新，在创新过程中，无疑需要借鉴西方经济思想。市场经济是西方发达国家的主要经济形态，西方资产阶级的义利思想即是对市场经济深入研究的成果。因此，追溯西方义利思想及其历史变迁，对构建中国市场经济伦理具有重要的理论和现实意义。

二、西方义利思想演变的总考察

与中国“家国同构”的文明路径不同，西方由原始社会向文明社会的过渡是通过一系列的变革打破氏族统治体系，用地域性的国家代替血缘性的氏族，用个人本位的社会代替家族本位的氏族，从而用国家统治代替家族式的血缘统治。西方社会进入文明的路径是“从家庭到私产再到国家，国家奠基于充分发展的私有制的基础之上，它剪断了血缘家族关系的脐带，使得家和国之间不存在内在的必然联系，家庭成员之间也因其私产的发展不存在强固的依赖性，因此个人对于家庭、对于国家来说均表现出一定的独立性，社会的矛盾主要表现为个人与国家以及国家与国家的矛盾，……由此形成和发展起西方文明的基本精神”①，因此，从总体上说西方文明是一种建立在个体与国家二元对立基础上的文明，其中既有对个体主义和自由主义的高扬，也有对整体主义和国家主义的推崇。由于西方文明存在着国家和个人的二重本位，使得西方人最先区分了人我、己群之间利益的界限，把个人利益与他人利益、个人利益与社会利益分立开来作二元思考。

早在古希腊时代，德谟克利特从奴隶主民主派的立场出发来探讨道德与利益的关系，试图把伦理思考的重心放在如何获取人生的快乐和幸福上，肯定人们对个人利益的追求。伊壁鸠鲁发展了德谟克利特的学说，旗帜鲜明地指出人生的目的就是追求快乐，快乐是人生最高的善，如果抽掉了感官快乐就无法知道善，因此道德并不是同快乐幸福不相关的东西。在欧洲中世纪，基督教神学统治一切，但义利观的争论并没有停止。基督教的教义通过天堂与地狱、上帝之城与尘世之城的对立揭示出道德与利益的对立，倡导人们禁绝尘世的各种欲望，自觉地服从神的诫命和要求。经过“文艺复兴”，人从“神”的迷雾下解放出来，尊重人性与人的尊严，也包括人的获利自由和权利。至17世纪中叶，以霍布斯、曼德维尔为代表的思

---

① 王泽应．西方传统义利学说的总结与评价．湖南师范大学社会科学学报，1999（4）．

想家提出了个人主义的伦理价值观，宣称人的本性是自私利己的，只有到人的利己本性中才能寻找道德的起源和基础。爱尔维修、斯密等人主张合理的利己主义，强调在个人利益的基础上把利己与利他结合起来。他们认为正确理解的个人利益包含有对他人利益的尊重，而利他又是更好地达到利己的手段。18 世纪下半叶，资本主义生产方式日渐成熟，市场经济成为社会领域的主要内容。与之相应，以边沁、密尔为代表的思想家总结了自霍布斯以来的自由主义思想，提出了以“最大多数人的最大幸福”为原则来判断一切行为的善恶是非，建立起较为系统的功利主义学说。功利主义从个人利益出发，以个人苦乐为善恶标准，具有个人主义内涵。但并不是所有的市场主体都能最大限度地实现自己的利益目标，只有那些能够最大限度地满足他人和社会需求的市场主体，才能实现自身利益的最大化。因此，功利主义实现的基本原则和最高理想是最大多数人的最大幸福，这不仅符合人们追求更大利益与幸福的要求，也反映了资本主义社会发展的客观规律和必然趋势，在反封建反宗教的资产阶级革命中，对于唤起人的功利意识和价值自觉不无某种启蒙作用，这是功利主义思想在近代西方社会得以张扬的根本原因。需要注意的是，功利主义虽然把“最大多数人的最大幸福”作为最高的道德原则，但是仍然把个人利益视为真实的，而把社会利益视为虚幻的，强调在个人利益的基础上实现利己与利他的结合，这与利己主义形异而实同，最终不可避免地沦为利己主义的道德选择。

18—19 世纪，在英法发生了政治革命并使功利原则成为占主导地位的道德原则的同时，德国发生了哲学革命和道德革命。以康德为代表的德国古典伦理学针对英法功利主义者从人的自然本性和感官快乐中引申出道德律令的做法，进行了尖锐而深刻的批判。功利论和道义论之间的辩难与论争，构成西方传统伦理思想史的主要内容，并影响到现当代伦理思想的发展格局和趋向。19 世纪中叶，无产阶级作为独立的政治力量登上历史舞台。马克思和恩格斯以历史唯物主义为理论武器，对资产阶级功利主义给予了全面清算，在吸取功利论和道义论思想精华的基础上，成功实现了无产阶级革命功利主义和革命道义主义的有机结合。19 世纪下半期以来，西方资本主义开始从自由竞争向垄断过渡，经济危机及社会矛盾的进一步激化，引发了对传统伦理观念、方法到内容的反思与叛逆。为了克服传统经济伦理观念内在的理论困境，现代伦理思想应运而生，它以科学主义和非理性主义思潮的兴起为标志。以西季威克和摩尔为代表的直觉主义，对功利主义的经验归纳法进行了彻底的批判，宣告了传统伦理观念与现代伦理思想的分野，取而代之的是一种对伦理道德的概念及语言进行分析和逻辑判断的全新方法。20 世纪 30 年代，情感主义以其更加严格的语言逻辑分析取代了直觉主义的地位，促使伦理道德的研究进一步理论化和科学化。与直觉主义和情感主义的科学化倾向相对立，以存在主义、弗洛伊德主义、实用主义等为代表的非理性主义思潮，不承认道德价值的普遍合理性，而把道德判断与道德的立足点放在个人的主观选择与决断上，关注人的现状和现实道德问题的解决。从西方现代伦理思想的发展进程中可以看出，无论是科学主义的逻辑分析，还是非理性主义思潮的兴起，在理论层面和实践层面都有长足的进展，并为 21 世纪伦理观念的发展提供了理论准备和基本路向。然而，现代伦理思想自身也存在无法克服的缺点，如科学主义使伦理道德游离于现实生活之外，而非理性主义对道德价值的否定又带来了道德相对主义和道德虚无主义的泛滥，因此，两种思潮都无法解决现实的道德问题。第二次世界大战之后，特别是 20 世纪 60 年代以来，人们开始从对科学的盲目崇拜转向对人类自身问题的关注，从对个体的非理性的泛化转向对道德价值的理性自省。由此，当代西方伦理道德不断力图超越科学主义与非理性主义的对立，创造和重构了以复归规范伦理学为主流的多层次、多元化的发展局面。这种转轨，首先从以黑尔、图尔闵等为代表的现实主义元伦理学中折射出来。图尔闵通过对道德语言实际运用方式的考察，指出从道德经验中可以推理出普遍的道德原则。黑尔通过对日常道德概念的逻辑分析，认为价值词的规定性具有规范的作用。20 世纪 70 年代以后，黑尔逐步由元伦理学的研究转向对规范伦理学的关注，认为只有对道德思维进行逻辑分析，才能保证道德原则对实际生活的规范和指导。元伦理学的当代转轨，从客观上反映了它本身的局限和困境，而恢复伦理道德的实践规范功能已成为伦理研究的新趋向。20 世纪 70 年代出现了以罗尔斯为代表的正义理论。罗尔斯面对着“二战”后西方社会的政治不平等、分配不公正、种族歧视等社会问题，提出了对正义原则的系统解释。他认为正义是人性所具有的以某种感情形式表现出来的特殊能力，正义感通过对人、对社会——政治设施和经济原则的评价而表现出来。罗尔斯的正义概念表现在两个原则上，“第一个原则要求在各种基本的权利和义务的分配上实现平等，第二个原则认为某些社会的和经济的不平等，例如财富和权力的不平等，只有当它们使每个人，特别是使最少得益的社会成员的利益得到补偿时，才是正义的”①，罗尔斯的正义论似乎关注社会里的每一个成员，但是不能损害其他社会成员（包括垄断资本家）的利益。所以，他实际上是想用微小的让步保存整个资本主义制度。作为传统伦理学的主要流派的功利主义，20 世纪 60 年代以来，随着规范伦理学的兴起而重新复兴。现代功利主义派别众多，理论基础各异，其中影响最大的是准则功利主义和行动功利主义。前者把对大多数人能产生最大的利益和幸福作为道德原则的依据，并在坚持功利原则的同时承认道德准则对行为的重要性，以调和功利论和道义论的冲突。后者把具体情境下的个人行为作为评价对象，主张人们在选择行为时，只需根据此时此地的具体情境，什么样的行动结果是最好的，就是符合道德的。从本质上说，现代功利主义没有根本性的变化，仍然强调个人行为的实际效果，所代表的还是资产阶级的利己主义。基督教伦理在当代西方社会仍具有广泛的影响，主要派别有新托马斯主义、新正统派、人格主义、境遇伦理学等。其最大特点就在于不断地接受现代科学成果，吸取其他学派的思想内核，以适应现实生活的需要，来重构宗教神学和道德信仰，为人们寻求精神家园提供暂时的避难所。近十多年来，规范伦理学极大地拓展了研究领域，各门新兴学科不断地渗透到伦理研究之中，使伦理学不断向多样化、专门化和实用化的方向发展，出现了多种应用伦理学学科，如医学生命伦理学、环境伦理学、职业伦理学等。应用伦理学是伦理学与社会生活密切关联的一个重要渠道，它对实用性和可操作性道德规范的研究，一方面适应了人们道德实践的需要，另一方面也容易停留在经验事实的汇集和具体案例的分析上，缺乏普遍性的道德准则和理论指导。随着人类共同关注的道德问题的日益增加，人们要求伦理研究能够提供解决现实问题的道德准则。阿佩尔、哈贝马斯等人已经开始着手建立宏观上的高度综合的大伦理学体系。阿佩尔指出，新技术的发展既能造福人类，也有可能给人类带来灭顶之灾，因此有必要建立一个有关全人类共同遵循的大伦理学，以促进全人类利益的和谐发展。哈贝马斯则强调主体间的相互认同和协调，在社会互相作用中拒绝或采纳的道德规范，以达到人类的自然需要与道德规范相适应，促进社会总体性发展。在世纪之交建立的大伦理学，其根本宗旨在于寻求和论证道德责任和原则的内在本质和依据，正如贝尔斯所指出的，“要建立 21 世纪

① 中国社会科学院哲学研究所现代外国哲学组编．当代美国资产阶级哲学资料（第四集）．北京：商务印书馆，1980. 116.

的伦理学理论必须同时把大量有关人类行为的知识和所能要求的一切都考虑进来”①。这说明高度综合的大伦理学既是对以往伦理研究的总结和发展，又昭示了21世纪伦理学的未来走向，同时也是当今各国伦理学家所面临的共同课题和任务。显而易见，中国伦理学的发展必须以开放性的态度，积极吸取以往和当代西方伦理思想的精华，面向世界和未来，才能不断地探索和解决自身经济发展所面临的新问题。

三、构建中国市场经济伦理的总体思路

中国已经找到了适合自身经济发展的社会主义市场经济模式，改革开放以来，中国社会一直处在急遽变革的转型进程中。与之相适应，伦理道德观念也发生了深刻变化。在这一历史境遇下，深入考察和挖掘中西方传统义利思想所蕴含的深层内核及基本精神，并进行现代诠释与转换，对于建设社会主义核心价值体系，实现正确的价值导向，促进经济社会和谐发展具有重要的现实意义。

1. 重新审视中国传统思想

传统是一个民族社会生活智慧的结晶，它是一种文明、一种文化面对危机时，首先要依靠的对象之一。相对于个人或一个时代而言，传统是大写的“自我”。传统具有弹性，传统伦理规范可以进行创造性转化，规范的形式及许多内容依然留存，例如传统义利思想经过近现代的演变，或多或少留下了活的因子，这是伦理规范的普遍性和绝对性的表征，同一个规范在不同时代被赋予不同的内涵而得以存续，显示了它的伸缩性和适应性，这就是伦理规范的张力。中国传统义利思想一直处于自然经济的农业生产关系之中，反映和维护着封建社会的经济关系以及政治统治。但是，不可否认，它同样具有适应现代市场经济发展的伦理要素。在发展社会主义市场经济的今天，对其进行甄别、选择与转化，具有积极的理论意义和现实意义。

首先，传统义利观中“重义轻利”的主张，忽视了人的利益需求，这在市场经济条件下将被剔除。市场经济注重物质利益的追求，但是，唯利是图会影响社会良性运行与协调发展。因此，要把“求利”与“重义”结合起来，做到“利以义取”，将“何必曰利”改铸为“正义而谋其利，明

---

① 倪愫襄. 20世纪西方伦理学发展概要. 哲学动态，1996 (1).

道而计其功”。

其次，传统义利观中“重公贬私”的原则，使经济主体缺乏竞争精神，这在市场经济条件下也将被改写。市场经济肯定获取私利的正当性，个人利益的满足是社会经济发展的根本目标。然而，个人利益至上，容易导致损人利己的倾向，破坏社会经济持续稳定的发展。因此，汲取传统义利观中“重公利”的合理内核，有助于实现个人利益与社会利益的统一。

再次，传统义利观中的“等级平均”思想，制约着个人与他人、个人与社会之间正常利益关系的发展。平等竞争是市场经济的基本原则，自由竞争调动了人们从事生产的积极性和创造性，但是在经济高速增长的同时，未必会实现人们所期望的社会公平。因此，摒弃传统义利观中的等级观念，吸收其注重公平分配的道德理想，将之改造为“共同富裕”的原则，不仅有利于形成平等互助的人际关系，也有利于实现效率优先、兼顾公平的战略构想。

从以上分析可以看到，在传统义利思想与市场经济所要求的时代精神之间建立某种相通的内在机制，使传统义利观由适应和服务于传统社会转向适应和服务于现代经济建设，是构建社会主义市场经济伦理的必然要求。当然，要实现这种转变并不是轻而易举的事，它不可能在转瞬之间完成，而需要一个循序渐进的过程。因为传统的演变属于社会历史变迁的“自然秩序”范畴，人们无意识地生活于传统之中，也在无意识地创新传统。传统的演变是无数普通人行动的结果，而非某些人有意设计的产物。中国传统义利思想的演变跨过了若干世纪的曲折历程，具有“自然演进”的性质，不以某个人或集团的意志为转移。从这个意义上说，伦理秩序不是被“构建”，而是“沉淀”和“累积”的结果。对于传统除了保持高度的社会责任感进行理性反省外，也要保持足够的审慎和敬畏之情，相信与敬畏自己和他族的文化传统及其生命力，保持开放的心态，传统将“无为而有为”。

2. 开放地学习国外先进思想

现代经济伦理不是单纯的经济现象，它是一种潜在的文化价值观念和社会意识形态，是经济背后的文化理念。经济伦理思想的与时俱进，对于社会经济活动和经济关系的和谐发展具有重要的支撑与指导作用。经济伦理思想的与时俱进取决于对待外来文明的开放态度，这种对外开放的心态是民族性格和道德观念的有机组成部分。

中国传统义利思想的近现代演变是被动的、迟缓的，这和前近代社会闭关自守、夜郎自大、放弃学习机会有必然的联系。与之相比，西方社会由于政治、经济、文化结构的特质，其义利思想的演变从近代到现代都是持续开放的。它吸收、融合各种对立的观点，并在思想的相互否定中创新发展，最终推动传统义利思想的不断变迁和自我超越。从中西方义利思想的演变进程中，可以看到保持开放心态的极端重要性。当今世界已经进入全球化时代，所谓全球化时代，就思想观念而言，就是互相尊重、学习、竞争的时代。善于学习并能进行创造性改造者才是优胜者，才能“适者生存”。目前中国已卷入全球化的旋涡和潮流，“和平与发展”成为中国意识形态的共识，这决定了开放是当然的国策。对外开放的伦理观念，是一个民族文化深厚和伦理精神自信的表现，因为任何新的理念范式和外来文化都必须通过原有文化的过滤，经过对接、转化的过程，才能成为自身伦理思想的组成部分。中国近现代思想家已开始探索西方伦理思想中国化的道路，在这条探索和试验的道路上，既有对中国传统义利观的传承和扬弃，也有对西方义利思想的取舍，这是建构一种有根基的伦理道德体系的理想途径，从而为中学与西学的互补、传统与现代的权衡提供了一种启示。因此，保持伦理文化的开放和与时俱进是民族文化“永葆青春”的重要环节，在一定意义上也是先进文化地位存续的保障。

3. 积极推动现代市民社会的成长

中国传统义利思想的近现代演变是由政治变化主导的，在民族危机的重压下，启蒙思想家围绕着救亡图存的现实需要来选择伦理价值工具。由于片面追求致用，政治斗争压倒了对伦理道德观念的深入思考，致使整个近现代的义利思想在纯粹理论、纯粹思辨方面深度不够，未能形成比较系统、完整、深刻的思想体系。在经济伦理实践上，传统义利思想虽然开始了近现代的转型过程，但这个转型是初步的、不彻底的。转型不彻底的表现有：价值原则上出现公与私、义与利之间的摇摆，所诉诸的价值合理性以工具价值合理性为基础，而工具层面的价值，无法构成一个民族深层次的长久的精神支柱。因此，在中国近现代，义利观的变革虽已展开，但并未圆满解决。

参照西方社会的现代化发展模式，可以看到经济伦理思想演变的理想途径是市民社会利益与政治统治利益的良性互动机制。这一机制既能克服经济伦理演变的被动性、迟缓性，也能保证其主动性和敏感性。现代市民社会即公民社会，是国家或政府之外的所有民间组织或民间关系的总和，是介于国家与家庭之间的独立的第三社会领域。查尔斯·泰勒指出现代市民社会是“一个自治的社会网络，它独立于国家之外，在共同关心的事物中将市民联合起来，并通过他们的存在本身或行动，能对公共政策发生影响”①。现代市民社会的形成有赖于市场经济的建立与发展，同时又会推动市场经济的进一步成熟与完善。市场经济是现代市民社会的内生主导动力，市场经济的充分发展培育了独立自主的市场主体、平等互惠的契约关系、自由独立的个性意识，界定了产权关系和社会资源以及个人财产的占有和分配原则，这些都是形成现代市民社会的必要条件。此外，现代市民社会的出现和成熟能够与市场经济形成一种良性的互动关系。因为现代市民社会的文化本质就在于它具有伦理理性精神，换言之，现代市民社会的实质就是道德理性。就个人而言，现代市民社会的伦理法则是聚私为公，私的集合就是公，公私虽然有矛盾，但更多时候是一致的。这要求在正确理解的个人利益的基础上把个人利益与社会利益结合起来，在特殊情况下自愿为公共利益、长远利益牺牲个人利益和眼前利益。就社会而言，现代市民社会的伦理法则是通过保有私来成就公，私既是手段又是目的。现代市民社会的理性精神就在于承认和维护私的合理性，否则公的价值合理性就成为无源之水。因为私，才要求社会的公；因为私，才主动维护社会的公。现代市民社会与市场经济因而具有了良性互动的基础。

在中国传统社会，个人被消解在“家国同构”的整体中，受到各种伦理纲常的规制和约束，个人的主体能动性以及各种潜能难以发挥。当今中国正处于由传统社会向现代市民社会过渡的阶段，在这种历史背景下，中国需要进一步深化市场经济体制改革，以便顺利实现向现代市民社会的转变。与西方市场经济发展的进程不同，我国市场经济的发展是自上而下的，政府在其中扮演了重要角色，这就注定了我国市场经济和现代市民社会的形成与发展具有“建构”的特征。因此，扶持和推动现代市民社会的成长，就是要在中国特有的文化背景和具体国情之下，确立社会个体的独立精神，使每个公民具有强烈的权利意识和维权能力，同时也具有强烈的义务意识和履行责任的能力，从而为市场经济伦理道德的实现创造更好的社会条件。

4. 培育社会主义市场经济的伦理基础

社会主义市场经济既是一种新的经济体制，又是一种新的伦理经济。

---

① 汪晖，陈燕谷．文化与公共性．北京：生活·读书·新知三联书店，1998. 171.

中国传统义利思想的演变，从理论和实践上说明，社会主义市场经济的伟大变革，需要相应的经济伦理为之提供思想启蒙、精神动因以及价值合理性支撑。这一经济伦理与西方市场经济伦理相比较，既有因共同的市场经济机制而产生的共同要求，也有因所有制的差异而产生的特殊要求。梳理与审视中西方经济伦理的演变过程，可以看到合理营利和共同富裕是社会主义市场经济的伦理基础。其中合理营利是市场经济伦理的共性，共同富裕则体现了社会主义市场经济伦理的个性。现阶段我们对于共性认识不到位，在个性上做得不够。因此，调适共性、增强个性，是培育社会主义市场经济伦理的当务之急。

（1）合理营利。合理营利是市场经济赖以存在的基本前提，追求个人物质利益是市场经济发展的巨大推动力。充分肯定个人正当的物质利益，不仅是市场经济发展的本质要求，也是适应市场经济活动的基本道德法则。合理营利的内容包括两个方面：一是每个人都应该追求合法利益的最大化，市场经济是一种最大限度谋利、求利的体制，获取功利是市场主体从事生产和交换活动的直接驱动力。只要承认个人作为市场经济的权利主体身份，就必然会承认个人追求、实现自己利益最大化的正当性。二是利己与利他的互利追求，市场经济作为一种利益关系体系，内在地包含着个人利益与社会利益相互关系的结构模式，因而也就为市场行为的道德要求预设着客观根据。市场经济是一个社会发展商品生产的过程。所谓商品生产，就是商品生产者在满足商品交换的前提下所从事的生产活动或经济活动。马克思分析说，“一切产品和活动转化为交换价值，既要以生产中人的（历史的）一切固定的依赖关系的解体为前提，又要以生产者互相间的全面的依赖为前提。每个人的生产，依赖于其他一切人的生产；同样，他的产品转化为他本人的生活资料，也要依赖于其他一切人的消费”①，“这种互相依赖，表现在不断交换的必要性上和作为全面媒介的交换价值上。经济学家是这样来表述这一点的：每个人追求自己的私人利益，而且仅仅是自己的私人利益；这样，也就不知不觉地为一切人的私人利益服务，为普遍利益服务。关键并不在于，当每个人追求自己私人利益的时候，也就达到私人利益的总体即普遍利益。……关键倒是在于：私人利益本身已经是社会所决定的利益，而且只有在社会所创造的条件下并使用社会所提供

① ［德］马克思，恩格斯．马克思恩格斯全集（第46卷）．中共中央马克思恩格斯列宁斯大林著作编译局．北京：人民出版社，2003. 102.

的手段，才能达到；也就是说，私人利益是与这些条件和手段的再生产相联系的”①。在市场交易中，买卖双方均把对方当作自己的手段，因此不可避免地存在着利己主义的自发趋势。但是在为赢得市场而展开激烈竞争时，买卖双方又不能不把对方当作自己的目的，而把自己当作手段，而且只有把自己当作手段的时候才能够实现自己的目的，于是也就形成了利他主义的客观基础，这说明商品生产中必然包含利他的因素。马克思的分析不仅揭示了在商品生产和商品交换中私人利益和他人利益的一致性，而且指出了私人利益在任何时候都不能离开特定社会条件而存在的客观规律。这条经济法则提升到经济伦理的层面，就是市场经济的互利精神，这种伦理精神要求每一个经济主体在追求个人利益的同时，要兼顾他人利益乃至集体和社会利益。市场经济虽然不可能不诱发利己主义和拜金主义，从而滋生种种不道德、反道德行为，但因为私人利益只有在承认他人利益的前提下才能存在，而且市场交换又体现着共同利益的客观实在性，这就为道德的进步和人性的完善提供了某种契机。

要确立合理营利的原则，首先必须建立现代产权制度，完善现代产权伦理，这是合理营利之后的落脚点和伦理价值保障。现代产权伦理是指任何合法获得的产权，一旦产生或明晰所自然形成的伦理价值合理性、所应该得到认可和尊重的道德情感和习惯。在市场经济制度中，无论公有产权，还是私有产权，都具有同等的神圣的不可侵犯性和价值合理性。“现代产权伦理的形而上根据是公私的辩证关系，灭私无公，反之亦然；其形而下根据则是任何市场交易行为及交易成本的下降都以产权明晰、稳定和尊重为基础”②，因此，产权制度与产权伦理的完善对于维护市场经济秩序至关重要。其次，必须推行经济自由政策。西方市场经济的自由主义传统认为人类社会和物质世界一样，存在着不以人的意志为转移的客观规律，这就是自然秩序。人身自由、谋利自由和私有财产是自然秩序所规定的基本人权，侵犯经济自由就是侵犯人权。自然秩序的伦理基础在于个人利益与他人利益、社会利益的统一，而这种统一只有在自由竞争的经济体系中，通过经济理性和“看不见的手”才能实现。所以，经济自由与合理营

① ［德］马克思，恩格斯．马克思恩格斯全集（第46卷）．中共中央马克思恩格斯列宁斯大林著作编译局．北京：人民出版社，2003. 103.

② 王玉生．言强必先富：中国传统经济伦理思想的近代演变．北京：中国社会出版社，2007. 363.

利相辅相成，它体现了合理营利与现代产权伦理确立的客观要求。形成经济自由的途径，除了用法律和民主制度限制政府的权力之外，就是在保持经济活力的前提下实施有限的、有选择的政府干预，“即使政府一定要干预社会的经济生活，也必须用合乎经济生活本身的规律和特点的经济手段和法制方式，来达到调节或调整社会经济生活秩序的目的，决不允许用政治权威或道德情绪主义的方式，代替经济本身的自我调节方式”①。

（2）共同富裕。社会主义市场经济是社会主义生产目的和社会主义生产手段的统一体，在公有制为主体的社会主义经济关系中，不存在对立的阶级矛盾，人们能够在公有制的大范围内进行自由的联合，为集体就是为自己，为自己就是为集体，因为个人价值的增长依赖于集体价值的增进，集体的发展也离不开个人努力，集体主义遂成为社会主义经济伦理的支柱。当市场经济以社会主义制度为载体时，其道德基础是可以而且应当向集体利益倾斜的。随着集体主义观念的形成，共富意识逐渐兴起，共同富裕成为社会主义经济公正和经济发展的最终目标。共同富裕延续了中国传统义利观的公平理想，但这是一种兼顾效率的经济公平。共同富裕所体现的分配正义，就是“既要符合经济理性的原则，尊重市场经济的原始分配的公正规则，又要依据社会基本制度系统的正义安排和道德调节，以此来逐步地改变、调整市场原始分配的不公正结果。所谓分配正义不是说通过某一个简单的步骤实现社会的绝对平等，而是让它（指贫富差距）达到能够为大多数人所容忍和接受的相对合理的程度”②。共同富裕的财富分配方式是按劳分配与按要素分配相结合，实现“共富”的手段有市场调节、政府调节、习惯与道德调节三种形式。③ 在社会主义市场经济条件下，社会财富分配准则是市场化的按劳分配。按劳分配的市场化是指市场按经济效益对企业和职工进行分配，它以货币为媒介，以价格为指针，以劳动的效率或劳动的价值实现为最终评判标准。这种分配方式是市场作为资源配置的基础力量的必然要求，能够实现社会主义制度兼顾效率与公平的伦理要求。在以往的计划经济形势下的按劳分配，倾向于按劳动数量（产品数量、劳动时间）分配，劳动数量与劳动质量、效率的分离导致人浮于事的

① 万俊人．义利之间：现代经济伦理十一讲．北京：团结出版社，2003. 42.

② 万俊人．义利之间：现代经济伦理十一讲．北京：团结出版社，2003. 106.

③ 王玉生．言强必先富：中国传统经济伦理思想的近代演变．北京：中国社会出版社，2007. 368.

"出工不出力"现象，不利于调动广大群众从事生产的积极性和创造性。当然，市场化的分配方式必然产生优胜劣汰的效应，由于劳动者天赋不同、受教育程度不同、劳动熟练程度不同等原因，将导致劳动收入的差别，甚至是差别的拉大。这种收入的不均等，在某种意义上，正是效率与公平相结合的体现。它与资本主义社会中，资产阶级凭借生产资料所有权而无偿占有别人劳动成果的两极分化相比，要平等得多，公平得多。实际上我国现阶段由于市场化的按劳分配所产生的收入差距并不大，人们痛恨的是贪污腐败、造假走私等非法收入所造成的贫富差异。况且，由市场化的按劳分配所造成的收入差距，可以通过社会主义社会的各种保障制度的完善而得到弥补。因此，"市场化的按劳分配能够实现收入分配结果的相对公平"①。

近年来，中国社会的贫富差距达到了比较严重的地步，基尼系数自1993年突破国际警戒线后，除1996—1999年外，均高于国际警戒线并呈现不断扩大的趋势。② 这一方面反映了政府调节的不得力，政府调节是指政府运用行政法规、经济政策等形式，对社会资源进行再分配，以弥补市场分配所造成的缺陷，提高社会分配的公正度，政府调节是实现共同富裕目标的最重要保障；另一方面反映了习惯和道德调节的欠缺，这恰好说明合理营利原则在当代的缺失。

综上所述，社会主义市场经济作为一种新型的伦理经济，必须立足于合理营利和共同富裕的基础上。合理营利与共同富裕之间有着密切的联系，合理营利是市场经济伦理的内核，共同富裕是社会主义制度的本质要求和伦理价值标志。前者是后者实现的前提，后者又制约、规范着前者。换言之，合理营利是效率或经济活力，共同富裕是经济公平。合而言之，二者共同构筑起社会主义市场经济的伦理基础，是社会主义市场经济和谐发展的立足点。在培育社会主义市场经济伦理的过程中，政府可以通过调整意识形态和完善政治、法律、经济体制等，来配合形成相应的制度经济伦理，并通过制度经济伦理影响和改变个体行为。美国经济学家 L. M. 布坎南曾经指出政府的任务是拟定一种制度化结构，这种结构能够影响人的

① 王玉生．言强必先富：中国传统经济伦理思想的近代演变．北京：中国社会出版社，2007. 370.

② 田卫民．中国基尼系数计算及其变动趋势分析．人文杂志，2012（2）.

道德追求和效率追求，以便促成一个“更好的”世界①。布坎南虽然没有阐述如何实现对市场行为的制度化影响，但是我们能够得到这样的提示，即社会主义市场经济的伦理特征，可以通过适当的制度设计体现出来。制度安排只要能够符合社会主义市场经济的性质，反映合理营利和共同富裕的客观要求，就是可行的、有效的。这样的伦理制度不仅是社会主义经济伦理的有力保障，也必将为克服市场经济伦理的内在缺陷提供理论上的有益启示。

① ［德］P. 科斯洛夫斯基. 资本主义的伦理学. 王彤译. 北京：中国社会科学出版社，1996. 67.

参考文献

一、专著

1. 陈独秀．陈独秀著作选．上海：上海人民出版社，1993.

2. 陈独秀．陈独秀书信集．北京：新华出版社，1993.

3. 陈梦家．殷墟卜辞综述．北京：中华书局，1988.

4. 陈瑛，温克勤．中国伦理思想史．贵阳：贵州人民出版社，1985.

5. 邓小平．建设有中国特色的社会主义（增订本）．北京：中央党史出版社，1993.

6. 邓小平．邓小平文选．北京：人民出版社，1993.

7. 窦炎国．情欲与德性：功利主义道德哲学评论．北京：高等教育出版社，1997.

8. 冯桂芬．校邠庐抗议．戴扬本评注．郑州：中州古籍出版社，1998.

9. 葛扬等．西方经济学说史．南京：南京大学出版社，2003.

10. 龚自珍．龚自珍全集．上海：上海古籍出版社，1975.

11. 胡寄窗．中国经济思想史．上海：上海财经大学出版社，1998.

12. 胡寄窗．政治经济学前史．沈阳：辽宁人民出版社，1998.

13. 康有为．康有为全集．上海：上海古籍出版社，1990.

14. 康有为．论语注．北京：中华书局，1984.

15. 康有为．戊戌变法前后：康有为遗稿．上海：上海人民出版社，1986.

16. 康有为．孟子微．北京：中华书局，1987.

17. 康有为．物质救国论．台北：宏业出版社，1980.

18. 康有为．长兴学记．北京：中华书局，1988.

19. 李大钊．李大钊文集．北京：人民出版社，1999.

20. 梁启超．梁启超哲学思想论文选．北京：北京大学出版社，1984.

21. 梁启超．中国近三百年学术史．北京：东方出版社，1996.

22. 刘大年．中国近代史诸问题．北京：人民出版社，1965.

23. 刘家和．古代中国与世界——一个古史研究者的思考．武汉：武汉人民出版社，1995.

24. 吕思勉．理学纲要．上海：商务印书馆，1931.

25. 罗国杰．西方伦理思想史．北京：中国人民大学出版社，1985.

26. 毛泽东．毛泽东选集．北京：人民出版社，1991.

27. 毛泽东．毛泽东著作选读．北京：人民出版社，1986.

28. 牟斌．功利主义：赞成与反对．北京：中国社会科学出版社，1992.

29. 沈善洪，王凤贤．中国伦理学说史．杭州：浙江人民出版社，1988.

30. 孙中山．孙中山选集．北京：人民出版社，1956.

31. 孙中山．孙中山全集．北京：中华书局，1981.

32. 孙中山．孙中山集外集．上海：上海人民出版社，1990.

33. 徐复观．中国人性论史（先秦篇）．北京：商务印书馆，1984.

34. 万俊人．义利之间：现代经济伦理十一讲．北京：团结出版社，2003.

35. 王玉生．言强必先富：中国传统经济伦理思想的近代演变．北京：中国社会出版社，2007.

36. 王祥云．中西方传统文化比较．郑州：河南人民出版社，2005.

37. 汪晖，陈燕谷．文化与公共性．北京：生活·读书·新知三联书店，1998.

38. 吴松．中国农商关系思想史刍议问题．昆明：云南人民出版社，2002.

39. 杨伯峻．论语译注．北京：中华书局，1980.

40. 姚军毅．论进步观念．北京：中国社会科学出版社，2000.

41. 余英时．现代儒学论．上海：上海人民出版社，1998.

42. 张传开，汪传发．义利之间——中国传统文化中的义利观之演变．南京：南京大学出版社，1997.

43. 章海山．西方伦理思想史．沈阳：辽宁人民出版社，1984.

44. 章太炎．章太炎全集．上海：上海人民出版社，1985.

45. ［古希腊］柏拉图．理想国．郭斌和，张竹明译．北京：商务印书馆，1994.

46. ［古希腊］柏拉图．柏拉图对话集．王太庆译．北京：商务印书馆，2004.

47. ［古希腊］亚里士多德．政治学．吴寿彭译．北京：商务印书馆，1965.

48. ［古希腊］亚里士多德．尼各马可伦理学．苗力田译．北京：中国社会科学出版社，1990.

49. ［古希腊］亚里士多德．亚里士多德全集（政治学卷）．苗力田译．北京：中国人民大学出版社，1994.

50. ［古希腊］亚里士多德．亚里士多德全集（伦理学卷）．苗力田译．北京：中国人民大学出版社，1999.

51. ［德］黑格尔．哲学史讲演录（第2卷）．贺麟，王太庆译．北京：商务印书馆，1981.

52. ［德］康德．历史理性批判文集．何兆武译．北京：商务印书馆，1990.

53. ［德］康德．实践理性批判．邓晓芒译．北京：人民出版社，2003.

54. ［德］马克思．资本论（第1卷）．中共中央马克思恩格斯列宁斯大林著作编译局．北京：人民出版社，1976.

55. ［德］马克思，恩格斯．马克思恩格斯全集（第1卷）．中共中央马克思恩格斯列宁斯大林著作编译局．北京：人民出版社，1956.

56. ［德］马克斯·韦伯．新教伦理与资本主义精神．黄晓京等译．成都：四川人民出版社，1986.

57. ［德］P. 科斯洛夫斯基．资本主义的伦理学．王彤译．北京：中国社会科学出版社，1996.

58. ［美］约翰·杜威．杜威全集（中期著作1899—1924第5卷）．魏洪钟等译．上海：华东师范大学出版社，2012.

59. ［美］约翰·杜威．人的问题．傅统先等译．上海：上海译文出版社，1965.

60. ［美］亨利·威廉·斯皮格尔．经济思想的成长．晏智杰等译．北京：中国社会科学出版社，1999.

61. ［美］乔治·霍兰·萨拜因．政治学说史．盛葵阳，崔妙因译．北京：商务印书馆，1986.

62. ［美］伯纳德·施瓦茨．美国法律史．王军等译．北京：中国政法大学出版社，1990.

63. ［美］汤普逊．中世纪经济社会史．耿淡如译．北京：商务印书馆，1997.

64. ［美］威尔·杜兰．世界文明史（宗教改革）．曹力红译．北京：东方出版社，1998.

65. ［英］A. E. 门罗．早期经济思想．蔡受百译．北京：商务印书馆，1985.

66. ［英］丹尼斯·海．意大利文艺复兴的历史背景．李玉成译．北京：生活·读书·新知三联书店，1988.

67. ［英］杰罗米·边沁．道德与立法原理导论．时殷弘译．北京：商务印书馆，2002.

68. ［英］杰罗米·边沁．政府片论．沈叔平等译．北京：商务印书馆，1987.

69. ［英］霍布斯．利维坦．黎思复，黎廷弼译．北京：商务印书馆，1985.

70. ［英］罗素．西方哲学史（上卷）．马元德译．北京：商务印书馆，1963.

71. ［英］摩尔．伦理学原理．长河译．北京：商务印书馆，1983.

72. ［英］亚当·斯密．国民财富的性质和原因的研究．郭大力，王亚南译．北京：商务印书馆，1983.

73. ［英］约翰·密尔．功利主义．唐钺译．北京：商务印书馆，1962.

二、资料汇编、论文

1. 北京大学哲学系．古希腊罗马哲学．北京：商务印书馆，1982.

2. 北京大学哲学系外国哲学史教研室．十八世纪法国哲学．北京：商务印书馆，1979.

3. 北京大学西语系资料组．从文艺复兴到十九世纪资产阶级文学家艺术家有关人道主义人性论言论选集．北京：商务印书馆，1971.

4. 中国社会科学院哲学研究所现代外国哲学组编．当代美国资产阶级哲学资料（第四集）．北京：商务印书馆，1980.

5. 石峻．中国近代思想史参考资料简编．北京：生活·读书·新知三联书店，1957.

6. 汤志钧编．康有为政论集．北京：中华书局，1981.

7. 王德峰编．国性与民德——梁启超文选．上海：上海远东出版社，1995.

8. 王栻主编．严复集．北京：中华书局，1986.

9. 夏东元编．郑观应集．上海：上海人民出版社，1982.

10. 谢遐龄编．变法以致升平：康有为文选．上海：上海远东出版社，1997.

11. 张品兴编．梁启超全集．北京：北京出版社，1999.

12. 赵靖，易梦虹．中国近代经济思想资料选（下册）．北京：中华书局，1982.

13. 周辅成．西方伦理学名著选辑．北京：商务印书馆，1987.

14. 周辅成．从文艺复兴到十九世纪资产阶级哲学家政治思想家有关人道主义人性论言论选集．北京：商务印书馆，1966.

15. 陈兴锐．中国传统伦理思想的构架与社会主义伦理体系的建立．探索，1999（4）.

16. 龚群．论功利价值观念与现代化．中国人民大学学报，1995（5）.

17. 李文君，彭又双．试论墨家思想及其当代意义．吉首大学学报，1988（3）.

18. 倪愫襄．20 世纪西方伦理学发展概要．哲学动态，1996（1）.

19. 隋淑芬等．新制度生成新民德．思想教育研究，2007（3）.

20. 田卫民．中国基尼系数计算及其变动趋势分析．人文杂志，2012（2）.

21. 王泽应．西方传统义利学说的总结与评价．湖南师范大学社会科学学报，1999（4）.

22. 吴松，黄海涛．明清实学经济伦理的近代性嬗变．贵州财经学院学报，2007（1）.

23. 杨春学．个人利益，社会经济繁荣与制度之形成：客观确定的善．管理世界，2002（7）.

24. 赵修义．经济伦理研究对象和主要课题．复旦学报，1998（1）.